情色論

L'ÉROTISME

喬治・巴代伊（Georges Bataille）◎著
賴守正◎譯注

國科會經典譯注計畫

獻給

米歇・萊里斯
（Michel Leiris）

目錄

性、暴力、與死亡的禁忌與踰越辯證：
巴代伊論情色

I. 前言

> 最常見的禁忌有性禁忌與死亡禁忌。這兩者構成一神聖領域，
> 並從屬於宗教。當涉及死亡情境的禁忌被罩上肅穆的光環，而涉
> 及出生情境——所有生殖活動——的性禁忌卻被視作輕佻時……
> 嚴肅、悲劇性地思考情色代表著徹底的顛覆。
>
> ——巴代伊，（《愛德華妲夫人》前言，314[1]）

喬治·巴代伊（Georges Bataille, 1897-1962）是有史以來首位以
嚴肅的態度有系統地探討情色議題的思想家。

今天，在歐美與台灣學術界，巴代伊往往被視為解構主義、後
結構主義、後現代主義等當代思潮的先驅而備受矚目，其複雜而多

1　本文中頁碼除非特別標明，指的是本譯本的頁碼。筆者在此要特別感謝台師大法語中心
Emmanuel Villeminot, Fabienne Bouchet, Emmanuelle Fontanges, Monique Li, Victor Thibout 等
同仁在本書翻譯期間所提供的釋疑、解惑以及江宜靜小姐的精心校稿。對於國科會經典
譯注計畫審查委員的寶貴意見，筆者在此一併致謝。當然，譯文中謬誤在所難免，尚祈
方家不吝賜教指正。

樣的作品也引起學者廣泛的注意與討論[2]。然而，當巴代伊 1962 年在
巴黎逝世時，除了少數知識分子為文悼念外[3]，並未引起外界太大的注
意。事實上，巴代伊生前雖然長期活躍於法國文化圈而且略有名氣[4]，
但在法國之外卻鮮少有人知道他的存在。辭世後，由於其異類思想
對傅柯（Michel Foucault, 1926-1984）、德希達（Jacques Derrida, 1930-
2004）、巴特（Roman Barthes, 1915-1989）、李歐塔（Jean-François
Lyotard, 1924-1998）、布希亞（Jean Baudrillard, 1929-2007）等諸多後
來在二十世紀 70s、80s 年代獨領風騷、各具擅長的理論大師們多所啟
發，巴代伊的作品才開始引起英美學術界的重視。透過上述文化明星
的解讀、誤讀、播散（dissémination），巴代伊的思想種子如今已在
哲學、文學、神學、社會學、人類學、政治經濟學等不同領域中萌
芽、茁壯，而他目前在學術界所享有之聲譽與影響力與其生前遭遇相
較，可謂不可同日而語[5]。

　　透過後現代主義／後結構主義者的引介，巴代伊這位「過度與踰
越哲學家」（philosophe de l'excès et la transgression）的作品如今不但
已成為另類行動者的靈感來源，而且是將極端脫軌行徑合理化的重要

2　雖然巴代伊針對西方傳統中講究同質（homogène）、完整封閉的思想價值體系所提出的
　　批判，和後現代主義等思潮有異曲同工之處，但兩者的基本思想仍存有不少扞格之處、
　　無法一概而論，因此對將巴代伊解讀為後現代主義或解構主義者的說法，曾有學者提出
　　異議（Richardson 4-11）。
3　這些文章後來以《向喬治‧巴代伊致敬》（*En hommage à Georges Bataille*）為名集輯成冊，
　　出版於 1963 年 8-9 月號的《評論》（*Critique*）期刊，該雜誌為巴代伊本人於 1946 年所創。
4　當時大部份法國讀者可能只知道他是《評論》期刊的主編。（Miller 86）
5　1949 年巴代伊自己期待最高的著作《遭詛咒的部份》（*La Part maudite*）出版時，大約只
　　售出 50 本左右。在 1990 年巴代伊逝世將近 30 年時，著名的《耶魯法國研究季刊》（*Yale
　　French Studies*）第 87 期曾為巴代伊製作專輯，當時受重視的程度可見一斑。即使到了二十
　　一世紀，巴代伊的複雜思想與廣泛影響力仍持續受到學術界的重視。然而，嚴格說來，
　　巴代伊生前並非學術界人士；他和同時代的許多超現實主義者一樣，主張要享有真正的
　　自由思考環境，必須和「要求思考」的學術圈保持適當的距離（Richardson 16）。

理論根據。巴代伊思想中如「踰越」（la transgression）、「耗費」（la dépense）、「過度」（l'excès）等顛覆性強的觀念，更紛紛被以批判傳統為己志的學者所挪用。弔詭且令人遺憾的是，許多學者雖然熱衷於巴代伊「踰越」等異質觀念的顛覆潛力，但面對他作品中與「踰越」息息相關的情色論述卻往往避重就輕。他們雖口口聲聲宣稱巴代伊的理論思想與其小說創作密不可分，但對其引人側目的情色小說與理論卻總有意無意地略而不見、甚或視若無睹（éviter le regard）[6]。

過往，由於文明禮教的箝制、宗教政權的壓抑、社會習俗的避諱、學院機制的干預、再加上學者自身有意無意地自我設限，情色文學長久以來一直被貶抑為不登大雅之堂的淫穢（obscène）作品，只能暗中私自窺閱；情色作品亦少能在學術殿堂上公開討論[7]。在此種保守的學術氛圍下，一般學者為了明哲保身、對情色在巴代伊思想中所扮演的角色敬而遠之、避而不談，原也是意料中事，不足為奇。但如果連以批判、顛覆傳統「吾道一以貫之」之「大敘述」（grand récit）思考模式自居的後現代主義／後結構主義者，都不能率先為長期被主流論述所消音的情色發聲、甚至仗「義／異」執言，而仍和道學者一般見識，將情色視為淫穢禁忌，望「色」卻步、自我噤聲的話，則難免令人有為德不足之憾，招來自我解構、甚至自我閹割之譏。尤其，討論巴代伊的思想而規避其情色論述，更是難逃隔靴搔癢之憾。

有鑑於此，本文擬以禁忌與踰越的辯證關係為主軸，翻轉檢視

6　巴特雖對巴代伊年輕時期所創作的情色小說《眼睛的故事》（*Histoire de l'œil*, 1928）一書中暗喻與轉喻之演變有極精采的剖析，但對其指涉之情色內容卻也避重就輕。而德希達在討論巴代伊時，對其「情色」更是隻字未提。相較之下，女性主義者從性別政治的角度切入，探討巴代伊的情色作品時，態度則相對開放、大方得多（Suleiman 122-30; Barthes 119-27）。近年來，隨著社會的演變，學術風氣丕變，對巴代伊情色小說的討論已日漸增多。參見 Mayné, *Eroticism in Georges Bataille & Henry Miller*。

7　有關過往學術界對情色文學之壓抑手腕，請參閱拙作〈情色／色情文學／政治〉。

性、暴力與死亡在巴代伊思想中所呈現出的錯綜複雜關係與多重面向。首先,本文將點出情色在巴代伊整個思想體系脫「俗」入「聖」的獨特地位,並扼要介紹他在《情色論》(*L'Érotisme*, 1957)一書中的基本思想。其次,以其代表性小說《眼睛的故事》片段為例,說明其情色作品如何踰越以天主教會為代表之性禁忌。接著,本文將從宗教與情色的曖昧關係切入,透過其作品中特有之「排泄書寫」(écrits scatologique),進一步闡述情色在巴代伊眼中的踰越特質。最後,本文將釐清巴代伊對禁忌/踰越的獨特看法與其《情色論》對我們所具有的特殊啟發作用。

II.

> 這本小書將情色直截了當地再現出來,並在意識中撕裂出一道傷口。……如果人類需要謊言,隨他去吧!……但是最終。我永遠不會忘記,人總想要張開眼睛正視所發生、存在的一切,這意願很強烈、也很美妙。
>
> ──巴代伊,(《愛德華妲夫人》前言,314)

對巴代伊而言,情色絕非如一般人想像那樣,是個輕浮議題(這也是他一再強調其嚴肅態度的原因);相反地,情色所涉及的是生命存在的核心課題,是對存在巔峰的探索。「想揭露情色的祕密而不先更加深入探究生命的核心,可能嗎?」(72)我們想要誠實面對人生在世的根本問題,就必須正視情色的赤裸真相。巴代伊一生的作品涵蓋層面相當廣泛;除了小說、詩歌、電影劇本的創作外,他也發表文學與藝術評論、討論神祕宗教哲學、社會學的論文、甚至還出版過與經濟學、徽章學相關的專論。然而,雖然涉獵廣泛、思想博雜,

從某種角度看來，巴代伊一生的終極關懷卻非「情色」莫屬[8]。終其一生，除了《眼睛的故事》（*Histoire de l'œil,* 1928）、《愛德華妲夫人》（*Madame Edwarda,* 1937/41）、《我的母親》（*Ma mère,* 1966）等情色小說外，巴代伊還先後發表過三部專門探討情色的專書：《情色的歷史》（*Histoire de l' érotisme,* 約寫於 1950 年，後成為《遭詛咒的部份》第 2 冊，於死後出版）、《情色論》（*L'Érotisme,* 1957），以及《愛神的眼淚》（*Les Larmes d'Éros,* 1961）。其中，《情色的歷史》試圖從人類學的角度探討情色的演變。《愛神的眼淚》則從藝術的觀點，描繪從已出土的史前壁畫到超現實主義之間，西洋藝術史中所展現出的情色風情。《情色論》一書內容和《情色的歷史》雷同，但更為深入，並從人類勞動史與宗教史的角度切入，企圖從禁忌與踰越的辯證中建構出一套情色理論，可算是巴代伊一生思想的縮影。由上述作品所出版的年份，可看出巴代伊對情色議題的探討終生持之以恆：從早期《眼睛的故事》中描寫青少年對性的叛逆式探索與暴力宣洩，到晚期將情色置於人類進化史中的全盤哲思，情色一直是巴代伊終身關注的母題[9]。

我們從其傳記中得知，巴代伊一生生活糜爛、放蕩；他肆無忌憚地沉溺於肉體歡愉、並盡情享受其恐怖所帶來的快感[10]。話雖如

8　法國學者 Arnaud et Excoffon-Lafarge 在介紹巴代伊的複雜思想時，曾以圖解企圖說明巴代伊眾多觀念的相互關係，情色赫然佔據全圖的正中心位置。參見 Arnaud et Excoffon-Lafarge, 7。

9　在《眼睛的故事》之前，巴代伊曾寫了一部和排泄有關、名為 W.-C. 的作品，後為其所焚毀。不過，其中一章（Dirty）後來成為另一部小說《天之藍》（*Le Bleu du ciel,* 1936）的前言（Hollier 117）。在 1957 年，巴代伊也曾投注不少心思準備籌辦一份專門探討情色、初定名為《創世紀》（*Genèse*）的刊物，後因與出版商 Maurice Girodias 發生口角而作罷（Richardson 22）。

10　根據其傳記作者 Surya 的說法，巴代伊自從在 1920 年代中葉左右拋棄天主教信仰後，開始像杜斯妥也夫斯基（Fyodor Dostoyevsky, 1821-1881）一樣，認為「什麼都可以」。他以

此，我們看待巴代伊終生對情色議題所展現出的高度性／興趣時，卻也不宜將它視為單純之個人生理衝動或賀爾蒙作祟使然、而一笑置之。須知，在巴代伊所欲建構的思想體系中，情色不但扮演著關鍵角色，而且具有極其深刻的人生意涵。換句話說，情色與巴代伊整個人生觀有著密不可分的關係，甚至成為其所揭櫫之異質理論的縮影。在不同場合中，巴代伊雖曾以「異質學」（hétérologie）、「排泄學」（scatologie）、「神聖社會學」（sociologie sacrée）、「內在經驗」（l'expérience intérieure）等不同用語指涉其思想[11]，但在晚年則宣稱其所有作品可以「情色」一詞涵蓋、代表（Hollier 75）。

III.

巴代伊在《情色論》一書〈前言〉中即開宗明義指出：「所謂情色，可說是對生命的肯定，至死方休」（l'approbation de la vie jusque dans la mort）（67）。這句模稜曖昧、有點令人費解的話，相當程度地反映出巴代伊的整個思維。依筆者的淺見，巴代伊這句描述情色的說法（並非定義）具體而微地代表了他對整個人生的態度。一言以蔽之，情色就是巴代伊對人生關鍵時刻、態度的寫照。就其狹義意義而言，情色是人類性禁忌下的產物，是人類面對性禁忌的踰越舉動。廣義而言，情色則代表著人類踰越其先天存在侷限與後天人為禁忌、脫

積極的態度面對生命、生活開始放蕩，吃喝嫖賭無所不來。他不但與友人共享女人、賭博，甚至曾以俄羅斯輪盤（一種用左輪手槍玩命的賭博）賭上自己的性命。逛妓院成為他生活中不可或缺的娛樂。他自己也承認：「妓院是我真正的教堂，唯一提供我真正滿足的場所」、「我與我朋友不同之處在於我根本不在乎世俗的看法，我以最卑賤之事為樂。」（Surya 83）

11 巴代伊一生的思想並非呈線性發展，而是相似、重疊的觀念像咒語、連禱一般地重複出現（Arnaud et Excoffon-Lafarge, 6）。

「俗」入「聖」、不斷探索生命各種可能、追求極致（內在與外在，甚至與死亡有關）經驗的企圖[12]；這就是為何說情色是對生命「至死方休」的探索、肯定。

如前所述，巴代伊主張人們如想一窺情色真相，必得探究生命核心。對他而言，人類生命的存在基本上相當弔詭（paradoxale），而情色則具體而微地呈現出，人類面對存在的尷尬處境時，所應持有的態度。巴代伊在《情色論》的〈原作者序〉中就認為該書「可被歸結為是不斷從不同角度對人類生活所展開的全盤觀照」（65）。人生在世，除了必須承受各種社會習俗的禁忌（如關於死人的禁忌、殺人禁忌、性禁忌、亂倫禁忌）限制外，更受困於其他先天的侷限。例如，我們每個生命本質上都是孤獨的（individuel）、與他人（autres）切割、且不免一死（périssable）。巴代伊將此生命特質稱為「不連貫的生命」（des êtres discontinus）。

> 每個生命均與眾不同。他人也許會對某人的出生、死亡與一生事蹟感到興趣，但只有他本人才有切身的利害關係。他單獨來到人世，他孤獨地死去。一個生命與另一個生命之間存在著一道深淵，彼此不連貫。（69）

就因為每個人在世上無可避免地都是個孤獨、不連貫的個體，我們都眷戀、盼望與他人溝通、融合、接續的機會。

> 生命中最根本的變化是從連貫到不連貫或是從不連貫到連貫的

---

12 巴代伊將經驗視為追求人生各種可能的旅程（Bataille 1943, 19）。這經驗有時是超出所有認知論述範疇、不落言詮、不可知的赤裸狀態（Arnaud et Excoffon-Lafarge 28）。

過程。我們都是不連貫的生命、在無法理解的人生歷險中孤獨死
亡的個體，但我們懷戀失去的連貫。我們發覺生命中注定不可預
測、會滅亡的孤獨狀態令人難以忍受。在我們焦慮地渴望此一會
滅亡生命得以持久的同時，我們腦裡念茲在茲的是能聯繫我們與
現有一切存在的重要連貫。（71）

　　巴代伊特別指出，面對存在的孤獨困境，死亡和性具有超越人與
人之間的隔閡鴻溝，和異己他者融和成一體的交流、「溝通」能力。
死亡與性都提供孤獨個人與他人溝通、消融、匯流、連貫的機會。
「死亡似乎將不連貫的生命推進存在的接續（la continuité de l'être）
中。……死亡雖然毀滅了不連貫的個體，但大體而言，在我們之外的
存在接續卻絲毫未受影響。」「死亡彰顯存在的接續。」（77）「情色
的最終目的不外於：以深厚的連貫感取代個人孤單的不連貫。」（72）
弔詭而有趣的是，具有此溝通、接續能力的死亡與性卻成了人類長久
以來的兩大禁忌，人們因而對兩者也就存著既懼又愛、既怕又迷的矛
盾態度[13]。

　　對積極追求各種可能經驗的人生過客而言，最大的威脅與限制來
自死亡。死亡是人生的大限、經驗旅程的終點：死亡使人類經驗侷限
在今世此生；人們無法體驗今世之外，異於此生的經驗。幸虧，辯證
的法則告訴我們：任何禁忌出現的同時，也必然播下突破此一禁忌的
種子。同樣地，受制於生命所需面對的主、客觀侷限，人類亦被賦予

13　根據Pascal Quignard的說法，法文的fasciner源自拉丁文的fascinus，而fascinus就是希臘文
　　中的phallus（勃起的陽具），既令人畏懼，但同時也令人著迷。參見，Quignard, *Le Sexe
　　et L'Effroi*, 28。對巴代伊而言，禁忌（尤其是性與死亡）也具有同時令人畏懼與著迷的特
　　質。而性所給人們帶來的pleasure/danger不可分，亦可從此一角度理解。性可能帶來的
　　danger（性病、不想要的懷孕）令人畏懼，但它所帶來的pleasure亦令人著迷。

一股踰越侷限的本能；而種種踰越行為也的確為有限人生創造出多采繽紛的可能性。弔詭的是，限制存在的是死亡，而對存在侷限的真正超越亦唯有死亡、亦即「不復存在」一途。死亡除了消極地毀滅生命外，另一方面也襯托、激發出生命的意義，且進一步提供超越有限生命的另一可能性。別忘了，巴代伊特別強調：情色對生命的肯定「至死方休」。也就是說，他不但對死亡有些幻想，而且有所期待。不同的宗教也有類似的看法。例如，佛家就視死亡為一種解脫，是脫離塵世、榮登極樂世界的不二法門。而基督宗教也有「人必須透過死亡獲得永生」（281）的說法。十九世紀法國詩人波特萊爾（Charles Baudelaire, 1821-67）其1861年版的詩集《惡之華》（*Les Fleurs du Mal*）最後一首〈旅程〉（Le Voyage）中總結人生旅程時，也給了這樣的結論：死亡為人生開啟未知的嶄新世界、是通往無限可能之門。（Baudelaire 134）當大多數人忌諱、畏懼死亡，千方百計試圖逃避死神的糾纏時；卻也有少數人跟波特萊爾和巴代伊一樣，對死亡有所幻想期待，視死亡為某種解脫，並嚮往死亡背後所蘊含的無限可能性。也許這也說明了為何人類是極少數懂得自殺的生物之一。

　　話雖如此，對絕大多數人而言，死亡畢竟亦非真正的解決之道。巴代伊本人也意識到，死亡帶來嶄新經驗的同時，也剝奪了我們體驗此經驗的機會。「死亡時，被賦予給我們的也同時被奪走」（316）。因此，退而求其次，我們唯有「從死亡的感覺中尋找」；也就是說，透過對死亡的模擬、再現，希冀能接近此一經驗之極致[14]。

---

14 巴代伊一生對死亡有著特殊的迷戀。「我的死亡像個猥褻、恐怖卻令人渴望的把戲，經常縈繞在我心頭。」（Surya 154）1936年巴代伊與當時的情人蘿荷（Laure）曾以「無頭的人」（Acéphale）之名成立一個強調獻祭的宗教性祕密社團。盛傳巴代伊原欲以活人作犧牲，後來因故作罷。

　　我們向死亡深淵趨近，但並不想掉下去。……真正的喜悅唯有
來自瀕臨死亡的快感。但死亡卻會扼殺喜悅。……我們如果要享
受歡愉，必須避開死亡。因此只有透過文學與獻祭等虛擬死亡的
方式，方能滿足我們。……我們並非要逃避死亡；相反的，我們
要盯著死亡，並正面凝視它，這是我們唯一可以做的。（Bataille
1991, 109）

　　此一「盯著死亡，並正面凝視它」的慾望說明了為何死亡在巴代
伊人生與其作品中扮演著如此關鍵的角色。

　　除了死亡能消彌所有隔閡之外，另一個可以突破個人孤獨、封閉
結構的具體有效途徑便是透過性交。「性關係本身是種溝通與衝動、
天生具有慶典的本質；也因為性交本質上是種溝通，因此一開始就引
發出走的衝動。」（260）巴代伊進一步指出，性交的作用在於「破壞
參與者在正常生活中的封閉結構」：

　　關鍵的行為是脫光衣服。裸體與封閉狀態，也就是說，與不連
貫的生命，形成對立。赤裸狀態是溝通的狀態，顯示出個人超脫
自我侷限、追尋生命連貫的可能性。身體透過那些給人猥褻感覺
的祕密管道向連貫的狀態開放。猥褻意味著原先慣於擁有自我、
擁有持續明確個體的狀態被打亂後所引起的侷促不安。相反地，
在你我新一波交融的器官嬉戲中，自我喪失了，就如同一波波潮
起潮落的海浪相互穿刺、迷失在彼此中。此一自我的喪失徹底到
在赤裸狀態中——赤裸狀態是喪失自我的前兆、表徵——大多數
人會尋求遮掩，尤其是當緊接著赤裸狀態而來的是徹底瓦解自我
的情色纏綿。（73）

在性愛中，原先節省、封閉的有秩序狀態遭到滿盈洋溢的脫序行徑所撼動。透過性交，自我不再是個封閉的結構，而是與伴侶交融在一起，與他人有了連貫。「性愛中的他人不斷地提供連貫的可能性。」（156）

死亡與性這兩種溝通途徑，在巴代伊的思想體系中不但彼此不陌生，而且息息相關。他一再提醒我們永遠不應忘記，生物的繁殖與死亡緊緊相扣的事實。最極端的莫過於某些生物在交媾繁衍時注定要喪命的例子。（282）在他看來，人類的父母親在子女出生後還繼續存活只是暫時延緩死亡。人類不像雄蜂在交配時喪命，而得以繼續存活，部份原因可能因為脆弱的新生命需要有人照顧撫育。然而不變的事實是，新生命的誕生代表著其父母的生命即將殞落。「有性生命的誕生即使沒有導致父母的立刻暴斃，但其死亡乃是遲早的事。」（155）此外，巴代伊在作品中也一再強調性行為本身與死亡的相似性。「愛的極致衝動是死亡的衝動。此說法沒有任何矛盾：性交的過度與死亡的失控只能透過彼此相互瞭解。」（95）十八世紀時，法國的浪蕩主義者（libertin）[15]習慣稱呼性高潮為「小死」（la petite mort）其來有自：

> 人類對性嬉戲心存恐懼的原因無須遠求。死亡是個例外、極端的例子；與雄蜂之死相較之下，正常的精力耗損事實上只不過是個小死。不過，無論清晰或模糊，此一「小死」本身就足以令人恐懼。相對地，它也成為慾望的對象（至少人類是如此）。無人

---

15 Libertinage（浪蕩思想）在法國有著複雜的傳統。首先出現在十六世紀中葉的Libertin一詞最初指的是教會眼中的異端分子或無神論者；十七世紀初則用來形容不受教條約束、具獨立思考傾向的人。到了十八世紀，libertin則變成泛指思想、生活放蕩形骸的貴族。（Feher 11-15）

能否認失足、顛覆的感覺是令人興奮的基本要素。我們的愛情，
跟死亡一樣，只不過是種很快流失、迅速淪為悲劇、至死方休的
行為。事實是，在死亡與令人陶醉翻覆的「小死」之間，幾乎感
受不到任何距離。（289）

性交高潮時必有的失控令人聯想到死亡；相對地，死亡的念頭也
在性歡中扮演一定角色。有別於一般人在世俗生活中努力工作、累積
資源、保存生命的日常運作，性與死亡意味著擺脫日常工作之外的脫
序，「彼此都代表了自然的無限浪費」。（115）換句話說，在巴代伊
的眼中，性與死亡跟獻祭、節慶一樣，迥異於以工作為取向、著眼於
累積的理性「世俗」生活，是屬於著重花費、消耗的非理性「神聖」
時刻。（96-97）

職是之故，性與死亡自然而然成為巴代伊在討論情色時所一再出
現的子題。因此，廣為英美學界所引用的《情色論》一書的英譯本以
Death and Sensuality 為其副標題[16]，也就不足為奇。對巴代伊而言，人
類性行為不但巧妙地結合了生（繁殖）與死（性高潮被視為小死）這
對相生相剋的怨偶，情色更是人類存在中許多看似矛盾，實則不斷辯
證，甚至相依相存現象——生與死、禁忌與踰越、世俗與神聖——的
最佳注腳。

一般人視暴力為畏途，但巴代伊探討性與死亡時，暴力卻是不可
或缺的要素。在現代社會中，性、暴力、死亡三者即使不再是禁忌，
至少也是盡量避免的負面話題。但避開視線、視而不見並不表示不存
在。對於以正視存在所有一切的巴代伊而言，性、暴力、死亡根本息

16　Mary Dalwood 的英譯本書名為 *Eroticism: Death & Sensuality*。此一譯本偶爾出現整段漏譯的
　　現象，不可不察。而她將書中神聖情色（l'érotisme sacré）譯為 religious erotism，因而使得
　　讀者無法從中看出巴代伊如何視情色為神聖，亦值得商榷。

息相關，甚至達到「三位一體」的地步。根據他對人類進化過程的觀察，原始人類在從動物進化到人類時，有三項進化特徵：一・開始懂得工作，二・對死亡產生意識，三・對性行為有了禁忌。（84）人類為了生存必須勞動工作，但性與死亡顯然會阻礙日常工作的進行[17]，因此性與死亡被視為是妨害工作的兩大暴力。為了不讓暴力干擾日常工作的進行，因而產生了禁忌。「禁忌的基本對象是暴力。」（94）死亡與性因而逐漸成了禁忌的對象。

> 性洋溢則使我們遠離意識：它削弱我們的判斷力。此外，氾濫無節制的性減低了我們工作的能力，一如持續工作降低了我們對性的需求。無可否認地，與意識關係緊密的工作與性生活彼此排斥、無法相容。因此，只要人類有意識、要工作，他自己對於過度性慾不但必須有所節制、加以否認，有時甚至還要予以譴責。（214）

　　禁忌的對象與形式也許會因時、地的不同而有所變化，但「不論是牽涉到死亡或性，它所瞄準的目標永遠是暴力、那令人畏懼卻也令人著迷的暴力。」（105）

　　在巴代伊眼中，不論是對生命的掠奪或是對工作意識的妨害，死亡與性本身就是破壞工作與正常生活的暴力。「對我們而言，最大的暴力就是死亡；確切地說，死亡扯斷了我們對不連貫生命的頑固堅持。」（72-73）同樣地，性與情色也脫離不了暴力。本質上，情色的場域就是暴力的場域、違規侵犯的場域：

---

17 「人類首先是勞動的動物，為了工作被迫犧牲部份的洋溢激情。人類對性的限制有其邏輯：每個人的精力有限；為了保存部份精力工作，他在情色方面必須相對有所節制。」（211）

如果沒有了侵犯、甚至暴力這些構成情色的成分，情色活動就
很難達到十足的效果。……薩德侯爵在其小說中將殺人視為情色
刺激的極致，不過他想表達的只是：極端的毀滅行為不見得與情
色沒有關聯。……情色總是意味著既成模式的瓦解。什麼模式？
我再重申一次：我們這些個別、不連貫秩序所組成的、有規則的
社會生活模式。(74)

情色涉及的不光是理念、抽象上的暴力，同時也是實質、肉體上
的暴力。「如果不是對伴侶的生命施以瀕臨死亡、近乎謀殺的暴力侵
犯，肉體情色還有何意義？」(73) 這似乎也說明巴代伊在其情色人
生與情色作品中對死亡／暴力的特殊迷戀[18]。面對人類此一「置身黑
夜中，就只有黑夜」(Bataille 1943, 144)、「不可能」(impossible) 踰
越的存在困境，不想坐以待斃的人們必須利用當下片刻 (l'être sans
délai) 突破各種禁忌，追求開創「無限可能」(infini des possibles) 的
經驗。無可諱言地，面對性、暴力、死亡可怕而誘人的真相，大多數
人寧可選擇避開眼光，也不願或無法睜眼直視。但「但這些令我們驚
悚顫慄的對象猶如太陽一般，即使我們將自己脆弱的眼睛避開其炫目
的光芒，仍不改其光輝燦爛。」(233) 與眾不同的是，巴代伊選擇勇
敢地面對此一性、暴力、死亡「三位一體」所散發出的致命吸引力。
值得特別留意的是，在巴代伊的思維中，單純的性行為並不等於
情色。原則上，巴代伊認為光是性行為本身尚還不足以構成情色；情
色甚至可以不涉及性行為[19]。對他而言，凡是動物皆有性行為；卻只

---

18 對巴代伊、傅柯這些致力於追求極限經驗的另類哲學家而言，其真實人生也是其作品
    (œuvres) 的一部份。

19 「每當一個人的行徑與平常習慣或標準大相逕庭之時，我們就使用情色這個用語。情色讓
    我們瞥見被正經的外表所掩飾的一面：被掩飾的這一面所揭露的是我們通常引以為恥的

有人類懂得情色，因為只有人類有禁忌。話雖如此，情色卻與獸性息息相關。

> 整體而言，情色是對禁忌規範的破壞，是人類特有的活動。雖然人類脫離野獸之後才有情色，但獸性還是情色的基礎。對此一獸性基礎，人類雖感到驚恐並企圖迴避，但同時卻又加以保存。獸性在情色中獲得妥善保存，以至於「動物性」或「獸性」一詞往往被與情色聯想在一起。（149）

狹義上，巴代伊的情色起於對人類性禁忌的突破或踰越。因此，禁忌是構成情色的前提。動物的性肆無忌憚，對死亦無意識，毫無禁忌可言，故動物談不上情色。此外，傳統上一般以生產、傳宗接代的性行為（也就是天主教所唯一認可的性行為）在他眼中也算不上情色[20]。對巴代伊而言，情色是種不事生產、純消費的行為（les dépenses non productives）的神聖行為。受到默斯（Marcel Mauss, 1872-1950）《論禮物》（l'Essai sur le don）的影響[21]，巴代伊1933年曾於《社會評論》（La Critique sociale）中發表其重要文章〈耗費的觀念〉（La notion de dépense）。他主張我們在分析社會經濟活動時，不能只考慮生產，而忽略另一項同樣重要的活動：消費、大量且無用的耗費[22]。

情感、身體部位、與生活習性。」（163）

20 相對的，在天主教會眼中，「原則上不孕的情色代表的是邪惡與魔鬼。」（282）在《愛神的眼淚》中，巴代伊進一步指明，人類的情色和動物性行為之分野在於前者特具之「邪惡」性質。在此「邪惡」意味著性與死亡的結合（Bataille 1989, 24）。

21 默斯在其名著中指出，非生產性的損失（如奢華、哀悼儀式、戰爭、祭儀、遊戲、戲劇、犧牲、藝術等）在所謂的原始社會中扮演著重要的角色。

22 他因此發展出非生產性耗費（la dépense improductive）、消耗（la consumation）、獻祭（le sacrifice）、誇富宴（le potlatch）等論述。值得玩味的是，根據巴代伊傳記作者的說法，

而情色正典型的非生產性耗費活動。不同於一般理性的生產、累積行為，情色基本上是種逸軌、脫序、踰矩的耗費：

> 就如耗費與獲得對立，情色行為與慣常舉動也截然不同。如果我們根據理性行事，我們會努力獲取各式各樣的財產，我們為了累積資源——或知識——而努力，我們會盡力使自己致富並獲取更多。原則上，我們在社會上的地位是依此而定。但是性狂熱時，我們的行為卻完全相反：我們毫無節制地耗費精力；有時在激情暴力中，我們甚至揮霍大量財富而毫無所獲。肉體享樂與毀滅性耗費實在太相近了。（223）

簡言之，巴代伊眼中的情色在不同場域中容或有其不同面貌，但大抵皆有一共同特色：情色之存在源於其對現有禁忌之踰越。「情色只包括違規的部份。情色不斷踰越外在的限制。……情色指的是踰越合法規範的非法行徑。」（Bataille 1991, 124）「情色只能辯證地加以思索。」（303）沒有了禁忌，我們感受不到踰越禁忌時所帶來的焦慮與愉悅，也無法體會偷嚐禁果所帶來的特殊況味。有時，為了使已麻痺的心靈能夠再度享受高潮至樂，一些猥褻的情境是必要的（即使不是真實情境，一些幻想的春夢也行）。甚至，「踰越的特質就是犯罪的特質。」（161）巴代伊特別指出，「許多女性如果沒幻想自己遭人強暴，根本無法達到高潮[23]。」（160）

「終其一生，金錢總是個大問題。……他永遠處在缺錢花用的狀態中。」（Surya 400）

23 在真實人生中，應該少有女性願意有慘遭強暴的痛苦經驗。但是根據 Nancy Friday 在 *My Secret Garden* 一書中的調查，強暴卻在女性性幻想中扮演重要的角色。為何會有這麼多的女性有過遭強暴的性幻想？筆者推測其中可能原因之一是：在過去不重視女性情慾的年代中，女性很難主動表達自己的情慾。幻想遭到強暴一方面使女性在道德上站得住腳

IV.

> 智力的快樂比肉體的快樂更骯髒,但更純粹;只有它的鋒芒不
> 會變鈍。邪惡在我看來是智慧的黑色發揮,它使我失去理智。墮
> 落是精神的癌症,它統治著事物的深處。
>
> ——巴代伊,(《我的母親》,268)[24]

在討論巴代伊的情色作品時,我們很自然地聯想起十八世紀的法
國情色大師薩德侯爵(Marquis de Sade, 1740-1814)。薩德生前私生活
淫蕩,惡名昭彰,大半輩子深陷囹圄。死後又因其作品充斥著色情暴
力,公然與宗教道德傳統唱反調而「遺臭萬年」[25]。然而,巴代伊對這
位情色前輩的作品倒是推崇備至(Bataille 1985, 91-102)[26]。1956年巴
黎一名專門出版情色作品的年輕出版商波維(Jean-Jacques Pauvert),
因重印薩德的色情小說而遭法院查禁起訴時,巴代伊就曾出庭為他公
開辯護:

> 我們今天應該保留利用薩德作為墮落至恐怖深淵的手段之可能
> 性。對於此一恐怖深淵,我們應該加以探索;而且(我所代表

（我是被迫的、我極力抵抗）,但另一方面則享受到性歡的事實(被強暴得逞)。換句話
說,她既保有 Merquise de Merteuil 在《危險關係》(*Les Liaisons dangereuses*, 1782)中所說的
the pride of defense 同時又享受受到了 the pleasure of defeat。

24 本文中《我的母親》與《眼睛的故事》的引文出自林林所譯之《愛華妲夫人及其他》,
   並經筆者略加修改。

25 十九世紀德國性學大師克拉夫特一埃賓(Richard von Krafft-Ebing, 1840-1902)在其所著
   的《性精神病態》(*Psychopathia sexualis*)一書中,曾以薩德的名字創造了 Sadism(性虐)
   一詞。

26 巴代伊曾寫過幾篇討論薩德作品的論文。《情色論》就收有其中的兩篇:〈薩德作品中的
   主宰者〉和〈薩德與正常人〉。

的）哲學更有義務予以強調、闡釋與散佈……對那些想深入人性
底層一探究竟的人而言，薩德的作品不但值得推薦，且是必讀之
書。（L'Affaire Sade, 56）

　　物換星移，隨著時代風氣的丕變開放，如今學術界對薩德的評價
頗有「鹹魚翻身」的態勢[27]。儘管如此，時至今日，大多數讀者仍視
薩德的作品為離經叛道、令人無法卒讀的淫穢作品；真正能夠且願意
欣賞探究其所欲傳達的意涵者可謂少之又少[28]。
　　對巴代伊這位知音而言，薩德意味著一般凡人仰之彌高、望塵莫
及的人性巔峰。薩德作品所展現的是不計任何代價追逐快樂的本我、
是尚未被文明所閹割的勢能。面對薩德就是正視鏡中赤裸、毫無禮教
掩飾的本我。無奈的是，在已經遭到文明閹割的人類眼中，本我真相
太過令人震驚、教人不敢／忍直視！

　　人們只能透過迂迴的方式接近、欣賞高山峻嶺；薩德的作品亦
　　然。這些高山峻嶺的存在談不上人性。相反地，薩德的作品涉及

27　1990年法國著名的伽利瑪（Gallimard）出版社在其備受推崇、在學術界極具權威的「七
　　詩聖文庫」（Bibliothèque de la Pléiade）中收錄了Michel Delon教授主編的《薩德作品集》
　　（全三冊，分1990、1995、1998三年出版）。此舉深具指標意義，可說奠定了薩德作品在
　　主流價值中的「正典」地位。自此，經過一個多世紀的折磨煎熬，薩德終於得以從「地
　　獄」（l'Enfer）獲得重生；其支持者甚至標榜他已一躍而躋身「超凡入聖」之列！事實是
　　否如此？薩德「超凡」理應殆無疑義，至於能否「入聖」、成為其擁戴者口中的「不朽
　　的薩德」（Divin Sade），學術界到目前為止尚無共識。參見拙文〈孤獨的肉體告白與靈魂
　　控訴──薩德侯爵的浪蕩書寫〉。
28　50年代起，少數著名的法國知識份子如Pierre Klossowski, Maurice Blanchot, Jean Paulhan,
　　Simone de Beauvoir等均紛紛開始「正視」薩德的作品並為其辯護。傅柯在大學時代也曾
　　瞧不起不認識薩德的同學。英國小說家卡特（Angela Carter）更是少數能夠「欣賞」、挪
　　用薩德的女性主義者。關於二十世紀90年代起，歐美學界對薩德評價的轉變，請參閱拙
　　文"The Critical Revival of Sade"。

整體人性；少了人性，其作品將不復存在。人性企圖切除自己身
上瘋狂的成分……然而，對瘋狂的排斥只是無可迴避的權宜之
計，必須三思。無論如何，薩德的思想不能被化約成瘋狂。它只
不過是過度，過度到令人暈眩的地步；不過它卻是我們存在的極
度巔峰。迴避了此一巔峰，等於迴避了我們自己。如果我們無法
接近此一巔峰，或至少努力攀爬其斜坡，我們將活得像受到驚嚇
的幽靈——而令我們驚悚顫抖的赫然是我們自己。（246）

對主張「本質上，生命就是一種過度；生命就是生命的揮霍」
（110）的巴代伊而言，薩德代表著不受任何人為禮教律法、甚或理性
所約束掌控、早已從人類歷史上消失的主宰者（homme sovereign）或
是「全人」（homme intégral）。

隨著其他主宰者的消逝，目前殘存的少數君主（絕大多數已被
馴服、服膺理性）剝奪我們目睹「全人」（homme intégral）的機
會。因為無法想像人人都成功地成為「全人」，過去的人性希望
見到此一「全人」。與歷史故事中帝王豪奢程度相較，美國黑幫
與歐洲富豪的闊氣顯得小巫見大巫。更不用說，帝王蔚為奇觀的
皇家排場早已不復可見。這是最可悲的。古代的遊戲規則希望皇
家豪奢的奇觀排場能夠給一般老百姓的貧困生活發揮補償作用
（就如同舞台上的悲劇彌補了平順的生活）。（218）

換句話說，閱讀薩德具有文學作品所應具的補償性作用。事實
上，我們往往藉由閱讀間接地（par procuration）體驗現實生活不可
能實現的夢想。透過偵探小說，我們享受了冒險快感而不用真正涉
險；從浪漫言情小說中，許多婦女得到了真實生活中可「欲」而不可

求的浪漫慰藉。但是，如果我們談的是人類最深層、因懦弱而無法達
成的慾望，薩德的作品正是我們所需要的。薩德幫助我們擺脫文明的
束縛，完全滿足我們的原始慾望。

> 薩德在批判體制的同時，實際上卻是描述如何產生一個在眾人
> 之上，令眾人瞠目咋舌的完整個人。……他卻善加利用文學的無
> 限可能：他向讀者提出了某種特權不需群眾認可的主宰式人性。
> 跟帝王領主所享有的特權相較，薩德筆下的特權顯得誇張離譜：
> 這些特權就像是浪漫虛構下，全能而不受處罰的邪惡帝王領主所
> 能幹出的卑鄙勾當。天馬行空所想像出之令人嘆為觀止的創意與
> 價值觀，比任何體制更能開創出精采的可能性。對於不受任何限
> 制存在的慾求，體制最多只能做出微弱的回應。（219）

深陷囹圄的薩德只能將其熾旺肉慾化諸想像文字，靠不斷書寫宣
洩滿腔怨氣。在作品中他不斷突破人類現實生活可能有的限制，忠
實地刻畫出一位完全無視於他人存在的主宰者。這種植基於法國學
者布朗修（Maurice Blanchot, 1907-2003）所謂「絕對孤獨（la solitude
absolue）」的書寫[29]，雖不符合人生的真實現況，但從中我們可以體驗
到人生在世難得、難免的逸軌、脫序時刻。「這些逸軌時刻足以撼動
我們生命所賴的根基。否認了這些時刻，反而使我們無法瞭解自己
的本性。」（221）換句話說，閱讀薩德的作品能提升我們的「自我意
識」，進而一探人性究竟。

巴代伊自己的小說也具有類似的功能。尤有甚者，巴代伊的作
品，除了像薩德一樣（雖沒那麼直接）以情色作為其從事社會批判

---

[29] 《羅特列蒙特與薩德》（*Lautréamont et Sade*），Ed. de Minuit，1949，頁220-221。

或價值顛覆、滿足（甚至超越）本我慾求的主要著力點外，巴代伊
還賦予情色更深的哲學意涵：他以情色探索生命中「可能的極致」
（extrêmes du possible）（308），且藉以攀登「存在的巔峰」。巴代伊的
小說和同時期許多超現實主義者的作品一樣，屬於薩德此一「踰越寫
作」（écrit transgressive）——亦有批評家稱之為「身體寫作」（écriture
corporelle）——的傳統。這些以身體為舞台，以性、暴力、死亡為演
員，情節荒謬的戲碼重新給予人體象徵性的撥弄詮釋。透過性的踰越
／愉悅，巴代伊試圖提供異於主流論述，「足以令人致命的」（或賦
予生命深度的）知識。在一首名為〈書〉的短詩中，我們讀到：

> 扒開妳赤裸雙腿
> 啜飲著妳的縫穴
> 翻閱書本般，在那裡
> 我閱讀著致命的內容。（Hollier 157）

　　在這種身體寫作中，對性禁忌之踰越與對書寫常規之違反交相輝
映，成為一體的兩面（Sollers 122）。對於一個像薩德、巴代伊這樣顛
覆傳統思惟、直探赤裸人性的小說家而言，這種踰越／愉悅的身體寫
作方式毋寧相當恰切。依據一般文學常規，巴代伊的《眼睛的故事》
或《愛德華姐夫人》都是所謂未完成的作品。除了寫作方式踰越當時
一般小說寫作的常規，兩者的內容更是「驚世駭俗」、荒謬至極。在
《眼睛的故事》中，對主張禁慾的天主教會所代表的價值觀之顛覆更
是徹底！
　　眾所皆知，天主教敵視肉體、排斥性愛。肉慾被教會當局視為妨
害工作、有礙靈修；性行為更被看作是骯髒污穢的事。不少早期教會
的神父們私下甚至抱怨當初天主創造人類時，為何沒想出比性交更好

的繁衍方式？聖‧奧古斯汀（St. Augustin, 354-430）即直截了當地挑明：「我們都出生於尿、屎之間」（Inter faeces et urinam nascimur.）。此說具體而微地彰顯出教會對性愛之排斥以及對人類須藉性交繁衍後代之無奈。在這種敵視肉體性愛的原則下，唯一尚能被教會所容忍接受的，只有合法夫妻之間為履行傳宗接代義務所進行，採男上女下（position du missionaire）的性行為。除此之外，一切性行為均在教會嚴禁之列（Tannahill 136-61）。在深受教會影響的中世紀繪畫中，撒旦（Satan）更被視為情色的化身，而地獄則是其唯一的歸處[30]（Bataille 1989, 79-82）。

　　由於長期以來受到教會禁慾主張所壓抑，歷來西方情色文學自然而然以教會為其批判醜化的主要目標。反教會（anticlericalisme）成為西方情色文學的傳統特色。以守貞自許的修道士與修女更無可避免地成為其冷嘲熱諷的主要對象。相對於天主教會之重視靈魂、輕視肉體、排斥性愛、提倡禁慾，情色戲碼往往以肉體為舞台、情慾為配樂、性踰越／愉悅為主題，搬演出一齣齣由神父、修女擔綱，赤裸裸、火辣辣的連台好戲。西方情色文學此項反教會傳統，在十四世紀薄伽丘（Giovanni Boccaccio, 1313-1375）的《十日談》（*Decameron*）中已初露端倪，十六世紀的阿雷提諾（Pietro Aretino, 1492-1556）在其《對話錄》（*Ragionamenti*, 1534-36）中繼續將其發揚光大，爾後在十八世紀末薩德侯爵的主要作品中更是到達巔峰[31]。巴代伊的情色小說仍延續著此項傳統。而和其早期作品中所流露出之虔誠信仰比較起來，巴代伊小說中此項反教會的舉動顯得特別醒目，格外令人玩味。

30　直到不久前，法國國家圖書館（la Bibliothèque nationale）仍將館內收藏情色禁書的部門稱之為 "l'Enfer"，亦即「地獄」之意。

31　《十日談》對教會思想的批判從第三日的第十個故事中可見端倪。關於阿雷提諾的作品簡介請參閱拙文〈踰越禁忌／愉悅大眾：阿雷提諾的情色論述〉。

　　巴代伊原本出身一個沒有宗教信仰的家庭。1914年第一次世界大戰爆發、德軍逼近其家鄉時，巴代伊和母親為了避難他方，被迫拋棄其患有梅毒、且雙目失明的父親。同年，他投入天主教與聖母的懷抱。在這段期間，信仰之虔誠使他每星期必前往教堂告解懺悔，並曾一度想當傳教士、獻身神職。1918年巴代伊曾發表過一篇名為〈漢斯聖母院〉（Notre-Dame de Rheims）的文章。在此篇短文中，他哀悼、緬懷、歌頌遭受德軍轟炸的聖母院，字裡行間充分流露出其信仰之虔誠：

　　　　此聖母院是天主遺留給我們最崇高、最神奇的慰藉。我想只要
　　　　它繼續存在一天，即使是處於廢墟狀態，我們仍然擁有值得為其
　　　　捐軀的慈母。（Hollier 16）

　　然而，巴代伊對天主教的信仰並未能持久，僅維持到1920年代中葉左右即宣告結束。此後，除了自己的運氣外，他不再相信任何人事物。對巴代伊有相當研究的法國學者奧立葉（Denis Hollier）指出，此後巴代伊一生的作品，和後來的解構主義者一樣，幾乎完全建立在批判、瓦解天主教大教堂（la cathédrale）所具體呈現的某種「建構價值體系的壓迫性結構」，以及其背後所隱藏的意識型態，並進一步凸顯導引出被此結構所禁聲消音，因而長期受忽略的雜質異端[32]（Hollier 14-23, 36-56）。

　　《眼睛的故事》一書對天主教的褻瀆，可從作者在書中所用的

---

[32] 奧立葉關於巴代伊的專著已成為研究巴代伊所必讀之書。值得注意的是，其英譯者Betsy Wing將其原書名《協和廣場之掠取》（La Prise de la Concorde）譯成《反建築》（Against Architecture: The Writings of Georges Bataille）頗具深意。因為每個時代具代表性的建築物往往反映出當時主流意識型態所代表的價值體系。

筆名一窺端倪。1928年這本小說出版時，巴代伊所用的筆名是Lord
Auch，隱含「天主拉屎」之意。有學者指出，本作品是巴代伊當時
接受博雷爾醫生（Dr. Adrien Borel）精神分析治療過程的產物[33]，同時
也是他探究死亡與情色的入門小說。在此書中，巴代伊很快就意識到
禁忌的重要、踰越的主宰特質、以及兩者的辯證關係。「我對所謂的
『肉體快感』不感興趣，因為它們真是乏味；我只對被歸類為『骯髒』
的感興趣。」（Surya 104）這部荒誕不經的情色初作在1960年代首先
受到桑塔格（Susan Sontag, 1933-2004）這位慧眼獨具的知識份子所
青睞，且被公認是本頗具藝術價值的色情小說（Sontag 83-108）。

在這本充滿「變態性迷思」的小書中，讀者可以充分體驗敘述者
與其女友西蒙娜（Simone）這對青少年／女在其性啟蒙中、「踰越侷
限的樂趣」（la joie d'excéder les limites）（Alexandrian 354）。尤其是女
主角西蒙娜這位小魔女，可說是踰越禁忌的化身。在一連串性歷險
中，她不但在自己母親身上撒尿，當著其母之面和敘述者交歡，更擺
明只對不容於一般社會、骯髒、殘酷、變態、甚至致命的性行為感興
趣。在她主動引導下，這對青少年／女所經歷的性嬉戲包括手淫、口
交、肛交、雜交、性虐待、尿屎癖、姦殺、姦屍等淫蕩行徑，就是獨
漏了教會所唯一准許的「合法」性行為。有一天，敘述者企圖對西蒙
娜霸王硬上弓，但西蒙娜對「像家庭主婦在床上一樣」的傳統性行
為，根本提不起興致。在種種離經叛道、荒誕不堪的行徑中，最令人

33　巴代伊自己相當肯定此一療效。接受治療之後，他整個人起了改變，不再像先前那樣膽
　　小、拘謹、沉默。「只有以這種方式被解放後，我才能寫作。」（Surya 99）巴代伊因而對
　　博雷爾醫生終生感激，此後只要有作品出版，必將編號第001號的版本送給他。《眼睛的
　　故事》1928年初版時只印了134本。1944年發行修訂版，第3版於1952年3月出版。1967
　　年由波維重新出版時，才首次以巴代伊的真名問世。詳見《巴代伊作品全集》第1卷。
　　《眼睛的故事》初版同年，巴代伊還發表〈消失的美洲〉（Vanished America）一文，透露
　　出作者深深為充斥在墨西哥信仰中的殘酷、暴力、死亡所吸引。

側目的是當他們一行人逃到西班牙塞維亞（Seville）參觀唐璜（Don Juan）[34]教堂時，西蒙娜一連串令人瞠目結舌的舉動。她不但在這位傳說中風流「情聖」的墳墓上撒尿；為了挑逗並羞辱當時在教堂裡聆聽告解的神父，她竟然一邊佯裝向神父告解，一邊自慰：

> 「神父，我還沒有說出最壞的事。」
>
> 接著一陣沉默。
>
> 「我最大罪惡是向你告解時，我還在自慰。」
>
> 幾秒鐘過後，一陣嘀咕聲。最後，她又大聲嚷嚷：
>
> 「如果你不信，我可以秀給你看。」
>
> 西蒙娜站了起來，在告解座的視孔下，自慰起來，動作又快又準，一副痴狂模樣。
>
> 西蒙娜用力敲打告解座，叫道：
>
> 「神父，你在裡邊幹什麼？你也在自慰嗎？」
>
> 告解座裡依然悄然無聲。
>
> 「我可要把門打開哦。」
>
> 坐在告解座裡的神父正低頭擦拭滿頭汗珠。女孩搜索他長袍，他沒反對。她撩起長袍，掏出又長又硬的大陽具。神父把頭後仰，面部扭曲，牙縫裡發出噓聲。他任憑西蒙娜將那話兒含在嘴裡。（《眼睛的故事》 121）

這時和西蒙娜同行的英國人愛德蒙爵士（Sir Edmond）則打開教堂的聖體櫃，從中取出聖體餅和聖餐杯。

---

34 西班牙家喻戶曉的傳奇人物，以英俊瀟灑與風流倜儻著稱；一生中周旋於無數貴族婦女之間。在西方文學作品中，常被用作「情聖」的代名詞。

　　她（西蒙娜）聞著無酵麵餅，説：

　　「這餅聞起來像精液。」

　　英國人接口説：

　　「沒錯。這些形狀像小麵餅的聖體餅正是耶穌的精液。至於
酒，神父們説是耶穌的血。其實，他們欺騙我們。如果真是血，
那他們喝的應該是紅酒才對。可是他們喝的明明是白葡萄酒，可
見那是尿。」（《眼睛的故事》　124）

　　接著，他們進一步逼迫那名可憐的神父在聖餐杯中撒尿；甚至迫
使他在聖體餅裡洩精。然後，為了驗證男人在窒息那一剎那會不自禁
洩精的傳聞，西蒙娜在同伴協助下，居然在「強暴」神父時，將他勒
斃、看他是否真的射精。最後，她甚至使人將神父的眼珠挖出，塞進
自己肛門以自娛！

　　我們很難想像上述這些駭人聽聞，對天主教會極盡褻瀆的荒謬情
節，竟然會是出自〈漢斯聖母院〉作者之手。由此可清楚地看出，在
巴代伊作品裡，跟大多數西方情色文學一樣，宗教和情色之間的確存
在著極其曖昧不明的辯證關係：兩者一方面水火不容，另一方面卻又
互為因果，不可切割。而巴代伊作品中最堪玩味的也就是這類宗教與
情色、禁忌與踰越、世俗與神聖之間彼此相生相剋的弔詭關係！

　　我們先前已提過，在巴代伊的思想／作品中，性與死亡都是暴
力的一種，且三者息息相關。《眼睛的故事》中的西蒙娜就是此三位
一體的化身。或者，她也可被視為情色的化身。在她身上，「殘酷與
情色都從決心超越禁忌限制的精神中醞釀出來。」（133）在這種情況
下，神父的死亡也有其情色上的意義，因為「唯有在導致某種墮落、
而對此墮落的恐懼讓人想起單純肉體的死亡時，情色才真正獲得實
現，其潛力才得到完全發揮。」（285）

V.

沒有任何事物可限制淫慾。強化慾望的最好方式就是試圖加以限制。

——薩德，《索多瑪120天》前言

我們的目標是「禁忌」，禁忌是神聖的；加諸在它身上的禁忌使它成為慾望的對象。

——巴代伊，《情色論》（126）

巴代伊在討論情色時，並非憑空臆測杜撰，而是將情色放在「人類的勞動史與宗教史」（64）的歷史真實脈絡中加以檢視。受到蓋羅爾（Roger Caillois）在《人與神聖》（*L'Homme et le Sacré*）一書中的影響，巴代伊原則上將人的時間分為「世俗」（profane）時間與「神聖」（sacré）時間：「世俗時間是日常的時間，指的是工作與敬重禁忌的時間；神聖的時間則是歡慶的時間，也就是本質上踰越禁忌的時間。」（306）也就是說，在巴代伊的眼中，我們日常所忙碌從事的，如辛勤工作、努力增產等，皆屬於「世俗」的行為；另一方面，會干擾、阻礙日常勞動的脫序行為，如獻祭、狂歡、節慶嘉年華會等，則和情色一樣，屬於「神聖」的範疇。換句話說，勞動、累積是世俗的，狂歡、消費是神聖的。禁忌是世俗的，踰越則是神聖的。

巴代伊進一步強調，在禁忌與踰越的辯證中，禁忌並不代表人們完全不去做，而是賦予此行為「踰越的色彩」。「禁忌無法壓抑生命所必須的活動，但卻可以賦予它們宗教上踰越的意義。」[35]

---

35 巴代伊指出：「禁忌無法壓抑生命所必須的活動，但卻可以賦予它們宗教上踰越的意

令人玩味的是，人體的性器官往往也是排泄器官；和性禁忌息息相關的是人類對排泄器官、排泄行為、排泄物的避諱。在所謂文明社會中，人體的性／排泄器官被貶抑為「羞恥部位」（parties honteuses），令人難以啟齒，或想盡辦法加以遮掩。針對此一「不公不義」的習俗，有「現代色情文學之父」（père de la pornographie moderne）之稱的阿雷提諾早已為此發出不平之鳴：

> 對於禁止眼睛看它喜歡看的逃避態度與骯髒習俗，我根本不屑一顧。我就不懂人們觀賞男女交媾有何不妥？難道禽獸還比人類自由？依我看來，我們應該將造物者賜給我們傳宗接代的那個高掛脖子上當作項鍊，或當徽章別在帽緣，因為它是人種江河的泉源、尋歡作樂時的神饌佳肴……它製造了你……也產生了我……生出了米開朗基羅、教宗、皇帝、國王，也孕育出俊男美女。為此，我們為表敬意應為它訂定特別假日以示慶祝，而不是將它緊閉在一小塊布料或絲綢中。（Lawner 14）

巴代伊也曾不客氣地指出，文明社會這種心態根本和那些以自己卑微出身為恥的暴發戶根本沒有兩樣。因為在生物界中，唯有人類對自己的「卑微出身」——「我們都出生於尿、屎之間」——以及對自己排泄器官與排泄物採取厭惡、排斥的態度。畢竟，其他動物少有嫌惡自己的排泄物的（在主流論述中，此點正足以凸顯出進化後的人、獸之分！）。即使是人類的嬰兒，一開始對自己排泄物並不嫌棄；只有在大人不斷耳提面命的文明教化下，才逐漸改掉此一獸性「惡

義。禁忌限制他們，並規範他們可能的形式。禁忌可以要求觸犯禁忌者贖罪。決鬥者、獵人、或戰士的殺戮都是神聖的。為了重新回到世俗社會，他們必須洗淨這些污穢；他們必須淨化自己。贖罪的儀式就是為了淨化獵人、戰士而設。」（128）

習」[36]。在所謂的文明社會裡,一切和排泄有關的行為事物全被打入黑牢,見不得天日。如前所述,「禁忌是神聖的;加諸在它身上的禁忌使它成為慾望的對象」。也因為此一人類文明特有之禁忌,使得尿屎癖在情色文學中扮演著相當重要的角色。巴代伊也在其作品中刻意凸顯出長期遭受消音的排泄論述,以挑戰鄙視、排斥「骯髒」、「卑下」之主流論述。《眼睛的故事》讀者們對書中有關排泄(物)的種種駭/誘人情節,想必印象深刻,難以忘懷!

根據巴代伊傳記作者的描述,在現實生活中,巴代伊本人就跟西蒙娜一樣,有著特殊的性癖好。他不但是個性虐狂、被虐狂,而且還是個有尿屎癖的戀屍者;而此一特殊性癖好也是他與以布列東(André Breton, 1896-1966)為首的超現實主義者嚴重分歧之處。(Hollier 98-115)1930年巴代伊的母親在巴黎寓所逝世時,他即展現出明顯的戀屍傾向。死亡的恐怖與屍體的惡臭不但未令巴代伊怯步,反而激發出更強烈的慾望:「夜裡,我赤裸著身子在母親的屍體面前自慰。」(Surya 150)此一與死亡共存的特殊癖好也迫使友人紛紛走避、與他保持距離[37]。對於這些常人眼中駭人聽聞的行為,巴代伊自己曾有過一番反思,並在《情色論》中提出相關的看法與合理化的解釋:

> 我們對屍體的恐懼近似於我們面對人類排泄物時的感受。這個

---

36 「我們相信糞便令人作嘔是因為其惡臭。但在最開始未成為我們厭惡的對象之前,糞便會臭嗎?我們很快就忘記自己費了多少心血教導孩童學習身為人類所應厭惡的東西。孩童並非天生就跟我們有著相同的好惡。我們容許他們不喜歡某些食物並予以排斥。但是我們必須藉由模仿,必要時訴諸暴力,教導他們認識令人噁心(其力量有時大到令人昏厥)的異常事物。這種對噁心事物的感染力是始自原始人類經由無數代遭受責備的孩童所代代相傳的。」(112)

37 創立《社會評論》的知名革命者蘇瓦里納(Boris Souvarine)認為巴代伊是個「性異常者」(un déviant sexuel);威爾(Simone Weil)則直接宣稱他「有病」。

類比因我們對所謂猥褻的肉慾同感畏懼，而顯得更具意義。……
人類的糞便並未像屍體或經血一樣，受到鉅細靡遺的社會規範所
構成的禁忌所箝制。不過整體而言，透過逐漸轉變，糞便、腐
敗、性三者自成一體且彼此之間有著顯著的關聯。（111）

憎惡、恐懼是我慾望的原則。只有當事物能和死亡一樣在我身
上打開空無深淵時，才可能激起我的慾望；一開始，慾望就源自
與它相反的恐懼。（112-113）

布列東曾賦予巴代伊「排泄哲學家」（l'excrément-philosophe）的
封號（Surya 126）；可見在巴代伊思維體系中，排泄已不再只是見不
得人的淫穢現象，而是扮演著關鍵的角色。的確，巴代伊的排泄書寫
有其深一層的涵意。在《眼睛的故事》中，敘述者即試圖將性愛的
「骯髒面」提升為形而上的叛變：

在別人眼裡，宇宙是貞潔的；在貞潔的人眼中它是貞潔的。因
為這些人的眼睛已經被閹割，所以他們怕淫穢。……我不喜歡人
們口中的「肉體快感」，的確是因為這種快感索然無味。一般的
墮落並不能令我滿足，因為它只能糟蹋墮落，但對高貴純潔的
本質卻絲毫無傷。我所認同的墮落，不僅玷污我的身體和我的
思想，而且還污損了我所能想像的一切，尤其是佈滿星辰的宇
宙……（《眼睛的故事》 103）

於是對這名敘述者而言，「雲河成為星星精液與天體尿液組成的
奇妙洞穴」。此外，在1931年所發表的《太陽肛門》（L'Anus solaire）
中，巴代伊更進一步以「泛性的」（pansexualiste）角度觀照整個宇宙。
此時在其想像之眼中，宇宙犯下了所有想像得到的淫穢罪行。譬如，

　　動物與人類性交時，搞得天翻地覆……大海則持續不斷地自慰
著……地表覆蓋著火山口，這些火山口即為地球的肛門。

　　由這些幾近荒誕不經的「超現實」情色書寫中可看出，巴代伊
的情色早已超越出一般情色作品所極力鋪陳描繪的「肉體快感」。
在《情色論》中，巴代伊即區分了三種情色：肉體情色（l'érotisme
des corps）、心的情色（l'érotisme des cœurs）、神聖情色（l'érotisme
sacré）；並以神聖情色為全書的討論重點。（71-80）對他而言，這些
不同情色的最終目的不外於：「以深厚的連貫感取代個人孤單的不連
貫。」（72）
　　我在前面已說過，性是一種打破個人不連貫的「溝通」行為。在
巴代伊「泛性的」視野中，任何寫作或閱讀行為，甚至任何涉及溝
通、交流、連接（copulus）的行為，均可被賦予情色的聯想，而成
為交配（copulation）的行為（Hollier 67, 127）。值得注意的是，巴代
伊這種種「去昇華」（desublimation）、「無頭」（acephalous）[38]，以生殖
器欲求為考量的思考模式，可視為反抗霸權論述之異類論述的一種體
現。（Holier 105）如果「昇華」（sublimation）意味著主流論述中將
性與知識區分開來的一種無慾的知性活動，那麼「去昇華」即是反其
道而行，藉性踰越／愉悅追求那令人致命的知識。也就是《教士C》
（L'Abbé C）中Rosie所謂的「知道（真相）是多麼美麗，多麼骯髒的
事啊！」（OC, 3: 353）。

38　1936年巴代伊曾創辦《無頭的人》（Acéphale）刊物，由馬松（André Masson）負責插畫。
　　「頭」代表的是理性、權威、天主，「無頭的人」則意味著鄙視心靈與理性、不再相信天
　　主、不再向權威屈服，任由激情奔放馳騁者。

VI.

　　踰越不是對禁忌的否定，而是對禁忌的超越與成全。（117）

　　在情色中，禁忌與踰越彼此交替的遊戲最是明顯。沒有情色的
例子，很難看出此遊戲的個中奧妙。另一方面，如果不從此一原
屬宗教特色的交替遊戲著手，也不可能看出情色前後一致的邏
輯。（125）

　　如前所述，在巴代伊的思維中，情色脫離不了禁忌與踰越的辯證
關係。「踰越」（transgression）是巴代伊理論中相當具有代表性的觀
念[39]，泛指超脫一般世俗規範或主流霸權論述的脫序、逸軌思想或行
為，甚或超越生死的大限。隨著人類的進化與文明的進展，個人要生
存或社會要順利運作與發展，有賴此個人與社會組成份子遵守一套合
乎「理性」的勞動與遊戲規則。此規則基本上是以增加生產、累積財
富、確保生命為原則，亦即主要以前述的「世俗」時間為範疇。就
這個角度而言，巴代伊踰越的觀念指的是個人或群體在某些特殊場
合——如性行為、節慶、嘉年華會、或獻祭——中違反此一「理性」
原則之脫軌經驗。

　　禁忌回應了工作的需求；工作是為促進生產。在工作的世俗日
子中，整個社會累積資源，只有生產所需的消費才被允許。而節
慶就是神聖日子的代表。……在節慶期間，平常所不被允許的行
為全都解禁，有時甚至不可或缺。在節慶期間平常的價值觀全遭

---

[39] 關於這點，有興趣的讀者可參閱蔡淑玲教授在〈巴岱儀的否定與踰越〉一文中的精采剖
析。巴代伊1962年過世後，傅柯即以 "Une Préface à la transgression" 一文向其致敬。

翻轉，（122）

　　在踰越經驗中，平時有計畫之生產被不計成本之消耗花費所取代，辛勤工作變成狂歡逸樂，生命之確保則代之以失控、失足甚或死亡。尤其是性高潮時身體種種放蕩行骸的痙攣、失控狀態，更是踰越平時所有規範的最具體表現。然而在巴代伊的思想體系中，為確保工作之進行的禁忌是「世俗」的，但是踰越卻屬於「神聖」範疇、是種脫「俗」入「聖」的行徑。

　　踰越乃依附禁忌而生。禁忌與踰越的關係，是相當弔詭的。禁忌的事物雖令人畏懼，但同時卻也在人們心中激起一股渴望踰越禁忌、一窺真相的衝動。愈屬於禁忌範疇，愈能在人們心中激發起一探究竟的慾望。巴代伊指出，人類同時受到兩股衝動的牽引：他們因恐懼而退避三舍，因受吸引而著迷景仰。禁忌與踰越則分別反映了這兩股相反的力量：「禁忌令人退縮，但魅力卻引人踰越。」（122）翻閱一部西洋情色文學發展史，我們可以歸納出的鐵律是：禁書愈有賣點[40]。換句話說，「禁忌產生慾望」；禁果（fruit défendu）的誘惑力即在此。然而，面對禁忌，踰越的感覺也是微妙複雜的：一方面享有突破禁忌的灑脫快感；另一方面卻也難免有一絲「觸犯禁忌」的惶恐感。這種快感與焦慮交加的複雜心情在情色這種「禁忌遊戲」中最是明顯不過[41]。而巴代伊也一再強調這種踰越禁忌時，焦慮與快感同樣

---

[40] 十八世紀因編撰《百科全書》（*Encyclopédie*，1751-72）而聞名的法國作家狄德羅（Denis Diderot, 1713-1784）在〈論書籍買賣信簡〉（"Lettre sur le commerce de la librairie"）中也證實此一現象：「查禁得越嚴，書價哄抬得越高，人們想讀它的好奇心越強，銷路變得越好，結果讀的人反而越多。」他還透露，許多作者和書商其實心裡很想跟負責查禁的官員說：「先生，拜託行行好，查扣我的書吧！」在印刷廠內，一旦聽說自己的書被查禁，工人們立刻高聲歡呼道：「太好了！再加印一版吧！」（Alexandrian 157）

[41] 中文「妻不如妾，妾不如偷，偷不如偷不著」的說法，具體而微地呈現出此一微妙心態。

敏銳、彼此相輔相成的「內在經驗」：

> 如果我們遵守禁忌，如果我們向禁忌屈服，我們將不復意識到
> 它的存在。但是當我們踰越禁忌時，我們可以感受到焦慮；沒有
> 了焦慮，禁忌就不存在：這就是罪惡的經驗。此經驗導致踰越的
> 完成與踰越的成功。成功的踰越，在踰越禁忌的同時，確保此一
> 禁忌於不墜，以便從中獲取快樂。情色的內在經驗要求當事人對
> 制訂禁忌的焦慮與違反禁忌的慾望有著同樣敏銳的感受。這種宗
> 教性的敏感總是將慾望與恐懼、強烈快感與焦慮煎熬緊緊相扣。
> （91-92）

　　巴代伊以情色為代表的異質論述可說上承薩德「踰越寫作」的傳
統，下啟後結構主義顛覆傳統同質思維體系之先河。那麼巴代伊對性
禁忌的態度為何？他是否也像薩德一樣，以突破所有的人為禁忌，
「回歸自然」為依歸[42]？不論是薩德對傳統道德之顛覆，或是後結構
主義者對主流霸權論述之封閉的質疑，兩者儘管論述層次不盡相同，
但有一共通點：對社會上的種種禁忌壓抑均大為不滿，亟欲除之而後
快（Richardson 7; Suleiman 128）。然而，對於禁忌的態度，巴代伊顯
然有不同的看法。從《情色論》中可明顯看出，巴代伊的情色觀主要
是建立在禁忌與踰越的辯證關係上，且從勞動史與宗教史的脈絡中檢
視演繹禁忌與踰越的複雜辯證關係。透過柯耶夫（Alexandre Kojève,
1902-1968）的詮釋，巴代伊深受黑格爾（Georg Wilhelm Friedrich
Hegel, 1770-1831）辯證思維，尤其是其 Aufhebung〔既超越又保存〕

---

42 「以自然為師」是薩德書中人物放蕩行為的準繩。此論點可以《房中哲學》（*La Philosophie Dans La Boudoir*, 1795）一書中的主人翁 Dolmancé 為代表。

觀念的影響[43]。因此巴代伊相當強調禁忌與踰越之間相依相存的辯證
關係，也就是說踰越的基本前提是「尊重」禁忌的存在事實，並透過
對此禁忌之踰越而完成之，而非企圖完全消除此一禁忌。這點與薩德
的主張有相當的落差。

> 踰越開啓了超越平時遵守的禁忌的大門，但仍然保持了這些
> 禁忌。踰越超越了世俗的世界、但未加以消滅，反倒成就其完
> 整性。人類社會並非只是個工作的世界。它是由世俗世界與神
> 聖世界這兩個互補的形式同時或接續組成。世俗世界是禁忌的
> 世界。神聖世界則向有限的踰越開放；這是個節慶、主宰者
> （souverains）與神祇的世界。（121）

「踰越並不等於『回歸自然』：踰越超越禁忌但並不廢除它。」
（41）「踰越與自由無關；它代表的意義是在某一時刻、到某一地
步，這是可能的。」（119）巴代伊相當清楚，隨著人類文明的進展，
必須透過禁忌所確保的工作、世俗世界是常態，在節慶時期偶爾出現
的踰越、神聖世界則是此一常態的變奏；兩者互為因果、相輔相成、
缺一不可。

> 我們所謂的社會生活整體即是由有組織的踰越與禁忌所構成。
> 踰越發生的頻率與規律並不會影響到禁忌不可觸犯的穩定性。因
> 為這些踰越根本是意料中事，就如同心臟的收縮必然伴隨著舒
> 張，或物體受到壓縮後必然爆破一般。（119）

43　巴代伊在1933年曾聆聽柯耶夫閱讀、翻譯、評論黑格爾的《精神現象學》（*Phénoménologie de l'Esprit*）。他自述每星期一聽完柯耶夫的閱讀後，常有「快爆破、被壓垮，被殺死兩次：窒息與癱瘓」之感。（Surya 189）

　　一言以蔽之，在巴代伊的情色思想中，「世俗世界」為了確保日常生活的順利運作，制訂了各種禁忌以防範各式暴力（其中以死亡暴力與性暴力最具代表性）對正常工作的干擾，因此有了普遍的死亡禁忌與性禁忌。情色則意味著透過對此死亡禁忌與性禁忌的踰越，帶領我們超越此一「世俗世界」、進入「神聖世界」、出「生」入「死」、脫「俗」入「聖」的神聖／神祕「內在經驗」。

　　身為首位有系統研究情色的哲學家，巴代伊原則上並不支持薩德「只要我喜歡，什麼都可以」的回歸自然，完全放任態度（雖然他的私生活似乎有此傾向）。根據他對人類文明進化的長期觀察，他察覺性禁忌不但是正當的（légitime）、無可避免的（inévitable）、且是必要的（nécessaire）。

　　如此看來，巴代伊這位「過度與踰越哲學家」的情色觀似乎未如想像那麼激進（radical），甚至可說有點「保守」。他的踰越觀仍植基於禁忌的前提下，難免令人有流於嘉年華般的按時宣洩，甚至成為確保現行體制之安全瓣膜之疑慮[44]。而其「泛性的」宇宙觀雖具踰越的性質，讀來令人眼睛為之一亮，但仍難免流於籠統抽象，以致失去了批判的著力點。不過，從另一角度觀之，巴代伊的情色觀亦可以說是相當激進。他所揭櫫的異質學所要強調的是主流霸權論述所排斥、無法掌控的異質雜音。這些雜音異質流動不定，隨著主流論述的遞嬗而變化。情色的禁忌／踰越辯證關係亦當作如是觀。巴代伊的情色並非一客觀存在的東西，其特質在於隨著禁忌之不同而有不同之踰越舉動。換言之，情色是永遠不會被主流論述收編，永遠被摒棄在規範之外，不斷踰越禁忌的異質、雜音。在此突破各種性禁忌的論述已蔚為

44　在強調踰越禁忌的同時，巴代伊也不忘提醒讀者妥協的重要性：「為了凸顯最基本的真相時，我們往往忽略了另一項事實：妥協的事實。沒有了妥協，情色將不復存在。」（199）

風潮的時刻，巴代伊這種既鼓吹踰越，但又尊重禁忌，看似保守卻也激進，有點矛盾但又極具說服力的態度，無疑地提供我們另一「異質的」思考向度。

　　生活在所謂文明社會的我們，無可避免地已經（toujours déjà）成為社會化的產物，身上被烙印上各式各樣的規範符碼。巴代伊與薩德兩人對禁忌的態度容或有異，兩者最大的「實用價值」即在於他們揭露出不受文明理性所掌控的驅力與激情，提供了踰越這些符碼、禁忌的各種可怕的、虐待性可能。（Allison et al 7-8）誠如巴代伊在《情色論》〈結語〉中所言，對那些無法逃避自己、以熱情擁抱生命的人而言，情色所代表的是最個人、也是最普遍的問題。情色可以說是「問題中的問題」。同時，一如暴力與死亡，「情色是無言的、情色是孤獨的。」（312）如今巴代伊已將此一情色議題搬至檯面，逼得我們正視面對。不過他只點出了問題的核心、他並未、也無法提供我們答案。身為情色動物，面對此一切身問題，我們當然還是可以選擇逃避。但是如果我們不想繼續當鴕鳥、如果我們想真正面對存在的一切，這本《情色論》倒是提供我們一個面對本我真實面目、正視我們存在核心的絕佳契機。

引用資料

中文資料：

林林（譯），《愛華妲夫人及其他》，台北：金楓出版社，1994年。

蔡淑玲，〈巴岱儀的否定與踰越〉，《中外文學》，1997年7月。

賴守正，〈情色／色情文學／政治〉，《第六屆英美文學研討會論文集》，台北：師大英
　　語系，1997，頁581-609。

賴守正，〈孤獨的肉體告白與靈魂控訴──薩德侯爵的浪蕩書寫〉，《索多瑪120天》，
　　台北：商周出版社，2004，頁17-28。

賴守正（譯），《西洋情色文學史》，台北：麥田出版社，2003。

賴守正，〈踰越禁忌／愉悅大眾：阿雷提諾的情色論述〉，《中外文學》，2006年5月，
頁41-80。

外文資料：

巴代伊的作品：

Œuvres completes de Georges Bataille. 12vols. Gallimard, 1970-88. (*OC*)

Histoire de l'œil. Sous le pseudonyme de Lord Auch, 1828; repris chez J.-J. Pauvert, 1967 (rééd.
《10/18》).

Story of the Eye. Trans. Joachim Neugroschal. New York: Penguin, 1982.

L'Anus solaire. Editions de la Galerie Simon, 1931.

Le Bleu du ciel.1936;repris chez J.-J. Pauvert en 1957(rééd.《10/18》).

Ma mère. J.-J, Pauvert, 1966(rééd.《10/18》).

Madame Edwarda. Sous le pseudonyme de Pierre Angélique, 1937; repris chez J.-J. Pauvert en
1966(rééd.《10/18》).

My Mother /Madame Edwarda/ The Dead Man. Trans. Austryn Wainhouse. London: Marion
Boyars, 1989.

L'Expérience intérieure. Gallimard, 1943.

L'Érotisme. Editions De Minuit, 1957(rééd.《10/18》).

Eroticism: Death & Sensuality. Trans. Mary Dalwood. San Francisco: City Lights Books, 1986.

Les Larmes d'Éros. J.-J. Pauvert, 1961.

The Tears of Eros. Trans. Peter Connor. San Francisco: City Lights Books, 1989.

L'Impossible. Editions De Minuit, 1962.

The Accursed Share Volmes II&III. Trans. Robert Hurley. New York: Zone Books, 1991.

Visions of Excess: Selected Writings, 1927-1939. Ed. Allan Stoekl. Minneapolis: U of Minnesota
Press, 1985.

關於巴代伊的作品：

Airakinen, Timo. *The Philosophy of the Marquis de Sade*. New York: Routledge, 1995.

Alexandrian, Sarane. *Histoire de la littérature érotique*. Paris: Payot, 1995.

Allison, David B. et al, eds. *Sade and the Narrative of Transgression*. New York: Cambridge UP,
1995.

Aretino, Pietro. *Aretino's Dialogues*. Trans. Raymond Rosenthal. London: George Allen & Urwin, 1972.

Arnaud, Alain et Gisèle Excoffon-Lafarge. *Bataille*. Paris: Seuil, 1978.

Barthes, Roland. "The Metaphor of the Eye." Reprinted in *Story of the Eye*; pp.119-27.

Baudelaire, Charles. *Œuvres completes*. Vol. 1. Gallimard, 1975.

Blanchot, Maurice. *Lautréamont et Sade*. Ed. De Minuit, 1949

Carter, Angela. *The Sadeian Woman and the Ideology of Pornograhy*. New York: Pantheon, 1979.

Feher, Michel, ed. *The Libertine Reader: Eroticism and Enlightenment in Eighteenth-Century France*. New York: Zong Books, 1997.

Foucault, Michel. "A Preface to Transgression," in *Language, Counter-Memory, Practice*. Ed. Donald F. Bouchard. Ithaca: Cornell UP, 1977; pp. 29-52.

Friday, Nancy. *My Secret Garden*. Simon & Schuster, 1973.

Gill, Carolyn Bailey, ed. *Bataille: Writing the Sacred*. New York: Routledge: 1995.

Hollier, Denis. *Against Architecture: The Writings of Georges Bataille*. Trans. Betsy Wing. Cambridge: MIT Press, 1989.

Klossowski, Pierre. *Sade My Neighbor*. Trans. Alphonso Lingis. Evanston: Northwestern UP, 1991.

Kristeva, Julia. "Bataille, l'expérience et la pratique." In *Bataille*. Ed. Roland Barthes, et al. Paris: U.G.E., 1973.

L'Affaire Sade. Paris: Jean-Jacques Pauvert, 1957.

Lai, Shou-cheng. "The Critical Revival of Sade" in *Taboo and Transgression in Erotic Literature*. Taipei, Bookman, 2002. pp. 76-105.

Lawner, Lynne, ed. *I Modi, The Sixteen Pleasures: An Erotic Album of the Italian Renaissance*. London: Peter Owen, 1988.

Miller, James. *The Passion of Michel Foucault*. New York: Simon & Schuster, 1993.

Richardson, Michael. *Georges Bataille*. New York: Routledge, 1994.

Surya, Michel. *Georges Bataille: An Intellectual Biography*. Trans. Krzysztof Fijalkowski and Michael Richardson. New York: Verso, 2002.

Sollers, Phillippe. "Le Toit." In *L'Ecriture et l'expérience des limites*. Paris: Seuil, 1968; pp. 105-38.

Sontag, Susan. "The Pornographic Imagination." Reprinted in *Story of the Eye*; pp. 83-118.

Stoekl, Allen, ed. *Yale French Studies*. No. 78. New Haven: Yale UP, 1990.

Suleiman, Susan Rubin. "Pornography, Transgression, and the Avant-Garde: Bataille's *Story of the Eyes*." In *The Poetics of Gender*. Ed. Nancy K. Miller. New York: 1986; pp. 117-36.

Tahhahill, Reay. "The Christian Church." In *Sex in History*. New York: Stein and Day, 1980; pp. 136-61.

巴代伊年代記事表[1]

1897——喬治・阿爾貝・莫里斯・維多・巴代伊（Georges Albert
　　　　Maurice Victor Bataille）生於法國多姆山省（Puy-de-Dôme）
　　　　比雍市（Billom）。出生前父親即因身染梅毒、導致雙眼失
　　　　明，後來甚至全身癱瘓。

1914——第一次大戰期間巴代伊皈依天主教，彼時信仰相當虔誠，
　　　　曾就讀於聖弗露（Saint-Flour）修道院，並立志成為神職人
　　　　員。戰時曾應召入伍，後因罹患結核病而除役。

1915——與母親為了逃避戰亂，於11月6日拋棄了臥病在床的父親。
　　　　其父親死前臥病十多年的苦痛以及給家人帶來的身心煎熬
　　　　與折磨（其母後來發瘋，並兩度企圖自殺），在其幼稚心靈
　　　　留下不可磨滅的創傷（他後來甚至懷疑父親曾企圖對他性
　　　　侵）。兒時目睹盲眼父親小便時雙眼的怪異表情，是巴代伊
　　　　後來創作《眼睛的故事》（*Histoire de l'œil*）的靈感來源。

1　譯者在編輯此年代記事除參考 Alain Arnaud et Gisèle Excoffon-Lafarge 所寫之 *Bataille*（Paris:
　　Seuil, 1978）外，也大量參考 Michel Surya 有關巴代伊的傳記 *Georges Bataille: An Intellectual
　　Biography*. Trans. Krzysztof Fijalkowski and Michel Richardson（New York: Verso, 2002）。文中引
　　言的頁碼指涉的也是此書。在此特別感謝我的研究助理柯雁馨小姐的協助。

1917——「20歲住在奧弗涅山區（montagnes d'Auvergne）的時候，他
　　　　過著嚴守教規的生活，要求自己謹守工作紀律和默禱。他獨
　　　　自在一間素樸卻漂亮的房子準備著高中會考的哲學考科，同
　　　　時也研讀宗教與神學書籍。那間房子是他外公的，位於村子
　　　　的中心，離舊羅馬式教堂僅數步之遙。他曾在那間教堂待一
　　　　整晚，全神貫注於禱告或沉思，而沒注意到教堂看守人關
　　　　上那扇厚重的門。」（兒時友人 Georges Delteil 給 Jean Piel 的
　　　　信，刊於 1963 年 8-9 月第 195-196 期的《評論》[*Critique*]，
　　　　標題是「巴代伊在里奧媚斯山區 [Riom-ès-Montagnes]」。）

1918——發表《漢斯聖母院》（*Notre-Dame de Rheims*），後收錄於《巴
　　　　代伊作品全集》第 1 卷。在這本小冊子中，巴代伊除了哀悼
　　　　幾乎被德軍炸毀的漢斯聖母院外，並預見此大教堂與天主教
　　　　精神的再生。同年放棄神學院，抵達巴黎，以第一名成績進
　　　　入巴黎文獻學院（l'École des Chartes）就讀。

1918-1919——根據其同窗好友馬松（André Masson，與超現實主
　　　　義畫家同名）的轉述，這期間巴代伊最常閱讀的書是
　　　　Rémy de Gourmont 所編輯的《神祕的拉丁文選》（*Le Latin
　　　　mystique*），此書選錄中世紀一些名人語錄，目的之一在於
　　　　「鼓勵尚未皈依者遠離肉體的誘惑」。雖然後來巴代伊放棄
　　　　信仰，但天主教對肉體的看法在其作品中一直扮演著關鍵的
　　　　角色。

1922——於巴黎文獻學院進行其論文口試，以第二名成績畢業。其論
　　　　文主要探究中世紀的傳奇《騎士勳章，十三世紀的韻文短
　　　　篇故事》（*L'Ordre de Chevalerie*），此書後來加上巴代伊的前
　　　　言及注釋，由巴黎 Picard 出版社印行。同年前往西班牙，現
　　　　場親眼目睹年輕鬥牛士 Monolo Granero 慘死鬥牛場上。由西

班牙回到巴黎後，其信仰的虔誠態度明顯由濃轉淡。進入東方語文學院，學習中文、西藏文、俄文。巴代伊頗有語言天分，除母語法文外，精通英文、西班牙文、德文與義大利文，且能閱讀希臘文與拉丁文。同年6月22日進入法國國家圖書館（Bibliothèque Nationale）工作，直至1942年因病去職。

1922/23-25——在流亡的俄國哲學家柴斯妥夫（Léon Chestov）引介下，巴代伊開始閱讀尼采（Nietzsche）與杜斯妥也夫斯基（Dostoevksy）的作品，並發「閱讀尼采，夫復何言」之慨，發表《論尼采》（*Sur Nietzsche*）、《備忘錄》（*Mémorandum*）。尼采與杜斯妥也夫斯基兩人都背棄且極力抨擊自己先前的信仰。此外，曾說過「天主要求不可能之事；祂只要求不可能做到之事」（61）的柴斯妥夫也教導他透過「暴力」思考。巴代伊可能就在此時期完全拋棄對天主教的信仰；並從先前對良善的追求，改而對邪惡的探索。此後，在巴代伊的作品中，天主教的信仰與尼采的思想彼此糾纏，扮演著重要的角色。「尼采的無神論是熟識天主的無神論……想要追隨尼采的教條必須事先浸淫在天主教思想中。」（《巴代伊作品全集》第11卷，頁127）

1924——被派任於國家圖書館獎章陳列室（Le Cabinet des Médailles）。為《阿雷迪斯》（*Aréthuse*）雜誌撰寫〈獎章陳列室之蒙古國貨幣〉（Les Monnaies des Grands Mogols au Cabinet des Médailles）等文章。當中有幾篇文章收錄於《巴代伊作品全集》第1卷。

結識超現實主義成員後，巴代伊開始對美學與政治感興趣。不過，從一開始他就對超現實主義所揭櫫的理想抱持著高度

懷疑的態度。「我害怕這是場喧嚷的騙局……我立刻想到超現實主義的緊密世界會令我癱瘓窒息。」（72）雖與超現實主義成員經常往來，但始終保持距離。

拋棄天主教信仰後，巴代伊像杜斯妥也夫斯基一樣，認為「什麼都可以」，以肯定的態度面對生命、生活開始放蕩，吃喝嫖賭無所不來。根據友人的轉述，巴代伊與友人共享女人，不但賭錢，甚至以俄羅斯輪盤賭上自己的性命。逛妓院成為他生活中不可或缺的部份。「妓院是我真正的教堂，唯一提供我真正滿足的場所」「我與我朋友不同之處在於我根本不在乎世俗的看法，我以最卑賤之事為樂。」（83）有天夜晚，同萊里斯（Michel Leiris）、馬松（André Masson）、梅特羅（Alfred Métraux）等超現實主義友人相聚於巴黎聖德尼區（quartier Saint-Denis）的一家妓院，席間他興起辦雜誌的念頭。

1925—— 博雷爾醫生（Dr. Adrien Borel）寄給巴代伊一張1905年中國酷刑的照片。照片中活生生慘遭千刀萬剮的受刑人臉上欣喜的表情深深吸引著巴代伊。「此照片在我生命中扮演著關鍵性的角色。」「我的目的在於闡明宗教狂喜與情色——尤其是性虐待——之間的基本關聯。」（94）「我突然看到的是……神聖的狂喜與極度的恐懼看似相反、其實則一。」（95）

1926—— 首度發現法國十八世紀色情大師薩德（Sade）的作品。完成W.-C.，一部「尊嚴完全掃地」的作品，後被巴代伊自行銷毀。此書的第一章成為後來《天之藍》（Le Bleu du ciel，寫於1935年、於1957年初版）的前言。

1926-1927—— 巴代伊沉溺於肉體歡愉、享受其恐怖所帶來的快感，

且訴諸文字。友人寶斯醫生有鑑於其 W.-C. 與《太陽肛門》（*L'Anus Solaire*, 寫於 1927）內容過於荒誕不經，推薦巴代伊接受博雷爾醫生的精神分析治療。《眼睛的故事》是此治療過程的產物，也可以說是一種「應用的」精神分析。巴代伊自己相當肯定此一療效。從此，他整個人為之改變，不再像從前那樣膽小、拘謹、沉默。「只有以這種方式被解放後，我才能寫作。」（99）巴代伊對博雷爾終生感激，此後有作品出版時，必將編號第 001 號的版本送給他。

1928——3月20日巴代伊與小他11歲的席薇雅（Sylvia Maklès，當時尚未成年）結婚。婚後，巴代伊仍舊過著淫蕩的生活：泡夜店、逛妓院、參加（甚至主辦）性歡派對。

以筆名奧克勳爵（Lord Auch，意為「天主拉屎／滾蛋」）推出《眼睛的故事》，內含馬松的匿名插圖。此書是巴代伊探究死亡與情色的入門小說。巴代伊很快就意識到禁忌的重要性，以及踰越的主宰（sovereign）特質。「我對所謂的『肉體快感』不感興趣，因為它們真是乏味；我只對被歸類為『骯髒』的感興趣。」（104）他不但是個性虐狂、被虐狂，戀屍者、尿屎癖患者；對性的特殊癖好也是他與以布列東（André Breton）為首、重視道德的超現實主義嚴重分歧之處。《眼睛的故事》1928年初版時只印了134本。1944年發行修訂版，第3版於1952/3年出版。1967年由波維（J.-J. Pauvert）重新出版時，首次以巴代伊的真名問世。詳見《巴代伊作品全集》第1卷。同年並發表文章〈消失的美洲〉（Vanished America），透露出作者深深為充斥於墨西哥信仰中的殘酷、暴力、死亡所吸引。

1929-1930——擔任藝評雜誌《文獻》（*Documents*）主編。在巴代伊的

主導下，該雜誌內容變得光怪陸離（如討論大腳趾與植物的生殖器），且路線逐漸脫離創刊時的主旨，幾乎成了反超現實主義的戰爭機器。該刊終於在出了15期後於1931年停刊。巴代伊自己在其中發表了〈聖瑟維啟示錄〉（L'Apocalypse de Saint-Sever）、〈學院之馬〉（Le cheval académique）、〈花的語言〉（Le langage des fleurs）「花朵脆弱的美感來自於肥料的惡臭」（120）、〈唯物主義〉（Matérialisme）、〈人像〉（Figure humaine）、〈環遊世界80天〉（Le tour du monde en quatre-vingts jours）、〈駱駝〉（Chameau）、〈厄運〉（Malheur）、〈塵埃〉（Poussière）、〈朝聖之地：好萊塢〉（Lieux de pèlerinage: Hollywood）、〈大腳趾〉（Le gros orteil）、〈低賤物質主義與諾斯替教〉（Le bas matérialisme et la gnose）、〈自然的偏差〉（Les écarts de la nature）、〈懶骨頭〉（Les Pieds nickelés）、〈原始藝術〉（L'art primitif）等多篇文章。（當中有幾篇文章重新收錄於《巴代伊作品全集》第1卷。）

與超現實主義成員關係嚴重決裂。布列東形容巴代伊是「排泄哲學家」（126），巴代伊則反嗆「不要將我的時間浪費在理想主義上頭！」（115）並於《文獻》中指控，「布列東個性如牛，是以基督為名的偽改革者」。此衝突之相關文獻收錄於《巴代伊作品全集》第2卷。之後，兩人一度重修舊好，但隨即再度水火不容。超現實主義一方面極力推崇薩德，一方面卻又高舉道德的大纛，此舉看在以薩德實踐者自居的巴代伊眼中，不是虛偽就是欺騙。巴代伊常將自己的癖好投射在薩德的作品中：「對謙虛的過度違背、對性虐／被虐的肯定、性對象的瘋狂排泄與強力、痛苦的射精同時發生、對屍體、嘔吐、拉屎……所展現出的強烈性趣。」（517）

1930── 1月15日母親死於巴黎寓所。此時期巴代伊明顯有戀屍癖
（necrophilia）傾向。死亡的恐懼與屍體的惡臭在他身上激
起更為強烈的慾望。「夜裡，我赤裸著身子在母親的屍體面
前自慰。」（150）「我的死亡像個猥褻、恐怖卻令人渴望的
把戲，經常縈繞在我心頭。」（154）巴代伊與死亡共存的
特殊生活方式令其好友與他保持距離。6月10日女兒羅虹絲
（Laurence Bataille）出生。

1931── 發表《太陽肛門》（*L'Anus solaire*），內含馬松的匿名插
圖，由 Galerie Simon 出版（重新收錄於《巴代伊作品
全集》第1卷）。離開《文獻》雜誌社，進入《社會評
論》（*La Critique sociale*）。後者為民主共產主義社（Cercle
communiste démocratique）社刊，為知名革命者蘇瓦里納
（Boris Souvarine）所創。蘇瓦里納認為巴代伊是個「性異
常者」（sexual deviant）；威爾（Simone Weil）則直指他「有
病」。巴代伊於該刊發表許多重要文章與書評，其中一篇是
評論克拉夫特─埃賓（Krafft-Ebing）所著的《性精神病態》
（*Psychopathia sexualis*）。

1933── 聆聽柯耶夫（Alexandre Kojève, 1902-1968）閱讀、翻譯、
評論黑格爾（Hegel）的《精神現象學》（*Phenomenology of
Spirit*）。每星期一聽完柯耶夫的閱讀後，曾自述「快爆
破、被壓垮，被殺死兩次：窒息與癱瘓。」（189）與凱
諾（Raymond Queneau）合寫〈黑格爾辯證法基礎之批判〉
（La Critique des fondements de la dialectique hégélienne），
刊於《社會評論》。其後，他在《內在經驗》（*L'Expérience
intérieure*）中以專文討論黑格爾，並提出失業否定（négativité
sans emploi）作為黑格爾的勞動否定（négativité au travail

hégélienne）之對照，呼應了非生產性耗費（la dépense improductive）以及他在《遭詛咒的部份》（*La Part Maudite*）所談到的無償的部份（la part gratuite）。

受到默斯（Marcel Mauss）《論禮物》（*l'Essai sur le don*）影響，於《社會評論》發表重要文章〈耗費的觀念〉（La notion de dépense）。默斯在其名著中指出，非生產性的損失（如奢華、哀悼儀式、戰爭、獻祭、遊戲、戲劇、犧牲、藝術等）在所謂的原始社會中扮演著重要的角色。巴代伊則主張，我們在分析社會經濟活動時，不能只考慮生產，而忽略另一項同樣重要的活動：消費、大量且無用的耗費。他因此發展出非生產性耗費、消耗（la consumation）、獻祭（le sacrifice）、誇富宴（le potlatch）等論述。之後在1949年所出版的《遭詛咒的部份》一書，他重提這些論點。巴代伊將《遭詛咒的部份》當作是自己最重要的著作。

同年在《社會評論》，他還發表了《法西斯主義之心理結構》（*La Structure psychologique du fascisme*）。文中，他運用馬克思主義與心理分析，闡明其論點。早在1933年，巴代伊即獨具慧眼，看出共產主義與法西斯主義之同質性。

1934——巴代伊生命中關鍵性的一年。有學者主張，巴代伊寫於1935年卻等到1957年才出版的小說《天之藍》（*Le Bleu du ciel*）可被視為他在1934年的日記。（213）。巴代伊在這年與太太席薇雅分居，並開始與時為蘇瓦里納情婦的克萊特・佩尼奧（Colette Peignot, 1903-1938）相愛，後者以蘿荷（Laure）為名出版《文集》（*Écrits*）。蘿荷和巴代伊一樣，生活淫蕩、且對死亡有著特殊的迷戀。蘿荷聖女兼蕩婦，既是天使又是魔鬼，是巴代伊眼中的理想女人。但巴代伊在與

蘿荷一起時，仍繼續過著荒誕不經的生活。蘿荷為此大為吃醋。然而，巴代伊從不認為有對任何女人忠心的必要，且曾抱怨蘿荷雇用偵探跟蹤他。「蘿荷的一生帶有部份放蕩的氣息。……蘿荷的美只為伯樂展現。我從沒看過像她這樣不易妥協、內心純淨、也不擺架子的人。對她而言，任何事都顯而易見。……大家總說她的名字之於我，就像她哥哥所言，是巴黎活力之泉源，我想確實如此。她象徵著純潔、自負中又帶點謙遜」（節自〈蘿荷的一生〉（Vie de Laure），《巴代伊作品全集》第6卷，附錄一，頁275-277）。

巴代伊首度飽受風濕病的困擾，並前往義大利養病。期間，因接觸東方靈修方式（禪、瑜伽）而有所感悟，故有《內在經驗》和《冥想的方法》（*Méthode de méditation*）兩本書的誕生。

以筆名路易·特朗特（Louis Trente）發表《肛門》（*Le Petit*）（1964年，由J. –J. Pauvert 重新出版。）

1935——巴代伊同布列東、克羅索夫斯基（Pierre Klossowski）、艾呂雅（Paul Éluard）、海涅（Maurice Heine）以及佩雷（Benjamin Péret）共組「反擊」（Contre-Attaque）小組（又稱「革命知識份子戰鬥聯盟」〔Union de lutte des intellectuels révolutionnaires〕）。為了共同抵抗法西斯主義，他與布列東暫棄前嫌。他們發行《反擊小組手冊》（*Cahiers de Contre-Attaque*），在巴黎奧古斯丁堤岸（quai des Augustins）的一間閣樓集會。此閣樓後來變成畢卡索的畫室。在巴代伊的策動下，小組提出一連串道德革命的訴求：將孩童從父母的教導中解放出來、性需求（包括被視為「變態的」）的表達自由、情感的自由嬉戲、人有權享受各種快感等等。他們最後

一次聚會是在1936年的1月21日，為歡慶路易十六（Louis XVI）魂喪斷頭台。小組在內部矛盾擴大之前宣佈解散。

1936—— 巴代伊創辦《無頭的人》（*Acéphale*）刊物，由馬松負責插畫。「頭」代表的是理性、權威、天主，無頭的人指的是鄙視心靈與理性、不再相信天主、不再向權威屈服，任由激情奔放馳騁者。此刊物第1期只有8頁，除了馬松的插圖與巴代伊的文章外，就是克羅索夫斯基關於薩德的文章。第2期則完全以尼采為主題，企圖將尼采從法西斯陣營中重新搶救回來：法西斯意在奴役，尼采則志在解放。「法西斯主義與尼采的思想互不相容，甚至勢不兩立。」（239）第3-4期合輯在1937年6月發行，以戴奧尼索斯為主題，強調人生的本質在於死亡。巴代伊與蘿荷亦以「無頭的人」之名成立一個強調現祭的宗教性祕密社團。盛傳巴代伊原欲以活人為犧牲，後來因故作罷。該團例行活動之一是群聚於巴黎協合廣場紀念路易十六慘遭斷頭，夜間則聚集於森林中一棵遭閃電擊中的樹下活動。此祕密結社於1939年停止運作。

發表〈迷宮〉（Le Labyrinthe）（於《哲學研究》〔*Recherches philosophiques*〕）及獻給馬松的《天之藍》。「故事（récit）彰顯出生命的可能性……並喚起憤怒的時刻，沒有故事，作者將無視於這無窮的可能性」（1957年，波維版的前言）。與安馬松合作發表《獻祭》（*Sacrifices*）。為多家雜誌撰稿。

1937—— 蓋羅爾（Roger Caillois）、萊里斯共同成立「社會學學院」（Collège de sociologie）。「我們所要探討的社會學不是普通社會學，也不是宗教社會學，而是不折不扣的神聖社會學」（260）此學院從1937年11月到1939年7月舉辦各式公開演講，吸引了包括班雅明（Walter Benjamin）、阿多諾

（Adorno）、霍克海默（Horkheimer）在內的不同聽眾。萊里斯從一開始對此就有所保留，並未積極參與；後來巴代伊也因與蓋羅爾理念不合終至不歡而散。與友人成立「集體心理學學會」（Société de Psychologie collective），自任副會長。

1938── 蘿荷因肺炎過世，享年35歲。在她彌留時刻巴代伊既不准神父在旁，死後也不准其母舉辦宗教儀式。蘿荷的死雖令巴代伊痛苦萬分，但在她病危之際，他依舊在外胡搞，令她痛恨不已。「痛苦、恐懼、眼淚、譫妄、性歡、發燒、死亡是蘿荷與我共享的每日麵包。此麵包留給我不堪、卻摻雜著巨大甜蜜的回憶。」（255）此時，他還沒有用真名出過書。他花很多時間待在國家圖書館看書，並開始學習瑜伽（對此，《內在經驗》前幾頁有分析與評論）。在肺部再度出狀況之後，巴代伊離開巴黎，先後定居於諾曼第（Normandie）和維澤萊（Vézelay）。他在維澤萊一直待到1949年。

1939── 《無頭的人》第5期於6月初版，標題是「瘋狂、戰爭與死亡」，內含3篇文章：〈尼采的瘋狂〉、〈戰爭的威脅〉與〈在死亡面前作樂〉。席薇雅結識拉岡（Jacques Lacan），繼而成為他的第二任妻子。在蘿荷死後，巴代伊繼續逛妓院與脫衣舞俱樂部，且同時與多名女子交往。其中，與有夫之婦羅蘭（Denise Rollin）的戀情從10月持續到1943年底。「在這個已變得可怕的世界中，此一著了魔的好運令我顫慄。」（282）

二次戰爭爆發後，巴代伊冷眼旁觀戰爭所顯現存在的悲劇本質與所帶來的恐怖、死亡與快感，並為之著迷。他對戰爭的態度使他被批評為希特勒同路人與法西斯主義幫凶。

9月5日開始寫《罪犯》（Le Coupable），「我企圖描寫神祕經

驗。」「突然間我覺得自己變成一根勃起的陽具」（301），
此作品於1943年5月完成，從中可窺知巴代伊在戰時的情
況。

1940——5月德軍進入巴黎，巴代伊開始四處逃難。

1941——結識布朗修（Maurice Blanchot），兩人的情誼至死方休。席
　　　　薇雅為拉岡生下女兒茱蒂（Judith），不過戶口卻登記在巴
　　　　代伊名下。成立名為「蘇格拉底學院」（Collège socratique）
　　　　的團體，不定期聚會，會中巴代伊朗讀進行中的《內在經
　　　　驗》，並和與會人員討論。
　　　　12月以筆名皮耶·翁傑利克（Pierre Angélique）出版《愛德
　　　　華妲夫人》（*Madame Edwarda*），由 éditions du Solitaire 印製
　　　　發行（出版日期寫的是1937年）。

1942——因染上肺結核而被迫辭去國家圖書館的工作。養病期間完成
　　　　《內在經驗》（*L'Expérience intérieure*）。《死人》（*Le Mort*）這
　　　　篇巴代伊最短、排泄性最強的作品有可能完成此於時。在這
　　　　篇小說中，不再是死亡向情色開展，而是情色與猥褻為死亡
　　　　而準備。

1943——《內在經驗》在大戰期間由伽利瑪（Gallimard）出版，引起
　　　　極大非議。「我不是哲人，而是聖人，或者可說是個狂人。」
　　　　沙特（Sartre）於《南方隨筆》（*les Cahiers du Sud*）以「新神
　　　　祕主義者」為題予以強力抨擊，並建議他接受治療（重新收
　　　　錄於《情境》第1冊〔*Situations* I, Gallimard〕）。對此，巴代
　　　　伊於《論尼采》中予以回應（參見《巴代伊作品全集》第6
　　　　卷）。
　　　　在維澤萊結識有夫之婦狄安娜·德·博阿爾內（Diane de
　　　　Beauharnais）。後者之夫因吃醋而威脅要取其性命。

1944——《罪犯》、《大天使般的人》（*l'Archangélique, Messages*）出版。
與沙特理念不同，但兩人過從甚密。搬到楓丹白露附近的
Samois 養病。寫作充滿宗教與情色意涵的情詩集《哈利路
亞》（*Alleluia*）。

1945——與狄安娜定居在維澤萊，感情世界日趨穩定（此後狄安娜將
陪同他，直到他過世為止）。首度失業，生活拮据。「終其
一生，金錢總是個大問題。……他永遠處在缺錢花用的狀
態中。」（400）發表《論尼采》（*Sur Nietzsche*）、《運氣的意
志》（*Volonté de chance*, Gallimard）；《奧瑞斯提亞》（*l'Orestie*,
Quatre Vents）；《黛蒂》（*Dirty*, Fontaine）。
在戰後搬離巴黎，先住在維澤萊，後搬到卡彭塔（Carpentras）
及奧爾良（Orléans），並在奧爾良度過其後半生。

1946——創辦《評論》（*Critique*），為一強調跨領域、探索「政治經
濟與文學、哲學與政治間關係」的綜合性刊物，為巴代伊終
其一生主要的發聲管道。在此他前後共發表74篇文章。在
第3期中他曾為米勒（Henry Miller）辯護：「米勒表達自我
方式之粗俗史無前例，但那些以衛道者自居者知道，他們必
須學習適應。」（371）娶狄安娜為妻。

1947——發表《哈利路亞》（*L'Alleluiah, catéchisme de Dianus, Blaizot*）；
〈冥想的方法〉；〈老鼠的故事與狄亞努斯日記〉（Histoire de
rats et Journal de Dianus, Minuit）以及《詩怨》（*Haine de la
poésie*, Minuit）。負責午夜（Minuit）出版社之《寶庫之應
用》（*L'usage des richesses*）系列叢書（《遭詛咒的部份》名列
其中）相關事宜。

1948——狄安娜產下一女茱麗（Julie），生活益形困頓。發表《宗教
之理論》（*Théorie de la religion*, Gallimard）及相當多篇文章。

1949—— 出版《遭詛咒的部份》（*La Part Maudite*）；由於此書內容過
　　　　於荒誕，連巴代伊自己都承認「我就是那個瘋子」（386）；
　　　　但終其一生巴代伊都在修訂、甚至重寫此書，可見此書在
　　　　巴代伊心目中的分量。發表《愛波寧》（*Éponine*, Minuit）。
　　　　9月《評論》被停刊。迫於生計，巴代伊在卡彭塔（與後來
　　　　的奧爾良）重拾圖書管理員工作。「我被迫擔任圖書館員」
　　　　（401）。1949-51年居住在卡彭塔期間是其一生中最失意的
　　　　時期。

1950—— 發表《教士C》（Minuit出版），評論不如預期。10月《評
　　　　論》復刊，由Minuit出版。為薩德作品《茱斯蒂娜或美德的
　　　　不幸》（*Justine ou les Malheurs de la vertu*）作序（J.-J. Pauvert
　　　　出版）。

1951—— 動身前往奧爾良，擔任圖書館館長。

1954—— 開始感受到生命受到病魔的威脅，被診斷出大腦動脈硬化末
　　　　期。從此時到他過世為止，隨著其智力的逐漸減退，巴代伊
　　　　不但著手親身體驗肉體衰敗死亡的過程，甚至包括思想的死
　　　　亡。

1955—— 發表《史前繪畫：拉斯科壁畫或藝術之誕生》（*La peinture
　　　　préhistorique: Lascaux ou la Naissance de l'art*）與《論馬奈》
　　　　（*Manet*, Skira出版）。

1956—— 出版商波維（Jean-Jacques Pauvert）因出版四本薩德的小說而
　　　　被當局起訴，巴代伊出庭為其辯護。「我們今天應該保留利
　　　　用薩德作為墮落至恐怖深淵之手段的可能性。對於此一恐怖
　　　　深淵，我們應該探索；而且（我所代表的）哲學更有義務予
　　　　以強調、闡釋與散佈……我認為對於那些想探究人之本質為
　　　　何的人而言，薩德的作品不僅值得推薦，而且是不可或缺之

書。」（479）

1957—— 在這年出版了3本書：《文學與惡》（*La Littérature et le Mal*, Gallimard 出版）；《情色論》（*L'Érotisme*, Minuit 出版）；《天之藍》（J.-J. Pauvert 出版）。與吉洪迪亞斯（Maurice Girodias）共同籌畫發行情色雜誌《創世紀》（*Genèse*）。

1958——《創世紀》因吉洪迪亞斯擔心內容不夠煽情而胎死腹中。

1959—— 為《吉爾・德・雷的審判》（*Procès de Gilles de Rais*）寫序，該作品由克羅索夫斯基所編寫（J.-J. Pauvert 出版）。

1961—— 出版《愛神的眼淚》（*Les Larmes d'Éros*, J.-J. Pauvert 出版）。

1962—— 申請調回巴黎的國家圖書館工作。緊接《狄亞努斯》與《奧瑞斯提亞》之後發表《辦不到的事》*L'impossible*）（原稱《詩怨》）。

喬治・巴代伊於7月8日逝世於巴黎。「嚥下最後一口氣之前，他只說了句『就是這樣』」（Georges Delteil 給 Jean Piel 的信）「終於，死亡中的墜落是可鄙的」（出自《內在經驗》）。葬於維澤萊的小墓園，與一群農夫農婦為伴。

1966、1967——《我的母親》（*Ma mère*）、《死人》於巴代伊死後由 J.-J. Pauvert 出版。

原作者序

　　主宰人類精神的指令令人驚訝不已。人類不斷對自己感到恐懼。他對自己的情色衝動感到驚恐。信仰極度虔誠的貞德女性對縱情聲色的男性避之唯恐不及，渾然不知後者那不可告人的激情（passions）與自己對宗教的熱情其實系出同門[1]。

　　然而，尋找人類精神的連貫性是可能的；此精神的可能涵蓋面從極度虔誠的貞德女性直至縱情聲色的男性。

　　我所採取的觀點是希望能看到這些彼此對立的可能性進行磨合。我並不擬簡化其中一組可能性，而將其合併到對立的那一組，而是超越每個彼此否定的可能性，盡量從中獲取有交集的最高可能性。

　　我不認為人類在駕馭令其恐懼的事物之前，有機會對這些事物進行瞭解。此說並不表示人類應該奢望生活在一個情色與死亡像機械般自然運轉、完全免於恐懼的世界。而是，人類有能力超越令他恐懼的事物，並可以面對面正視並予以克服。

　　如此一來，可避免自始以來人類對自己的奇怪誤解。

1　法文中的 passion 源自拉丁文的 passio, pati，原意為「受苦、疾病」，如 Passion 即指耶穌受難。後引申為激情、熱情之意。巴代伊在書中運用此字時，常有一語雙關的意涵。本譯文將視上下文，將適當的意義譯出。作者在此一開始即點出情色與宗教的親密關係，兩者可說系出同門。

　　何況，我如此做只不過追隨前人的步伐。

　　在本書出版之前，情色早已不再是「正經人士」談論時會覺有失身份的話題[2]。

　　長久以來，人們早已毫無畏懼地針對情色議題高談闊論。因此輪到我能說的已是些老生常談。我所要做的只不過是從人們所描述的不同事實中，找出其關聯性，試圖從整體行為中勾勒出一幅協調的圖畫。

　　這項尋找整體協調的努力與科學方法有別。科學方法探討的是單一的問題，並累積個別研究的成果。我相信情色對人類的意義並非科學方法所能掌握。在觀察情色的同時，我們思考的對象必須是人類。我們尤其不應自外於人類的勞動史與宗教史。

　　因此，本書內容章節往往與實際的性行為無關。此外，雖然有些議題的重要性並不亞於書中所討論到的議題，但本書卻只能忍痛割愛。

　　所有這些犧牲全是為了找出足以凸顯人類精神一致性的觀點。

　　本書分兩大部份。第一部份從情色的角度有系統地呈現人類生活中不同面向的關聯性。第二部份匯集了一些我所做的個案研究，這些研究涉及同一問題；其一致性無庸置疑。因此，書中兩大部份涉及相同的研究。第一部份的章節與第二部份的個案研究是在二次大戰後與目前（1957年）之間同時進行的。然而，這樣的進行方式有其缺點：某些重複無可避免。尤其是我偶爾會在第一部份以不同形式討論第二部份處理的議題。這樣的處理方式在我看來情有可原，因為它反

2　與英美、台灣相較之下，法國學術界對情色議題的確採取比較開放的態度。但法國司法當局遲至1956年，仍以妨害風化為由起訴首度發行《薩德全集》的出版商波維（Jean-Jacques Pauvert）。巴代伊本人還特別出庭為其辯護，並指出「對那些想深入人性底層，瞭解人心的人而言，薩德的作品不但值得推薦，且是必讀之書」。

映了本書的基調：書中處理個別問題時總會考量到整體。就這層意義
而言，本書可被歸結為是不斷從不同角度對人類生活所展開的全盤觀
照。

　　著眼於此一全盤觀點，最吸引我的莫過於從全面的角度再度發現
青春時期曾令我魂牽夢縈的天主形象的可能性。當然，我不會重拾年
輕時的信仰[3]。但在我們所處這個遭遺棄的世界中，人類激情只有一個
目標。抵達此一目標的途徑各有不同。這目標本身有著眾多不同的面
向，我們僅能透過這些面向的深層關聯一窺堂奧。

　　在本書中我所要強調的重點是，基督宗教（la religion chrétienne）[4]
的熱情與情色激情系出同門、如出一轍。

　　光憑我一己之力，我根本無法完成本書。在我之前，早已有萊里
斯（Michel Leiris）的《鬥牛之鏡》（*Miroir de la Tauromachie*）一書出
版[5]。在該書中，情色被視為是與生命經驗有關的經驗；情色並非科學
研究的對象，而是激情的對象，或更深切地說，是富有詩意的冥想對
象。

　　為了感謝萊里斯先生在二次大戰前夕所寫下的這部《鬥牛之
鏡》，我特別將此書獻給他。

3　巴代伊出身一個沒有宗教信仰的家庭。1914年德軍逼近其家鄉時，巴代伊和母親拋棄其
　　雙目失明，且患有梅毒的父親而逃到外地避難。同年，他投入天主教／聖母的懷抱；虔
　　誠的信仰使他在這段期間每星期前往教堂告解懺悔，並曾一度想獻身神職。然而，巴代
　　伊對天主教的信仰僅維持到1920年代中葉即戛然而止。

4　包括天主教與基督教，在此主要意指是天主教。

5　萊里斯（Michel Leiris, 1901-1990：法國超現實主義作家與民族誌學者。《鬥牛之鏡》一書
　　是他出版於1938年的作品。該書是由詩人兼出版家馬諾（Guy Lévis Mano, 1904-1980）負
　　責印行，屬於巴代伊所主編的「無頭」（Acéphale）叢書之一。首版只印製40冊，內附有
　　超現實主義畫家馬松（André Masson）的三幅插畫。在1935年的一篇文章中，萊里斯曾
　　將文學比作鬥牛。寫作被視為是種對內在真理的實際追尋，一種有其規則與危險性的儀
　　式。萊里斯是巴代伊的長年好友，在本書開頭巴代伊即將本書（《情色論》）呈獻給他。

　　此外，在此我也要感謝在我臥病、無法搜集書中圖片期間[6]，他所提供的協助。當時許多友人同樣幫我尋找相關研究資料，對於這些殷勤、有效的支持，我深受感動。

　　在此我也要感謝巴薩爾（Jacques-André Boissard）、狄薩（Henri Dussat）、法恩可（Théodore Fraenkel）、傅舍（Max-Pol Fouchet）、拉岡（Jacques Lacan）、馬松（André Masson）、巴瑞（Roger Parry）、瓦德堡（Patrick Waldberg）、韋恩（Blanche Wiehn）等諸位先生。

　　我個人並不認識法爾克（M. Falk）、吉羅（Robert Giraud）、以及傑出攝影師韋爾格（Pierre Verger）等先生。但我相信我研究的對象以及出版此書的急迫性是促使他們熱心提供部份文獻資料的主因。

　　到目前為止，我尚未提及我的老友梅特羅（Alfred Métraux）[7]。但在感謝他對此書的協助時，我只能大致提一下他對我的大恩大德。從第一次大戰戰後，他不但帶領我進入人類學與宗教史的領域，他在這方面無可置疑的權威地位，更使我在討論禁忌（interdit）與踰越（transgression）等關鍵性問題時，內心感到篤定——如磐石般的篤定。

6　從1954年起，巴代伊開始感受到生命受到病魔的威脅，後來他被診斷出大腦動脈硬化末期。從此時到1962年死亡為止，其智力逐漸衰退，並深為所苦。詳參 Michel Surya, *Georges Bataille: An Intellectual Biography*, pp. 474-78。

7　梅特羅（Alfred Métraux, 1902-1963）：出生瑞士的法國著名人類學家。他是研究拉丁美洲、海地、復活島等地人種的權威。其代表作包括：《復活島人種學》（*Ethnologie de l'ile de Pâques*, 1935），《南美洲印第安宗教與魔法》（*Religions et magies indiennes d'Amérique du Sud*, 1967），《海地巫師》（*Le Vaudou Haïtien*, 1958），《印加民族》（*Les Incas*, 1962）。梅特羅與巴代伊兩人年輕時因長相酷似，常被誤認為是兄弟。兩人常膩在一起，甚至分享同一個女人。詳參 Surya, pp. 55-56。

前言

　　所謂情色，可說是對生命的肯定，至死方休。嚴格而言，這並非為情色下定義，但我想這比其他說法更能說明情色。如果真要談精確的定義，當然就得從職司繁殖的性行為談起，而情色只是人類性行為的一種特殊形式。繁殖的性行為是有性繁殖的動物與人類所共有，但似乎只有人類把自己的性行為變成情色。情色與單純性行為的區分在於其獨立於傳宗接代本能之外的心理探索。在賦予情色此一基本界定之後，我想立刻回到我最初的說法：情色是對生命的肯定，至死方休。事實上，雖說情色行為首先是生命的洋溢，其如前所述、獨立於傳宗接代之外的心理探索目的對死亡並不陌生。此一說法極具弔詭，因此我迫不及待引述以下兩段看似佐證我說法的文字：

　　「不 幸 的 是 ， 浪 蕩 子 獲 取 快 樂 的 訣 竅 萬 無 一 失 。」薩 德（Sade）[1]，「凡 是 略 嚐 過 沉 溺 於 浪 蕩 生 活 的 人 ， 沒 有 一 個 不 知 道 殺

---

[1]　薩德侯爵（Marquis de Sade, 1740-1814）：十八世紀著名的法國色情大師，其作品以結合色情與哲學見長。因其作品充斥著性虐待場景，十九世紀德國性學家 Richard von Krafft-Ebing（1840-1902）以其姓創造出與性虐待相關的字詞，如 sadism。薩德的作品因充滿異類思想，對巴代伊、傅柯（Michel Foucault, 1926-1984）等二十世紀另類思想大師有著深

人的慾望有多麼不可抗拒的主宰力量⋯⋯」[2]

同一作者也寫下這個更奇特的句子：

「熟悉死亡的最好方式莫過於將死亡與浪蕩思想連結。」

　　前面我提到這兩段話看似佐證我的說法。事實上，薩德的想法可能是種畸想。無論如何，即使他所提及的那種傾向在人性中並不罕見，所涉及的仍屬脫軌的感官行為。不過，死亡與性刺激之間無論如何有著連帶關係。至少對於某些精神病患者而言，目睹謀殺或有關謀殺的想像可能激起性快感的慾望。我們不能光說精神病是這兩者產生關係的原因。就我個人而言，我承認薩德的弔詭說法透露出某種實情。此一實情不限於邪惡的範疇：我甚至認為這可能就是我們生與死的根本。我相信我們思索生命時無法自外於此一真相。人們在討論生命的存在時，似乎常常與其激情衝動脫鉤。我則持相反的觀點：我認為在呈現人生時，永遠不應將這些衝動排除在外。
　　現在請原諒我從哲學角度開始切入討論。
　　大體而言，哲學常犯的錯誤是與人生脫節。不過我要立刻向各位保證的是[3]，以下的討論與人生有著最親密的關聯：這次的討論跟著眼於傳宗接代的性行為有關。我先前曾經說過，情色與繁殖截然不同。但即使說情色的定義是建立在性歡愉與繁殖目的脫鉤的基礎之上，繁殖的基本意義在討論情色時仍扮演關鍵的角色。

遠的啟發與影響。

2　這段文字引自薩德的小說《索多瑪120天》參見 *Les 120 journées de Sodome*. Ed. Michel Delon, Bibliothèque de la Pléiade, 1990, p. 27。

3　本文最初是在一場研討會上宣讀，後為因應本書出版，稍做修改（原注）。

繁殖將牽扯出不連貫的生命（des êtres discontinus）[4]。

繁殖的生命彼此不同，所繁殖出來的生命也各自有異，就如子孫與祖先相互有別一般。每個生命均與眾不同。他人也許會對某人的出生、死亡與一生事蹟感到興趣，但只有他本人才有切身的利害關係。他單獨來到人世，他孤獨地死去。一個生命與另一個生命之間存在著一道深淵，彼此不連貫。

譬如，在身為聽眾的您與我這個講者之間就有道鴻溝深淵。雖然我們努力溝通，但再怎麼溝通都無法消弭我們之間的最初差異。假如您不幸仙逝，死的人不是我。您與我，我們是不連貫的生命。

但我總覺得這道隔離您、我的深淵有點虛幻。此深淵極為深邃，我想不出有任何辦法消除此一鴻溝。面對此深淵時，我們只能共同感受此深淵所帶來的暈眩。它懾服我們，令我們著迷[5]。就某層意義而言，這道深淵就是死亡；死亡令人暈眩，死亡令人著迷。

現在我想指出，對我們這些不連貫的生命而言，死亡具有接續生命（la continuité de l'être）的意義：繁殖指向生命的不連貫，但同時也引進了生命的接續，也就是說繁殖與死亡息息相關。藉著談論生命的繁殖與死亡，我試圖指出生命接續與死亡的一致性。兩者同樣令人著迷。而此令人著迷的魅力正是情色的主要特質。

我想談談一項足以顛覆原有認知體系的基本困惑。不過，我首先要提到的幾項事實乍看之下似乎無關痛癢，這些都是早經科學界證實的客觀事實，和其他可能跟我們有關、卻並不密切的事實似乎沒有差異。然而，此一表面上無關緊要是騙人的假象，不過我暫時不加以戳破，就好像我並不想馬上揭露真相一樣。

4　有時譯為不連貫的存在或不連貫的個體，依上下文而定。
5　參見譯者序中注釋13。

　　各位都知道生物有兩種繁衍後代的方式：簡單的生物依靠無性生殖；較複雜的生物則仰賴有性生殖。

　　在無性生殖中，單細胞生物成長到某一程度時會自我分裂。它會形成兩個細胞核，於是此單一生物一分為二。但是這種情況下，我們不能說第一個生命生了第二個生命。這兩個新生命同樣是第一個生命的產物。原先的第一個生命已然消失。本質上，它已經死亡，因為它並未能在它所產生的兩個新生命中繼續存活。單細胞生物並不像有性動物，死後身體會腐化解體，它只是停止存在。只要它的生命不連貫，它就會停止存在。不過，在繁衍的過程中卻曾經有過連貫的瞬間：在原先生命一分為二時。一旦成為兩個生命，馬上又恢復兩個不連貫的存在。然而這個過程中隱含兩者之中仍存在著瞬間的連貫。原先生命死亡了，不過就在它死亡時出現了兩個生命接續的關鍵瞬間。

　　同樣的連貫在有性生物的死亡中就不可能出現；有性生物的繁殖原則上與臨終或消失沒有關聯。但是，有性生殖——基本上與無性生殖同樣利用細胞分裂的功能——卻引進了從不連貫到連貫的新過程。精子與卵子原先是不連貫的個體，但它們卻結合成為一體。隨著兩個不同個體的死亡、消失，兩者間出現了新的連貫，並形成新的生命。此一新生命本身是不連貫的，不過從它身上卻可以看到連貫過程——兩個不同個體[6]的致命結合。

　　這些變化乍看之下可能微不足道，但他們卻是各種生命的根本。為了闡明這些變化，我建議各位隨意想像目前的你被複製成雙份的狀態過程。你將無法從這個過程存活下來，因為出自你身上的這兩個複製體本質上與你不同。每個複製體必然跟現在的你不同。要和你真正相同，其中一個複製體必須與另一個連貫結合，而非彼此獨立。這是

6　精子與卵子。

個很難想像的奇怪念頭。相反地，如果你想像自己和另一個人像精子、卵子般的結合，你就不難想像相關的變化。

我向各位建議這些粗略的想像，並不著眼於其精確性。有著清楚意識的人類與微生物畢竟大不相同。然而我還是要提醒各位：不要只習慣性地從外在看待這些微生物，不要只習慣性地將它們看作沒有內在的東西。你我都有內在生命。不過狗也一樣，昆蟲或更小的生命亦然。在由繁至簡的生物階梯中找不出內在生命的門檻。內在生命並非由簡至繁的結果。如果微生物一開始就沒有內在生命，再複雜的過程也無法讓它從無到有。

然而，這些微生物與我們之間的差距還是不小，我先前所提議的怪異想像可能不具有明確意義。我只不過想以荒謬的方式提醒大家注意，我們生命中根本的細微變化。

生命中最根本的變化是從連貫到不連貫或是從不連貫到連貫的過程。我們都是不連貫的生命、在無法理解的人生歷險中孤獨死亡的個體，但我們懷戀失去的連貫。我們發覺生命中注定不可預測、會滅亡的孤獨狀態令人難以忍受。在我們焦慮地渴望此一會滅亡生命得以持久的同時，我們腦裡念茲在茲的是能聯繫我們與現有一切存在的重要連貫。這股懷戀與是否認知到我先前提過那些基本事實毫無關係。即使有人對於微生物的分裂與結合毫無所悉，他仍可能會因自己像一個海浪消失在無數浪頭中自人間消逝而感到痛苦。但這股懷戀卻在所有人身上支配著三種形式的情色。

我想依序談談下列三種情色：肉體情色（l'érotisme des corps）、心的情色（l'érotisme des cœurs）、神聖情色（l'érotisme sacré）[7]。我的用

7　sacré 是巴代伊思想中相當重要的字眼。巴代伊使用此字時，主要從民族誌與社會學的角度切入，有別於一般的用法。sacré 源自拉丁文 sacer，除了神聖的含意外，亦有骯髒、受詛咒等意涵。讀者可參閱巴代伊在本書第十一章第二節的相關討論。在一般法文中則有

意在於闡明這三種情色的最終目的不外於：以深厚的連貫感取代個人孤單的不連貫。

　　肉體情色或心的情色的意涵較容易理解，但諸位對神聖情色的概念可能稍感陌生。神聖情色的說法本身就有點曖昧，因為所有情色都有其宗教色彩；但我們談論肉體情色與心的情色時則不涉及宗教本身。然而，超越今生此世、有系統地追尋生命的接續，本質上就是項宗教性的嘗試。在西方所熟悉的模式中，神聖情色與追求天主之愛混合為一。然而在東方，類似的追求卻不必然牽涉到個別神明。佛教更是放棄這種想法。無論如何，從現在起，我想強調我的企圖用意。先前，我一直努力介紹生命連貫與不連貫這個對立的概念，乍看之下似乎予人奇怪、徒然且過於玄奧的印象。最終，我要強調的是，如果沒有這個概念，我們將無法理解情色的普遍意義與其眾多形式的一致性。

　　先前我拐彎抹角透過微生物的繁衍過程，闡述生命的連貫與不連貫。目的無他，旨在使情色的巨大範疇從其長期隱身的黑暗中現身。情色有其祕密，而我此刻企圖予以揭露。但是，想揭露情色的祕密而不先更加深入探究生命的核心，可能嗎？

　　首先，我應該立即承認的是，有關微生物如何繁衍的討論可能無關緊要、無足輕重。微生物缺乏激起情色衝動所必備的暴力情緒。本質上[8]，情色的場域就是暴力的場域、侵犯的場域。不過，讓我們再回想一下微生物從不連貫到連貫的過程。如果我們將此過程與我們自己的經驗彼此參照，我們就可以理解：對不連貫生命而言，生命脫離不連貫永遠是最大的暴力。對我們而言，最大的暴力就是死亡；確切地

　　神聖的、宗教的等意義。文中譯法依上下文而定。詳 Mayné, 9-23。巴代伊所謂神聖情色
　　的目標超越現實之外，與神祕經驗有密切的關係。

8　　從此作者開始討論肉體情色。

說，死亡扯斷了我們對不連貫生命的頑固堅持。一想到我們身上這不連貫的個體有朝一日將突然化為烏有，不禁令人膽顫心驚。要將我們內心的情緒波瀾與繁殖中微生物的感覺做類比並不容易。但無論生物再怎麼微小，我們根本無法想像它們能夠不用暴力而來到世間：從不連貫到連貫的過程中，基本的生命整體受到牽扯威脅。只有暴力足以撼動全局，暴力與相關的無名騷亂！除非侵犯原先注定不連貫的生命，我們無法想像生命如何能轉變成全然不同的狀態。在微生物繁殖令人困惑的轉變中，我們不但重新發現在肉體情色中令我們窒息的暴力本質，同時也見識到了該暴力的內在意義。如果不是對伴侶的生命施以瀕臨死亡、近乎謀殺的暴力侵犯，肉體情色還有何意義？

　　情色所有作用的目的在於直搗生命最內部的核心處，直至令人停止心跳。從正常狀態轉變到情慾高漲意味著原先不連貫的個體已經部份消融。消融（dissolution）這個詞與用來描述情色行徑的常用詞「生活放蕩」（vie dissolue）有關。在此生命消融過程中，原則上男性扮演主動的角色，女性則處於被動。被動的女性本質上是被消融的生命體。對其男伴而言，被消融的被動女方只具有一層意義：為雙方的融合鋪路，以達到雙方同時消融為目的。所有情色作用的原則在於破壞參與者在正常生活中的封閉結構。

　　關鍵的行為是脫光衣服。裸體與封閉狀態，也就是說，與不連貫的生命，形成對立。赤裸狀態是溝通的狀態，顯示出個人超脫自我侷限、追尋生命連貫的可能性。身體透過那些給人猥褻感覺的祕密管道向連貫的狀態開放。猥褻意味著原先慣於擁有自我、擁有持續明確個體的狀態被打亂後，所引起的侷促不安。相反地，在你我新一波交融的器官嬉戲中，自我喪失了，就如同一波波潮起潮落的海浪相互穿刺、迷失在彼此中。此一自我的喪失徹底到在赤裸狀態中——赤裸狀態是喪失自我的前兆、表徵——大多數人會尋求遮掩，尤其是當緊接

著赤裸狀態而來的是徹底瓦解自我的情色纏綿。在某些人類文明中，
裸體深具意義。在這些文明眼中，剝光身體即使不是處死的擬像，至
少相當於非嚴肅的處死。在古代，情色所倚賴的瓦解（或毀滅）感極
為強烈，足以讓人將做愛與獻祭聯想在一起。稍後談到融合生命與超
現實的神聖情色時，我會再談到獻祭的意義。不過，此刻我要強調的
是：情色纏綿中的女性看似作為犧牲的祭品，男性則是獻祭者；在交
媾高潮中，彼此都淪喪在透過最初破壞所建立的連貫中。

　　這個比喻因為性交所涉及的破壞並不嚴重而失色不少。我們勉強
可以說，如果沒有了侵犯、甚至暴力這些構成情色的成分，情色活動
就很難達到十足的效果。然而，真正的毀滅，也就是殺人的行為，所
構成的情色形式並不比剛剛所描述大抵等值的過程 [9] 來得完美。薩德
侯爵在其小說中將殺人視為情色刺激的極致，不過他想表達的只是：
極端的毀滅行為不見得與情色沒有關聯。從正常狀態到慾望高漲的過
程中就包含了對死亡的根本迷戀。情色總是意味著既成模式的瓦解。
什麼模式？我再重申一次：我們這些個別、不連貫秩序所組成的、有
規則的社會生活模式。雖然薩德將情色與殺人掛勾，但是在情色中，
不連貫的生命並不像在某些繁衍過程中就此消失：它只不過受到質疑
騷擾而已。這不連貫的生命的確應該遭到侵犯，並盡量受到騷擾。我
們的生命追求的雖是連貫，不過原則上其前提是：死亡這個依賴不連
貫生命的毀滅而建立起的連貫，本身並非最終的勝利者。重要的是，
為這個奠基於不連貫的世界內部，引進它所能承載的各式可能連貫。
薩德的脫軌行徑則超越了此一可能範圍 [10]。少數人深深為其所吸引，

9　前段所提的脫光衣服。

10　巴代伊所追求的是生命中的所有可能性，薩德所指涉的死亡則顯然超出此一範圍。巴代
　　伊雖然熟知死亡概念的魅力，也深深為之著迷，但他也體會到隨著真正死亡的到來，一
　　切將化為烏有。

甚至還有人因此鋌而走險。但對一般正常人而言，這些終極行徑只是指出基本步驟的極端走向而已。我們的衝動中隱含恐怖的過度傾向：極端的行徑照亮了我們衝動的可能方向。對我們而言，過度只不過是個信號，不斷提醒我們：面對不連貫的生命，人們雖然焦慮地緊抓不放，但代表此一個體生命斷裂的死亡卻是比生命更突出的真相。

無論如何，肉體情色有其沉重、凶險的特質。它總是以憤世嫉俗、帶點私心的方式保留不連貫的個體。心的情色則較不受拘束。表面上，心的情色雖擺脫了肉體情色的物質束縛，但它仍源自肉體情色；其穩定經常有賴情人之間彼此的情感。心的情色也可能完全脫離肉體情色，不過那只是像眾多人類中所必有的例外情況。基本上，情人之間的激情會在情感範疇中延長兩人肉體的結合。此激情可能促成或延長肉體的結合。但對當局者而言，此激情可能比肉慾更為強烈。我們絕不可忘記，雖然愛情允諾幸福，但它首先帶來的卻是迷恍與困擾。快樂的激情本身帶來的是強烈的失序，以致在未成為可享受的快樂之前，其強烈程度與痛苦不分軒輊。心的情色的精髓在於以兩個生命的神奇連貫取代原先持續的不連貫。不過此一連貫的感覺主要在渴望的焦慮中，在遙不可及、在汲汲尋覓但卻力不從心的顫慄中方才感受得到。只有在長期飽嚐風暴的痛苦之後，才能感受到安全感所帶來的寧靜快樂。因為對情人而言，長相廝守的機率並不大，陶醉在彼此親密交融的機會又更少。

情人受苦的機率更大。因為唯有為情所苦，方能顯露出所愛對象的完全價值。擁有所愛的對象並不代表死亡，但追求的過程中反而可能涉及死亡。追求者如果無法擁有所愛，有時會想置對方於死地：他往往寧可加以殺害也不願失去所愛。在其他情況下，他則自己走上絕路。在這些瘋狂舉動背後，所涉及的是他在所愛身上感受到連貫的可能。在情人眼中，這世界上似乎只有與所愛 —— 透過肉體與靈魂難以

言詮的親密結合——方能超越人類的侷限，達到兩人的完全融合、促使兩個不連貫個體的連貫。激情將我們捲進痛苦的漩渦，表面上雖是追求偶然情境下的同心一意，本質上則是追尋不可能的事。然而，激情答應為此一基本痛苦狀態提供一條出路。我們因侷限於不連貫的個體而受苦；激情則不斷說服我們：只要擁有所愛，你因寂寞而窒息的靈魂將得以與所愛的靈魂結合一體。這項承諾至少有部份是虛幻的。但是在激情中，雖然方式有時因人而異，此一融合形象卻瘋狂地烙印在情人心中。何況，這種延續個人自我命脈的暫時結合也可能成為真實，而不光只是形象或計畫。不過，這倒不是重點。重點是在這項暫時而深刻的結合中，焦慮——分離的威脅——經常是揮之不去的夢魘。

　　無論如何，我們應該意識到兩種對立的可能性。

　　如果兩個情人的結合是激情的結果，此激情呼喚著死亡：殺人或自殺的慾望。指明激情的是死亡光環。在此一暴力（與此相呼應的是不連貫個體的持續侵犯感）之下，開啟了習慣兩人與分享彼此自我意識的領域，亦即不連貫的一種新形式。對追求者而言，唯有突破個別侷限——必要時透過死亡——意味著存在全部意義的愛人形象才會浮現。對追求者而言，其所愛使整個世界透明有意義。其所愛透露出的便是我即將提及的神奇（divin）或神聖（sacré）情色。這是個不受限制、不再受制於個人不連貫的完整存在。換句話說，對追求者而言，此一連續存在是種解脫。表面看來，這種想法似乎有點荒謬，且混淆得可怕；但在這荒謬、混淆、痛苦底下卻透露出奇蹟的真相。在愛情真相中沒有任何虛幻成分：對追求者而言——雖然可能只有對他個人而言，不過這又何妨——其所愛就等於存在的真相。幸運的話，透過所愛，世界不再複雜，追求者得以參透存在底層、體會生命的單純。

　　除了這種仰賴好運擁有所愛的不可靠方式外，人類從最原始時代就努力找尋不需依靠運氣，而能獲得令其解脫的連貫。當人類面臨死

亡時，問題就浮現：死亡似乎將不連貫的生命推進存在的接續中。這
種看法剛開始時並未進入我們腦海中。死亡雖然毀滅了不連貫的個
體，但大體而言，在我們之外的存在接續卻絲毫未受影響。我並沒有
忘記，在追求不朽的慾望中，關鍵就在於如何擺脫不連貫的羈絆，如
何超越個別的生命侷限。不過，目前我不想觸及此一問題。我想強調
的事實是：存在的接續來自生命的根源，根本不受死亡影響；甚至相
反地，死亡彰顯存在的接續。在我看來，此種想法應被視為是解釋宗
教獻祭的基礎。先前我曾將情色行為比作宗教獻祭[11]。情色纏綿消融
參與的個體，一如波濤洶湧中的浪頭，並藉此凸顯連貫。在獻祭中，
被當作祭品的受害者被剝奪的不只是衣服，還包括其生命（如果祭品
不具有生命的話，此祭品至少會被以某種方式毀壞）。在獻祭中，作
為祭品的犧牲遭到殺害，與祭者則沉浸在其死亡所揭露的氛圍中。這
就是宗教史學家所謂的神聖氛圍。神聖所指的就是向在肅穆儀式中目
睹不連貫生命死亡的觀者所透露出的存在接續。在暴力死亡中，不連
貫的生命遭致斷裂；倖存下來的、現場焦慮的觀眾在緊接著的寂靜中
所經驗的，是受害者所被託付的存在接續。唯有透過這種宗教集體、
肅穆、引人注目的殺戮方式，方能揭露出平常為人所習慣忽略的。此
時如果不能借助於個人（也許是兒時）的宗教經驗[12]，我們將無法進
入這些目睹者的內心深處。所有這一切讓我們相信，原始獻祭中所謂
的神聖（sacré）本質上類似目前宗教中所說的神奇（divin）[13]。

　　方才我曾說過我會討論到神聖情色；如果我從一開始就使用「神
奇情色」（érotisme divin）這個詞，應該會更明白易懂。比起上述神

11　指先前女性是祭品、男性則是獻祭者之說。

12　巴代伊與大多數在場法國聽眾一樣，皆（曾）是天主教徒。

13　雖然兩者都有神聖、神奇的含意，但在巴代伊的用法中，divin 似乎屬於天主教的觀念而
　　sacré 則可追溯到天主教之前的原始宗教，更是他著墨的重點。

聖氛圍的愛，天主的愛讓人覺得熟悉、較不令人困惑。然而，我再重複一次，我並未如此做，因為目標超出現實之外的情色很難被化約成天主的愛。我寧可不易被理解也不願誤導別人。

除了天主作為人的相對不連貫這個事實之外，本質上，神奇與神聖是同義詞。天主是個混合的存在，在情感層次根本具有我所謂的存在的接續。在聖經神學與理性神學中，天主也同樣被視為是個人、是個不同於所有萬物的造物者。關於存在的接續，我只能說：就我所知，這是不可知的，但在偶然的、總是遭質疑的形式下，卻是我們可以感受到的經驗。在我的想法中，只有負面的經驗值得我們注意；不過此一經驗已然相當豐富。我們永遠不應忘記，與正面神學相對應的是建立在神祕經驗基礎上的負面神學 [14]。

在我看來，雖然彼此顯然有所不同，神祕經驗似乎出自宗教獻祭的普世經驗。神祕經驗為這個被與客體經驗（以及此經驗所發展出的知識）有關的思想所宰制的世界，引進了一種除了消極地給予限制之外，在此知識架構中根本無立足之地的成分。的確，神祕經驗所揭露的正是客體的缺席。客體意味著不連貫；但只要我們能夠擺脫自身的不連貫，神祕經驗賦予我們的卻是連貫的感覺。在引進連貫的感覺時，它所使用的方式有別於肉體情色或心的情色。說得更精確點，它依靠意志運作。真實的情色經驗需要等待運氣、等待特殊的對象、等待有利的時機 [15]。透過神祕經驗的神聖情色則只要求主體不受干擾。

14　負面神學（théologie négative）透過負面的方式描述天主。此一方式（常被稱為 via negativa）在神祕主義者之間頗受歡迎。神祕主義者常宣稱他們的神奇經驗超脫語言與概念範疇之外。負面神學的目的在於透過列舉天主不是什麼（apophasis），而非正面地描述天主是什麼，而企圖接近祂。

15　依照巴代伊的區分，與現實有關的情色指的是肉體情色與心的情色，神聖情色則超出現實之外。

　　原則上（並非一成不變），我所提到的這幾種不同形式情色的更迭，在印度變得單純得多。在印度，神祕經驗被保留給成熟、瀕臨死亡、不利於體驗真實情色的老者。與正面宗教某些面向有關的神祕經驗，有時反對此一對生命至死方休的肯定，但我卻從中看出情色的深奧意涵。

　　然而，此一對立並非必然。對生命至死方休的肯定，不論在心的情色或肉體情色中，都是因為不在乎而藐視死亡。生命是邁向存在之門：生命雖有盡頭，但存在的接續則不然。此連貫的接近、對此連貫的沉醉勝過對死亡的顧慮。一開始，緊迫的情色騷動使我們無暇他顧，以至於連不連貫存在的黯淡前景也被置諸腦後。之後，超脫年少輕狂的興奮狂熱，我們得以正視死亡，終於將它視為通往不可知、無法理解的連貫之途。此途徑是情色的祕密，也唯有情色能提供此一祕密。

　　那些仔細跟隨我思維的人，將可以從這些不同情色的一致性中，很清楚地理解我先前引述的那句話之涵意：

　　「熟悉死亡的最好方式莫過於將死亡與浪蕩思想連結。」

　　先前我所說的讓我們從這句話中理解到，情色領域的一致性透過有意志地拒絕侷限於己身而向我們開展。情色向死亡開展。死亡則是對個別壽命的否定。不透過內在暴力，我們能夠承受得起將我們導向所有可能極致的否定嗎？

　　最後，我想幫助諸位完全體會我所指引的場合，雖然有時看似陌生，卻是根本暴力的交叉路口。

　　我談到了神祕經驗，但我並未提及詩歌。如果談論的是詩歌，我非得進一步更深入智力迷宮不可。詩歌是我們的基本磐石，我們可以

全盤感受得到，但我們不知道如何加以討論。現在我也不想加以討
論，不過我想透過韓波（Rimbaud）[16]這位最具暴力詩人的詩句，讓諸
位更能感受到我所強調、跟神學家心目中的天主不盡相同的連貫概
念。

　　　她再被發現。
　　　什麼？永恆。
　　　那是海洋
　　　匹配太陽。

　　詩歌跟每種形式的情色一樣，會導致不同客體的交融混淆。它帶
領我們通往永恆；它帶領我們走向死亡，透過死亡達到連貫接續。詩
歌是永恆，是海洋匹配太陽。

16　韓波（Arthur Rimbaud, 1854-91），十九世紀法國詩人。早熟的天才與對社會、道德的反
　　叛使他成為傳奇性人物。他視詩人為先知、預言家。超現實主義者則視他為先驅。

第一部

禁忌與踰越

| 第一章 |

內在經驗[1]中的情色

作為內在經驗的「直接」外貌，情色與動物的性截然不同

　　情色是人類內在生命的面貌之一；我們往往不瞭解這點。人類不斷地向外尋找慾望對象，但是這個慾望對象回應的還是慾望的內在性。對慾望對象的選擇，永遠視慾望主體的個人品味而定。即使大多數人相中同一個美女，其關鍵通常還是在於她身上難以掌握的面貌，而非客觀的質量。如果她無法激起我們內心的共鳴，根本無法迫使我們青睞她。簡而言之，即使人類的選擇基本上大同小異，但還是與動物有所不同：人類的選擇牽涉到人類特有、複雜無比的內在活動。動物本身有其主觀的生命，不過此一主觀生命似乎與其他無生氣的物體一樣，早已命中注定，不再變動。人類的情色與動物的性不同之處就在於它質疑了自己的內在生命。情色就是人類意識中，質疑自己生命的部份。動物的性也會造成本身的失衡動亂，甚至危及生命，不過動物自己並未意識到這一點。質疑的種子在動物體內尚未萌芽。

1　內在經驗（l'expérience intérieure）是巴代伊思想中相當重要的基本概念，其涵意相當複雜。基本上，巴代伊將它看作是不屬於任何宗教的宗教經驗，參較頁89。

　　無論我們如何定義情色，情色即使涉及人類的性活動，也與動物的性行為有所差異。並非所有人類性行為都是情色，但只要不是原始、單純動物性的性行為都可以算得上是情色。

從動物過渡到人類的重要關鍵

　　有關人類如何從動物過渡到人類，我們所知有限，但此一過渡卻起了根本、決定性的變化。對於此一過渡期間所發生過的重大事件，我們也許永遠不得而知，但倒也不像乍看之下那麼無助。我們知道人類製造器具最初是為了求生存；接著，可能很快地，則是利用器具來滿足額外的需求。一言以蔽之，人類因為工作而與動物有了區別。再者，人類也以禁忌之名給自己加些限制。這些禁忌本質上（而且確定）與人類對死人的態度有關。與此同時（或幾乎同時），這些禁忌也可能與性行為有關。由於許多古人集體埋葬的屍骨紛紛出土，我們可以推算這種面對死人態度的日期。無論如何，我們知道尼安德塔人[2]經常埋葬其死者。尼安德塔人還算不上真正的人類；因為他們尚未完全直立，而且他們的頭顱比我們的更像人猿的頭顱。性禁忌肯定沒那麼久遠。我們可以說只要有人類的地方就有性禁忌，但是從史前時代的資料中，我們卻找不到具體證據。對死者的埋葬還有跡可尋，但是我們卻找不到任何有關遠古人類性禁忌的跡象。

　　我們只能承認遠古人類已知道工作，因為我們擁有他們的工具。按理，工作會決定面對死亡時態度的反應。我們合理地相信，規範性行為的禁忌是對工作的反響。而人類的基本行為 —— 工作、對死亡的

2　尼安德塔人（l'homme Néandertal）骨骸化石於1856年在德國出土。根據推算，其生存期間約介於紀元前80,000到35,000年之間。

意識，對性的節制——均可追溯到同樣遠古的時期。

　　人類工作的遺跡出現在舊石器時代初期，而埋葬死者最早則出現在舊石器時代中期[3]。的確，根據我們目前的估算，我們所談的這些時代都長達幾十萬年：而就在這幾十萬年間，人類從其最初的動物性中脫胎換骨。藉由工作、瞭解到自己將會死亡、以及由原先對性絲毫不覺得差恥，逐漸轉變到對性感到羞愧，人類擺脫其動物本性，而情色也於焉誕生。我們現在所謂真正的人類，也就是長相跟我們相同的老祖宗，出現在岩洞壁畫時期（也就是舊石器時代晚期[4]）。他們已然受到上述整體轉變所影響。這些轉變處於宗教層面，而這時的人們在生活中可能都感受到這些改變。

情色的內在經驗、討論情色時的客觀因素與其歷史角度

　　以這種方式討論情色有個缺點。如果將情色說成是人類特有的遺傳行為，這是以客觀的方式界定情色。雖然我承認從客觀的角度研究情色有些意思，但卻不是我的首選。相反的，我企圖將情色看作是人內在生命的一個面貌，也可以說是，人類宗教生活的一個面貌。

　　我先前已經說過，情色是人類有意識地去質疑自己生命的失衡。在某層意義上，客觀而言，生命會消逝，但主體卻認同這消逝的客體。如果必要，在情色中我可以這麼說：我失去了自我。這也許不是個值得羨慕的情況。但是，情色所隱含的故意迷失自我卻是再明顯不

3　「舊石器時代初期」（Paléolithique inférieur）距今約三百萬年至三十萬年前之間。此時期人類已懂得用火、並有簡單工具出現。「舊石器時代中期」（Paléolithique moyen）距今約三十萬年至三萬年前之間。此時期人類已開始出現初淺的美學與精神創作。

4　「舊石器時代晚期」（Paléolithique supérieur））距今約三萬年至一萬兩千年前之間。壁畫藝術在此時期出現。

過：沒有人能加以懷疑。我們既然已談到情色，雖然一開始時我會介
紹一些客觀因素，但我想直截了當地從主體的角度切入。如果我以客
觀的方式討論情色衝動，我必須強調的是，那是因為內在經驗從來脫
離不了客觀觀點，永遠與客觀面向有所牽連。

情色最初與宗教有關、本書近似「神學」而非宗教史

　　我再次強調：如果有時我發言聽起來像是個學科學的人的話，那
永遠只是個表象。學者從外面發言，像解剖學家談論大腦一樣。（這
也不完全真實：宗教史不能箝制宗教過去或現在的內在經驗……不
過這也不重要，只要盡可能地予以忘記即可）。我則是從內部討論宗
教，如同神學家談論神學一般。

　　沒錯，神學家談的是基督神學。而我要談的宗教，不同於天主
教，並非單一種宗教。它可能是宗教，但它從一開始就非某一特定宗
教。我要談的不是某一特定的祭儀或教條，也非某特定宗教團體，而
是所有宗教所面臨的問題：就像神學家處理神學問題，我將這些問題
當作自己的課題。不過我不談基督宗教。若非基督宗教也是宗教的一
種，我會對它退避三舍。這點可從本書以情色為主題可以清楚看出。
情色的發展既然在各方面均無法自外於宗教，反對情色的基督宗教譴
責了大多數的宗教。就某層意義而言，基督宗教可能是最不宗教的宗
教。

　　我希望將自己的立場態度說明清楚。

　　首先，我想完全排除任何預設的立場。我不屬於任何特定傳統。
在神祕學（l'occultisme）或祕傳學（l'ésotérisme）中我勢必會接觸到
令我感興趣的前提，因為它們反映出我們對宗教的緬懷。但它們代表
了既定的信仰，我還是必須敬謝不敏。我還可以補充的是，除了基督

宗教外，神祕學的前提在我眼中最令人不知所措，因為在科學當道的
環境中它們居然還故意排斥科學法則。其結果是，玄學人紛紛成為明
明懂得算術，但卻拒絕改正加法錯誤的人。科學並未令我盲目（目眩
的我將無法達到其要求），算術也難不倒我。我倒盼望有人能告訴我
說「2 + 2 = 5」；但如果我同一個有著明確目標的人一起算術的話，
我不在乎 2 + 2 是否等於 5。在我看來，沒有人能從遭到目前嚴密思
維所拒絕的沒有根據的答案中，提出宗教的問題。因為我討論的是內
在經驗而非客體，所以我並非科學人；一旦談起客觀對象，我的態度
必然嚴謹，跟科學人一樣。

　　我甚至想說，由於有宗教信仰者絕大多數渴望盡速獲得解答，宗
教已意味著精神能力。我先前的發言可能使不知情的讀者誤以為我想
做的是某種智能上的冒險，而非精神——透過哲學與科學途徑且必要
時予以超越——對所有可能性所做的無止境探索。

　　無論如何，所有人都知道哲學或科學無法預料到宗教啟示所引發
的問題。但所有人也都得承認，此一啟示截至目前為止，只能透過間
接的方式表達。長久以來，人性的宗教追尋往往出自可疑的動機，不
是源自物質慾望的衝動，就是出自環境所引發的激情。人性可以與這
些慾望、激情搏鬥，也能替它們效勞，就是無法對它們視若無睹。宗
教所不斷追尋的，跟科學研究一樣，不應自外於歷史變遷的因素。
人類雖然並非完全依賴這些變遷，但是過去卻是如此[5]。如果夠幸運的
話，我們也許不必再等待別人的決定（以教條形式出現），就可以獲
得所想追求的經驗。截至目前，我們可以自由地溝通這些經驗結果。

　　如此一來，我談論宗教時，就可以不像教宗教史的老師一樣，只
將婆羅門神當作眾多神祇中的一個；我會把自己當作是婆羅門神本

5　意指完全依賴。

身。但是，我並非婆羅門神，我什麼也不是。我必須追求某種沒有傳統、沒有儀式，既沒有人引導、也沒有任何阻礙的孤獨經驗。在本書中我要描述的經驗不涉及任何信仰；本質上，我想傳達內在經驗：一種在我看來不屬於任何宗教的宗教經驗。

因此，我這項本質上以內在經驗為基礎的研究，一開始要探討的與宗教史家、人種誌學者、社會學家的工作就有所不同。這些研究者可能必須捫心自問：在處理所蒐集的研究資料時，能否不受自己內在經驗的干擾？這些內在經驗有一部份與當時的人相同，但有一部份卻是相當程度受到與研究對象接觸後的個人經驗所影響。就他們的情況而言，原則上我們幾乎可以指出：個人經驗扮演的角色越小（越不引人注目），其研究成果越可靠。我並不是說：經驗越少，而是說扮演的角色越小。事實上，我深信對一個歷史學者而言，深刻的個人經驗有其優勢。但是如果他有深刻的個人經驗，因為他已經有了，他最好努力設法忘掉，而客觀地從外面思考這些事實。他無法將這些經驗完全置諸腦後，也無法將自己對事實的認識完全簡化為外來的訊息（如此一來最好）。但是，最理想的情況是，儘管他不願意，個人的經驗還是會發揮其影響力，因為這知識的源頭無法被截斷。因為討論宗教時，如不提及個人的內在經驗，將淪為沒有生氣的工作，只是累積一堆毫無生氣的資料，然後胡亂拼湊一起，令人難以理解。

相反地，如果我透過個人的經驗思索這些事實，我知道拋棄科學的客觀時，我將會失去什麼。首先，如我先前所說的，我無法武斷地排斥以非個人方式所獲得的知識：我的經驗永遠意味著我對所經驗過事物的認識（例如，情色中的身體、集體宗教儀式中的儀式）。這些身體只在歷史中才具有意義（其情色價值）。我們對它們的經驗無法與其客觀形體、外在面貌，或其出現的歷史時刻切割。就情色而言，身體因內心的強烈衝動所產生的改變，本身與有性軀體的驚人、誘人

面貌有關。

　　這些來自四面八方的精確資料不但不會與相對應的內在經驗格格不入，還會有助於這些內在經驗跳脫個人所特有的偶然屬性。即使與真實世界的客觀態度結合，此一經驗仍注定帶其隨意性；而此經驗如果不具有客體的共通性，根本無法加以討論。同樣地，少了經驗，我們既無法討論情色，也無法討論宗教。

非個人的內在經驗條件：禁忌與踰越的矛盾經驗

　　無論如何，我們必須將盡可能不涉及經驗的研究與堅決仰賴個人經驗的研究清楚地加以區分。我們還必須說的是，如果沒有前者的話，後者將會受到無理地譴責，這是大家所熟知的。再者，我們所需的條件也是不久前才趨於成熟。

　　無論我們要探討的是情色（或廣泛的宗教），如果對禁忌與踰越彼此相依相成的平衡遊戲，未能清楚地凸顯出來的話，清晰的內在經驗根本不可能。但是光是瞭解有此平衡存在還不夠。想要瞭解情色或宗教，還必須具備關於禁忌與踰越對等而矛盾的個人經驗。

　　此一雙重經驗相當稀罕。某些情色圖像或宗教圖像在某些人眼中根本就是禁忌行為，但對另一批人而言，卻是完全相反的行為。第一類型的人屬於傳統衛道人士，第二類的共通點至少是主張回歸與禁忌相反的自然。但是踰越並不等於「回歸自然」：踰越超越禁忌但並不廢除它[6]。這就是情色動力的藏身所在，在此也可發現宗教的動力。如果我現在立刻解釋法規與違法之間極度複雜的關係，這將有點操之過

6　在此不用強調此觀念所具有的黑格爾色彩，與此對應的就是德文中描繪辯證、無法翻譯
　　的 "aufehen"（維持的同時加以超越）（原注）。

急。但如果有誰想努力描述我所說的經驗，他必須具備質疑（疑問不斷地出現）的態度，此質疑的態度尤其必須滿足我現在提出的要求。

首先我必須指出，我們的情感會左右我們的看法。這是個普遍的難題。在我看來，思考我的內在經驗在哪方面與他人的符合，以及它如何讓我跟他人溝通，相對容易。這點通常不被承認，但我主張的模糊、籠統的特色又不允許我在此加以強調。我先說別的，依我觀來，阻礙經驗交流的另有他者：所依據的禁忌、我提過的表裡不一、本質上無法妥協的妥協、對法律的尊重與違背、禁忌與踰越等等。

我們面對的是個二選一的難題：如果禁忌勝出，則從此我們不會有經驗，或只能偷偷地體驗而不讓經驗進入意識。另一個可能是禁忌失效；這是兩者之中人們比較不樂見的結果。從科學的角度看來，絕大部份的禁忌根本毫無根據、不正常，是神經症的行為。因此，我們都從外面認識禁忌：即使我們對禁忌有過親身經驗，只要我們將它想像為病態現象，我們就會將它當作是入侵我們意識的外來機制。如此看事情的方式並未排除經驗，但的確將其意義降至最低。因此，禁忌與踰越，一旦成了話題，就成了歷史學家、精神科醫生（或心理分析師）客觀研究的對象。

被當作客觀事物理解的情色，一如宗教，都是可怕的對象。如果我們不果斷地將情色與宗教當作內在經驗處理的話，根本不得其門而入。如果我們不知不覺地向禁忌低頭，它們就成了我們只能從外面認識的事物。但如果我們不懷著恐懼的態度遵守禁忌，禁忌將喪失與其對立、賦予其深刻意義的慾望。最糟糕的是，科學的程序一方面要求客觀對待禁忌，另一方面卻又認為禁忌不夠理性，而無法嚴肅以對！唯有內在經驗可以提供為禁忌辯護的全貌。從事科學研究時，研究的對象是我們主體外的客體。但科學又要求研究者本身必須成為主體之外的客體，以便客觀研究（這點在他放棄作為主體之前是辦不到

的）。如果我們一開始就譴責情色，就對它採取疏離、排斥的態度，一切都沒問題。但是如果科學譴責看來是科學之本的宗教（道德宗教）的話（這屢見不鮮），我們就沒有立場繼續反對情色。如果我們不再反對情色，就不該繼續將它當作身外之物[7]。我們應該將情色視為我們自身存在的衝動。

　　我們如果任由禁忌暢所欲為，將會有所困難。禁忌事先就扮演著科學的角色：禁忌使遭禁的對象遠離我們意識，同時從我們意識——至少是清楚的意識——中剝奪了導致禁忌的恐懼情緒。然而，對於一個行動的、客觀的世界而言，如果要追求清楚、毫無干擾的清晰，排除干擾物、排除困擾是必須的。一旦沒有了禁忌、沒有了至上的禁忌，人類將無法成功地擁有目前科學賴以為基的清晰意識。我們的暴力衝動（性驅力就是其中一種）會破壞人類意識所不可或缺的寧靜次序，而禁忌則排除暴力。但是如果意識的運作恰好必須依靠暴力騷動，這首先就意味著意識的建立可以擺脫禁忌的干擾：這還進一步意味著，我們甚至可以將探索之光指向禁忌本身，因為如果沒有了這些禁忌，這意識根本不會存在。因此，我們的意識不能將禁忌視為是項錯誤，而我們是其受害者。我們應視禁忌為人性所倚賴的根本情感的結果。禁忌的真相乃是開啟我們人類態度之鑰。我們應該，而且我們也能夠確切地知道，禁忌不是由外所強加諸我們身上的。這點從我們踰越禁忌時所感受到的焦慮中，可以看得出來。尤其是當我們的感覺受到雙方力道拉扯、懸在中間時：當禁忌仍然有效，而我們卻正屈服於被禁止的驅力時這種感受尤其強烈。如果我們遵守禁忌，如果我們向禁忌屈服，我們將不復意識到它的存在。但是當我們踰越禁忌時，

7　這點適用於所有的心理學。如果少了情色與宗教，心理學事實上將只是個空袋子。我知
　　道，此刻我是在玩弄情色與宗教之間模稜兩可的關係，此曖昧關係將隨本書的發展而日
　　漸明朗。（原注）

我們可以感受到焦慮;沒有了焦慮,禁忌就不存在:這就是罪惡的經
驗。此經驗導致踰越的完成與踰越的成功。成功的踰越,在踰越禁忌
的同時,確保此一禁忌於不墜,以便從中獲取快樂。情色的內在經驗
要求當事人對制訂禁忌的焦慮與違反禁忌的慾望有著同樣敏銳的感
受。這種宗教性的敏感總是將慾望與恐懼、強烈快感與焦慮煎熬緊緊
相扣。

　　任何無法體會或僅悄悄地感受到十九世紀少女所共有的焦慮、噁
心、恐怖的人,可能不會受到這些情緒的影響。不過,同樣地,也有
人受制於這些情緒。這些情緒並非病態。對於人的一生,它們就像是
蠶蛹之於蝴蝶一般。破蛹而出那一剎那,當他意識到自己撕裂的是自
己,而非外來的抗拒時,人類有了其內在經驗。要突破客觀意識所築
起的蠶蛹必得經歷這番翻轉顛覆。

第二章

關於死亡的禁忌

工作或理性世界與暴力世界的對立

在隨後以熾熱情色（情色臻於極致時的盲點）為主題的發展中，我將有系統地思考先前提過的兩個無法妥協的對立觀念：禁忌與踰越。

無論如何，人們同時屬於這兩個世界；不論願意與否，人的生命就在這兩個世界中遭到撕裂。工作與理性世界是人類生活的根本，但工作並未佔據我們生活的全部；對於發號司令的理性，我們有時也陽奉陰違。透過其活動，人類建構出理性的世界，但其身上仍殘存著暴力的本質。大自然本身就是粗暴的，無論人類變得多麼理性，暴力依舊能主宰我們。不過此暴力已不再是自然界的暴力，而是理性人物的暴力。理性人物試圖遵循理性，但卻屈從於自己身上那股不受理性約束的衝動。

自然界有一股總是超越界限、只能局部加以約束的衝動；而這股衝動也殘存在人類中。一般而言，我們無法解釋此一衝動。甚至，它的定義就是那股我們永遠無法明說、但卻可以感覺活在其中的力道。孕育承載我們的宇宙對於理性所界定的目的完全不予理會。如果我們

企圖讓理性回應天主的旨意，我們只是非理性地硬將對理性的無止盡超越與此一理性強行掛鉤。然而，我們試圖理解的這位天主，藉由本身的超越，卻也不斷地超出我們理解的範圍、超越理性的範疇。

在我們生活範疇中，只要暴力戰勝理性，過度（l'excès）就現身。工作時，我們希望所付出的努力與產能成正比。工作要求理性的行為，而節慶與一般嬉戲中的喧鬧衝動則被視為不合時宜。如果我們無法對這些行為加以節制，我們將無法工作；但是工作正是引進約束這些行為的理由。這些衝動帶給當事人立即的滿足；相反地，工作則應允那些克制衝動者未來的報酬。除非著眼於當下，否則這些未來報酬好處無庸置疑。從最遠古時代起[1]，工作就具有舒緩的作用，藉此人類不再立即回應慾望暴力的直接驅力。老是將作為工作基礎的冷靜與非必要的嬉鬧衝動對照可能失之武斷。工作一旦開始就不可能回應慾望驅力的立即索求，這些即時的索求會讓我們無心於必須等到未來方能收割的成果。在大多數情況下，工作是項集體行動。工作時，團體必須反對任何為逞一時超越之快、會感染的過度衝動，也就是暴力。部份獻身於工作的人類社會就是界定在禁忌的基礎上；少了禁忌，人類社會也不會成為其實質上的工作世界。

禁忌的基本對象是暴力

由於禁忌的發佈往往任性隨興，經常表面看來無關緊要，以致人們未能從其簡單宣言中察覺出此一人類生活中的決定性宣示。整體而

1　工作締造了人類：人類的最早遺跡是所遺留下的石頭器具。根據最新的發現，與我們現代人的演化仍有遙遠距離的南方古猿人（Australopithèque）就已經留下這類器具。南方古猿人生存在距今約一百萬年前（而留下最早墳墓的尼安德塔人距今只不過數萬年）。（原注）

言，尤其是從宗教的角度觀之，禁忌的意義可以被化約成一簡單要素。我在此先點出此要素，但卻無法立刻說明（稍後的系統性說明將會支持我的看法）：工作世界藉由禁忌所要排除的是暴力，在我的研究範疇中這同時涉及性繁殖與死亡兩方面。出生與死亡這兩個表面上相反的現象，底子裡卻有其深厚的一致性，這點容我稍後再談。然而，這兩者表面上的關聯[2]，從一開始就在薩德的世界中被揭露出來。這點值得任何研究情色者深思。大體上，薩德及他所想表達的令那些裝作仰慕他、但卻不懂令人焦慮不安事實的讀者感到恐懼：愛的極致衝動是死亡的衝動。此說法沒有任何矛盾：性交的過度與死亡的失控只能透過彼此相互瞭解。不過，從一開始就很清楚的是，人類最初的兩大禁忌分別觸及死亡與性功能。

死亡禁忌的史前資料

「不可殺人」，「不可姦淫」[3]。這是聖經中的兩大戒律，而本質上我們仍奉行不輟。

第一則戒律出自人類對死人的態度。

容我回到決定人類命運的最初時光。在現代人類出現之前，被史前學家稱為製造器具的人（Homo faber）的尼安德塔人已經常以複雜的技法製造出各式石頭器具，用以切割石頭或木材。這個數萬年前的人類跟我們已經有點類似，不過，他與「類人猿」更像。雖然他已經跟現代人類一樣可以站立，但是他的腿還是有點彎曲：當他行走時，重心不靠腳掌而靠腳的外緣支撐。他的頸部不如現代人類靈活（有些

2　參較本書頁64及第二部份討論薩德的章節。
3　出自聖經舊約「出埃及記」第二十章，13及14小節。

人至今還保有其猿人特性）。他的頭額較低、眉弓突出。我們只保有
這位早期人類的骨骼，我們無法得知他的準確外貌，連他的表情是否
像人類都不得而知。我們只知道他懂得工作而且與暴力保持距離。

　　如果我們思索他的一生，他仍舊生活在暴力圈中（我們自己也尚
未完全脫離）。但是他靠自己的力量避開部份暴力；他勞動工作。他
所遺留下來數量與樣式繁多的石器見證了他熟練的技巧。此一技巧令
人刮目相看，因為他能不斷地反省、改進原初的構想，使得結果品質
穩定且更加精良。此外，其工具並非反對暴力生力軍的唯一證明。尼
安德塔人所遺留下的葬儀同樣可資證明。

　　工作之外，被尼安德塔人視為可怕、令人驚訝、甚至神奇的便是
死亡。

　　史前學將尼安德塔人的時代歸類為舊石器時代中期[4]。在比他早約
數十萬年前的舊石器時代初期，就有類似的人類出現。這些人跟尼安
德塔人一樣留下工作的證明：這些早期人類留下的骸骨促使我們認為
死亡已經開始困擾著他們，因為顱骨至少已經成為他們開始注意的
對象。不過埋葬死者這項全體人類直到目前還是按宗教儀式為之的儀
式，遲至舊石器時代中期末才出現：在尼安德塔人尚未消失、而完全
跟我們一樣的現代人類出現之前不久。史前學家稱這些現代人類為智
人（Homo sapiens），而稱更早的人類為製造器具的人。

　　葬儀習俗見證了類似我們關於死人或死亡的禁忌。就邏輯而言，
死亡禁忌（至少其模糊形式）應該早於此一葬儀習俗。我們甚至承
認，就某層意義而言（當時人可能絲毫未察覺，因此也沒有任何文物
可資佐證），此一死亡禁忌與工作出現的時間相同。關鍵在於人的屍
體與其他物體（像石頭）不同。直到今日，此一不同仍是人類與動物

4　舊石器時代中期介於距今三十萬至三萬年前之間。

的基本差異：人類所謂的死亡首先指的就是我們對死亡的意識。我們
覺察人從活生生狀態成為死屍的過程；也就是說，他人的屍體成為令
人焦慮不安的對象。對被屍體嚇呆的人而言，眼前的死屍就是他未來
命運的寫照。此屍體見證了這股不單殺害個人，而且將毀滅所有人類
的暴力。加諸在目睹死屍者的禁忌，目的就是對暴力的拒斥，並與暴
力劃清界線。此一應該與原始人類聯想的暴力表現，必須被理解是與
理性所規範的工作彼此對立。李維－布魯爾（Lévi-Bruhl）[5]所犯的錯
誤早已為人所知；他拒絕承認原始人類具有理性思考的模式[6]，而只模
糊地記載了他們參與（participation）模式的轉變與再現。工作出現
的時間顯然不見得比人類晚。動物雖然偶爾也懂得勞動，但不同於動
物勞動的人類工作總與理性有關。這意味著承認工作與工作對象之間
的根本認同，以及因為工作，原料與所衍生器具之間的差異。同樣
地，這也意味著人類知道工具的用處，以及工作所涉及的一連串因果
關係。不論是器具的製造或是這些器具所效力的勞動，從一開始其背
後均有一套理性法則。這些法則規範了工作所孕育與帶來的變動。原
始人類可能無法用其語言明白地表達這些法則；其語言足以讓他意識
到所指涉的物體，但卻無法讓他表明，甚至對語言本身有所瞭解。現
代的工人大多數也無法明確地表達；然而，他們卻忠實地遵守著這些
理性法則。在某些情況下，誠如李維－布魯爾所描述的，在原始人類
身上可能會出現某件事同時既是且非，或同時既是甲又是乙的非理性

5　李維－布魯爾（Lucien Lévi-Bruhl, 1857-1939）是二十世紀初專門研究原始人類習俗的
　　法國著名社會學家。他有關客觀、理性思維與前邏輯（prélogique）、神祕思維（建立在
　　「參與」原則上）的區分曾引起廣泛的討論與批評。他主張所有人都具有神祕思維，雖然
　　此思維方式在原始人類中更為明顯。

6　然而，李維－布魯爾的描述正確而有趣。如果他跟卡希黑（Cassirer）一樣，談論的是
　　「神話思維」而非「原始思維」的話，他就不會遭到同樣的困境。「神話思維」可能與理
　　性思維同時出現，而不是後者的源頭。（原注）

思維。理性雖未能掌控其全部的思維，但至少主宰著其工作。因此，原始人類雖無法表達出來、但卻可以構思出一個與暴力世界彼此對立的工作或理性世界[7]。當然，死亡與此不同；一如失序，死亡與工作的井然有序大相逕庭。原始人類可能覺得井然有序的工作屬於他，而死亡的失序卻超越他、將他的努力化為烏有。工作與理性的運作對他有用，但失序與暴力卻毀滅了有用活動所效勞的生命。人類認同工作所帶來的秩序，因而與反其道而行的暴力分道揚鑣。

死屍之恐怖如同暴力的象徵及暴力感染的威脅

我要馬上指出的是，暴力與象徵暴力的死亡具有雙重意義。一方面，恐懼令戀眷生命的我們退避三舍；另一方面，某種既肅穆又可怕的成分卻又吸引著我們，令我們為之迷惑不已。這種曖昧的現象容我稍後再行討論。首先我只能先點出人類面對死亡禁忌所傳達的暴力時，畏懼退縮的基本面貌。

對其生前伴侶而言，死者的遺體必然永遠是其關心、費心的對象；我們也應該相信，其親友必定會小心翼翼地使此暴力受害者免於遭受新的暴力所摧殘。從遠古時代起，對埋葬屍體者而言，埋葬可能意味著他們希望遺體免遭動物啃食的願望。此一願望雖然是最初制訂埋葬習俗的決定性因素，卻也非最主要的原因：長期以來，對死者的恐懼或許遠遠地主宰著人類隨著文明發展而日趨溫和的情感。死亡是世界上暴力的象徵；它足以毀滅此一世界。死者雖然已經無法動彈，但也成了侵害自己的暴力的一部份；與死者「接觸」過的人同樣受到

7　「世俗世界」（monde profane，亦即工作或理性世界）與「神聖世界」（monde sacré，亦即暴力世界）是相當古老的說法。但是世俗與神聖卻是非理性的字眼。（原注）

死亡毀滅的威脅。死亡凸顯出迥異於我們所熟悉世界的奇特氛圍；也只有其思維模式與工作的思維模式背道而馳。被李維—布魯爾誤稱為「原始」的象徵或神話思維是唯一與暴力呼應的思維模式，其原則在於突破工作所隱含的理性思維。根據此一思維模式，這股藉著侵害死者、打斷事情正常流程的暴力，並不會因為受害者身亡而不再具有危險性。此一暴力甚至還具有魔法般的危險性，能夠透過死者遺體、藉由「感染」而發威。對於生者而言，屍體具有危險性：他們必須埋葬死者，與其說是為了保護遺體，倒不如說是為了保護他們自己免於遭受遺體的「感染」。此一「感染」的觀念通常與遺體的腐爛有關。從屍體的腐爛中，人們目睹了一股侵蝕的可怕力量。即將到來的腐爛與剛喪失生機的屍體一樣，都是種生物的脫序，是命運的表徵，本身就具有威脅。我們現在雖然已不再相信屍體感染的魔力，但我們之中有誰能夠面對爬滿著蟲蛆的死屍而不面如死灰呢？古代人從乾枯的白骨中看到死亡暴力的威脅已然平息的證明。在生者眼中，被暴力所害的死者本身通常也加入這股暴力中，造成自身的腐爛，而最後的白骨則顯示這股暴力終於平息。

殺人的禁忌

在死屍的例子中，相關的禁忌並不見得明白易懂。受限於自己對相關資料所知有限以及當時尚不完備（今日已較齊全）的人種誌資料，佛洛依德（Freud）曾在《圖騰與禁忌》（*Totem et Tabou*）一書中指出[8]，一般而言禁忌針對的是碰觸的慾望。在從前，這股想要碰觸死

8　佛洛依德（Sigmund Freud, 1856-1939），奧地利猶太人，是精神分析學派的創始者，其學說對後世的影響至深且鉅。1913年以德文出版《圖騰與禁忌》，從精神分析的角度探討考古學、人類學與宗教的議題。

者的慾望可能不及現在來得強烈。禁忌不見得是針對慾望而設：面對著屍體，恐懼的感覺是立即的、無可避免的，因此也是無法抗拒的。滲透死亡的暴力只會誘導我們往一個方向：使我們興起與活人作對、殺人的慾望。殺人的禁忌是關於暴力的普遍禁忌中一個特殊的面向。

在古人眼中，暴力永遠是死亡的原因。暴力施展的也許是魔法；但總有人必須負責，總有人是加害者。殺人禁忌的兩個面向是必然的結果。我們一方面必須逃避死亡，一方面則必須避開死亡所釋放出的勁道。我們不應該在自身中爆發出其他類似力量；死者當下被此力量佔有，死者是其受害者。

原則上，由工作所構成的團體自認本質上與導致其成員死亡的暴力毫無關聯。面對此一死亡，整個團體感受到禁忌的壓力。不過只有團體成員方才如此。在團體內部，禁忌得以全力施展。對團體外的陌生人而言，雖仍舊可以感受到禁忌的存在，但卻可以加以踰越。此團體是由一群有著共同工作、工作期間得以遠離暴力的人所組成。在此特定（工作）時間外、或在此團體範圍之外，團體成員仍可回歸暴力。例如，在與其他團體發生戰爭時，他們仍可以殺人。

在特定時空條件下，殺害特定的部落成員是被允許的，甚至有其必要。然而，最瘋狂的大屠殺，儘管是肇事者一時的輕舉妄動，並無法完全免除因殺人而帶來的詛咒。對於聖經「不可殺人」的告誡，我們有時一笑置之；這種輕忽態度是錯誤的。被推倒的障礙、遭嘲笑的禁忌在遭到踰越之後，都仍將繼續存在。最血腥的殺人者也無法忽視所受到的詛咒。此一詛咒是他獲取榮耀的條件。再多的踰越也無法戰勝禁忌，就好像禁忌只不過是對遭禁事物的輝煌詛咒罷了。

先前的主張涵蓋一項基本的事實：以恐懼為基礎的禁忌並非只要我們一味地遵守。凡事總有另外一個面向。推翻障礙本身就有其吸引力；遭禁的行為只有在恐懼令我們疏離它的同時也賦予它榮耀的

光環時，才具意義。薩德曾寫道：「沒有任何事情可以抑制放蕩的行為……加倍擴展慾望的真正方式就是企圖加以限制。」[9]沒有任何事情可以抑制放蕩的行為……或許大體而言，我們可以說，沒有任何事情可以降服暴力。

9　出自《索多瑪120天》之序言。（原注）

第三章

關於繁殖的禁忌

反對我們如動物般濫交的普遍禁忌

壓抑暴力的禁忌與解放暴力的踰越衝動之間的互補關係，容我稍後討論。這兩股對立的衝動之間存在著某種一致性。在談論障礙如何被推翻時，我已提過一些類似由死亡所引起的禁忌。接著我要討論的便是以性為對象的禁忌。關於死亡習俗的遺跡可追溯到遠古時期；與性有關的史前文物則較晚出現。再者，我們也無法從中獲得結論。我們已經找到舊石器時代中期的墳場，但關於原始人類性活動的證物最早只可追溯到舊石器時代晚期。尼安德塔人並沒有任何藝術品（再現作品）遺留下來；再現藝術最早只可追溯到智人[1]，而有關他們自己形象的作品流傳下來的也是少之又少。這些遺留下來的形象主要是勃起的陽具（ithyphallique）。由此我們知道跟死亡一樣，人類很早就對性行為感到興趣。然而與死亡不同的是，我們從關於原始性活動的模糊資料中，並無法歸納出清晰的訊息。顯然，勃起陽具的形象證實當時

---

1 尼安德塔人知道使用有色顏料，但卻沒有遺留任何圖畫的跡象；然而智人一出現就留下許多圖畫的遺跡。（原注）

相對自由。然而，這些形象卻也無法證明其創造者主張毫無限制的性自由。我們只能夠說：與工作相反，性行為是種暴力；作為一種即時的衝動，性行為可能會干擾工作；工作團體在工作期間無法任其隨意擺佈。因此我們有理由推論，性自由從一開始就受到所謂禁忌的限制，只是我們無從得知此禁忌的確切適用情形。我們也可相信一開始時，此一限制是由工作的時間所決定。我們相信此一古老禁忌存在的唯一真正理由是：在我們所知的所有時空中，人之所以為人在於其性行為受到明確的限制：面對死亡與性交，人是受到「禁忌」所規範的動物。人類「或多或少」受限於禁忌；面對死亡與性交時，其反應與其他動物有所不同。

這些限制因時空不同而有極大的變化。對是否有必要遮掩性器官一事，不同種族就有不同的感受。不過，面對勃起的陽具，人類普遍會加以遮掩；而且男女交媾時，原則上會避人耳目。在西方文明中，赤身裸體已成為普遍且重大的禁忌，不過此一基本禁忌目前已遭受質疑。這種事情可能改變的經驗並不意味著這些禁忌是隨意而任性的；相反地，它證明了這些禁忌有其深刻的意義，並不受無關緊要面向的表面變化所影響。我們現在知道：原始的禁忌只要求性行為要受到大家都遵守的規範所限制，至於由此未定型禁忌所衍生出的相關限制則是脆弱而不穩固。不過，我們因此也確信，的確有個基本規則存在，要求我們共同遵守某些限制。反對自由濫交的禁忌全面而普遍；特殊的限制則是其不同面向。

我很驚訝自己是首先如此清楚提出此一論點的人。人們習於單挑某一特殊禁忌，例如亂倫禁忌（這只是普遍禁忌的面向之一），然後試圖去尋找其原因，而忘了背後所存在普遍而未定型的基本禁忌。蓋羅爾（Roger Caillois）[2]則是個例外；他曾指出：「像亂倫禁忌這種已浪費太多墨水討論的問題，只有被放在涵蓋特定社會中整體宗教禁忌

的系統中，當作特殊案例處理，才可能獲得正確的答案[3]。」在我看來，蓋羅爾的說法一開始很有道理，不過他所提到的「特定社會」也只是個特例、一個面向。現在應該是我們思索任何時空中所有整體宗教禁忌的時候了。蓋羅爾的說法促使我現在立刻主張：這個「普遍、未定型的禁忌」是永遠不變的。其形式與對象也許會有所變化；但不論是牽涉到死亡或性，它所瞄準的目標永遠是暴力、那令人畏懼卻也令人著迷的暴力。

亂倫的禁令

亂倫禁令這個「特殊案例」吸引了最多的注意力，在一般的再現中甚至取代了所謂的性禁忌。所有人都知道有種未定型、無法掌握的性禁忌：全人類都予以遵守，但遵守的方式卻因時空而有所不同，以致找不到一套足以涵蓋一切的模式。同樣普遍的亂倫禁忌，則化身為明確的習俗，受到嚴謹地規範；一個明確的名詞就賦予普遍的定義。這就是為什麼亂倫一直是許多研究的主題，而有機會研究人類行為的學者卻對包含亂倫及其他缺乏一致性禁忌的性禁忌整體缺乏興趣。這樣看來，人類的智能真的只適合處理簡單明確的事物，對於模糊、捉摸不定、變化多端的事物則力有未逮。因此，截至目前為止，性禁忌本身引不起學者的好奇心；相對地，跟動物種類一樣明確的各式亂倫，卻提供合他們胃口的謎團，等待著他們一展長才。

2　蓋羅爾（Roger Caillois, 1913-1978）是法國作家，曾與巴代伊等人於1937年成立社會學學院（Collège de sociologie），目的在於研究神聖如何在社會中展現。著有《神話與人》（*Le Mythe et l'Homme*, 1938）、《人與神聖》（*L'Homme et le Scaré*, 1939）等書。他對神聖的看法對巴代伊的情色理論有著很深的影響。

3　《人與神聖》，Gallimard，1950，第2版，頁71，注釋一。（原注）

　　古代社會如何根據親屬關係將人們分類以及如何決定何種婚姻必須禁止，有時已經成了一門真正的學問。李維─史陀（Claude Lévi-Strauss）[4]最大的功勞在於他能從古代家庭結構無以數計的蜿蜒曲徑中，找出一些特殊情況的源頭。光是從模糊、反對動物性濫交的基本禁忌是無法找出這些源頭的。觸及亂倫的預防措施首先滿足了將暴力繩之於法的必要，此暴力如未加以節制，將會搞亂了團體所服從的秩序。但是除此基本決心之外，男人之間如何分配女人也需要公平的法律。我們只要想一想規律的分配所帶來的好處，就不難理解這些奇怪而明確的預防措施。禁忌扮演某種規範的角色；但所制訂的規則可能出自次要的考量，而與性暴力或可能危及理性秩序無關。要是當初李維─史陀沒有為我們揭露特定婚姻規則的來源，我們可能就沒有理由不從中尋找亂倫禁令的意義。不過此特定規則只解答了如何分配女人這項禮物的問題而已。

　　對於禁止近親交配的亂倫禁忌，如果我們堅持賦予意義的話，首先必須考慮的是這種持續不斷的強烈情感。這種情感並非最根本的，不過形成此一禁忌模式的情況本身亦非基本情況。一開始，從看來相當古老的習俗中尋找原因似乎再自然不過。但一旦我們研究做得夠徹底，卻發現相反的答案。我們找到的原因並非限制的原則，而是挪用了此一原則去滿足某些偶發的目的。我們必須將此特殊案例[5]重新歸於大家熟知而且還不斷受其影響的「整體宗教禁忌」。在我們生活中，還有比畏懼亂倫更根深柢固的嗎？（也許還有「死者為大」的觀念，但關於所有禁忌如何基本上一致，我想留待稍後再談）。在我們

4　李維─史陀（Claude Lévi-Strauss, 1908-2009），出生於比利時布魯塞爾的著名法國人類
　　學家。他所建構的結構主義與神話學不但對人類學研究影響至深且鉅，亦對社會學、哲
　　學、語言學、比較宗教、文學與電影研究等學科，產生深遠的影響。

5　意指亂倫禁忌。

眼中，與自己的父母兄弟姊妹交媾毫無人性可言。但關於我們不能交媾的對象，定義卻不明確。儘管定義不明確，原則上我們不能與原生家庭的成員交媾。此一限制如果不涉及其他不同的禁忌（在不信者眼中，這些禁忌沒有客觀標準可言），情況可能會變得更加明朗。這個基本禁忌的特色是：複雜、隨性的動態表面包裹著一個簡單、不變的核心。我們幾乎到處可以看到這個穩固的核心，同時也看到它周遭流動的外表。流動的外表遮掩了內在核心的意義。這個核心本身並非無法觸及，但仔細加以端詳後，我們更能瞭解原初的恐懼。這原初的恐懼有時基於偶發因素，有時則因符合當時社會習俗而有的反應。歸根究柢，這本質上牽涉的永遠是兩件互不相容之事：平靜、理性的行為與性衝動的暴力。在漫長的過往歲月中，從此一互不相容的衝突中所衍生出的規範，能不以多樣、專斷的形式出現嗎？[6]

經血與分娩的血

　　跟亂倫禁忌一樣，其他跟性有關的禁忌似乎也是可被簡化為對暴力的未定型恐懼，例如與經血或生產時所流之血有關的禁忌。這些血被視為是體內暴力的顯現。血本身就是暴力的象徵。經血更是被與性行為以及隨之而來的污跡扯上關係：污跡是暴力的結果之一。分娩亦免不了這種聯想：生產本身不就是種撕裂嗎？一種脫序的過度行為？生產本身從無到有，難道不是跟生命的消逝一樣，是種對既有秩序的否定？這些評價也許沒有根據。雖然我們仍對這些污穢的恐怖有所感

6　本書第二部份研究四〈亂倫的謎團〉將根據李維—史陀的傑作《親屬的基本結構》（*Les Structures Elémentaires de al Parenté*），大學出版社，1949，8開本，對亂倫做更詳細的分析。（原注）

覺，這些禁忌在我們眼中根本微不足道。這與穩固的核心毫無關聯。
這些只能算是環繞在那不明確核心周遭的次要面向。

| 第四章 |

繁殖與死亡的親密關係

死亡、腐敗、與生命的更新

　　從一開始，禁忌的產生就是為了不讓暴力干擾日常事物的進行。關於暴力，我無法馬上給予明確的定義，而且也不認為有此必要[1]。不過在討論過禁忌的不同面貌之後，禁忌意義的一致性應該會變得明顯。

　　我們遭遇的第一個難題是：我視為最基本的兩個禁忌分別屬於截然不同的範疇。死亡與繁殖猶如否定與肯定那樣南轅北轍。

　　原則上，死亡與以生產為目標的功能背道而馳，然而此一對立是可以降低的。

　　一個人的死亡對應著另一個人的出生，昭告他的來臨，並使其生命成為可能。生命一直是另一個生命腐敗分解後的產物。新的生命首先有賴死去生命的讓位，接著依靠死後屍體的腐敗，提供後續不斷降臨的新生命所需養分的循環。

1　威爾（Eric Weil）在他的力作《哲學的邏輯》（*Logique de la Philosophie*）中將暴力當作理性的反面處理。此一作為威爾哲學基礎的暴力觀念，與我對暴力的看法類似。（原注）

　　話雖如此，生命依舊是對死亡的一種否定。生命是對死亡的詛咒、對死亡的拒斥。這種反應在人類中最為強烈。人類對死亡的恐懼不只與生命的消逝有關，與將死去肉體回歸到生命全面騷動的腐敗也不無關係。事實上，理想的文明對死亡的高度敬意與肅穆再現與此有著根本的衝突。對死亡的立即恐懼——至少隱約地——提醒我們：死亡的猙獰面貌、死亡的惡臭腐敗就是令人提心吊膽的人生基本情況。對古人而言，最令人焦慮不安的階段還是身體腐爛的階段：相較之下，白骨已不像蟲蛆賴以為食的腐敗肉體那樣令人無法忍受。在世者含糊地將與腐爛相關的焦慮視作死者所表達的殘酷怨懟與仇恨，並藉著守喪儀式試圖加以安撫。對他們而言，白骨則代表此怨恨已經受到撫平。在他們眼中，這些令人敬畏的白骨代表著死亡的第一個端莊面貌：肅穆且可以忍受。此一樣貌雖然依舊令人不安，但已不具腐敗屍體過度強烈的致病力。

　　這些白骨不再讓在世者受到噁心的糾纏威脅。它們結束了死亡與湧現豐富生命的腐爛兩者之間的基本親密關聯。不過，在原始時代，這種親密關聯似乎有其必要，所以連亞里斯多德都相信，地上或水中自然形成的生物是從腐爛中所滋生出來的[2]。相信腐爛具有生產能力的天真想法與我們對腐爛既恐懼又深受吸引的態度有關。而這種想法也讓我們產生自然邪惡、自然令人羞愧的看法：腐爛總結了我們出身、終將回歸的世界，而羞愧與恐懼又同時與我們的出生與死亡糾結在一起。

　　這些惡臭、微溫的流動物質景象駭人；擠滿細菌、蛋卵、蟲蛆的生命溫床是引發我們厭惡、噁心、作嘔等決定性反應的源頭。虛無即

2　這就是亞里斯多德關於「自然滋生」（génération spontanée）的看法，他確信自然滋生的確存在。（原注）

將降臨，沉重地壓迫我目前的存在，此一虛無尚未降臨，其意義仍尚未產生（過去的我並非現在的我，而我等待的未來與現在的我也有別），死亡將宣告我回歸生命的腐敗。因此我可以預先感受到——且活著等待——在我身上期待慶祝其噁心勝利的多重腐敗。

噁心與噁心的整體範疇

每當有人過世時，在世者總是盼望著身旁動彈不得的死者的生命能夠持續下去。我們的期待突然落空。屍體當然不能算是空無一物，但屍體卻是從一開始就被貼上「空無」的標籤。對受到屍體即將腐敗所威脅的在世者而言，這具死屍本身絕非我們在死者生前所等待的答案，而是代表一種畏懼。因此，屍體算不上「空無」，它比「空無」更糟。

與此相稱的，作為厭惡基礎的恐懼並非出自客觀的危險。它所感受到的威脅並無法客觀地加以證明。照理說來，觀看人類屍體與觀看動物屍體，如獵物的屍體，不應該有不同的反應。嚴重腐爛所引起的恐懼畏縮並非無法避免。從同樣的反應中衍生出人類做作的行為。我們對屍體的恐懼近似於我們面對人類排泄物時的感受。這個類比因我們對所謂猥褻的肉慾同感畏懼，而顯得更具意義。人類的性器官同時具有排泄作用，我們稱之為「羞恥的部位」，並將它們與肛門聯想一起。聖・奧古斯汀（Saint Augustin）曾痛苦地強調繁殖器官與繁殖行為的淫穢，他說：「我們生於尿、屎之間」（Inter faeces et urinam nascimur）。人類的糞便並未像屍體或經血一樣，受到鉅細靡遺的社會規範所構成的禁忌所箝制。不過整體而言，透過逐漸轉變，糞便、腐敗、性三者自成一體且彼此之間有著顯著的關聯。原則上，外在的相近事實決定了整個範疇，不過其中仍有其主觀成分：對噁心的感覺

因人而異，並無客觀標準。緊跟在活人之後的死屍什麼都不是：同樣地，並無具體的事物客觀上會令我們噁心；我們感受到的是空洞的感覺，一種因為欠缺而感受到的空洞感。

討論這些本身是空無的東西並非易事。然而，它們經常以某種力量讓我們感到它們的存在，這種力量是僅具有客觀特質、沒有生氣的事物所欠缺的。我們怎麼能夠說這惡臭的東西是空無呢？但我們有此異議，只因為受到羞辱的我們拒絕看清事情的真相。我們相信糞便令人作嘔是因為其惡臭。但在最開始未成為我們厭惡的對象之前，糞便會臭嗎？我們很快就忘記自己費了多少心血教導孩童學習身為人類所應厭惡的東西。孩童並非天生就跟我們有著相同的好惡。我們容許他們不喜歡某些食物並予以排斥。但是我們必須藉由模仿，必要時訴諸暴力，教導他們認識令人噁心（其力量有時大到令人昏厥）的異常事物。這種對噁心事物的感染力是始自原始人類經由無數代遭受責備的孩童所代代相傳的。

我們的錯誤在於輕忽低估了這些神聖教導的意義。數千年來，人們不斷地將這些傳授給一代代的孩童。然而，它們原先並不是這樣子的。我們視為噁心或厭惡的範疇大體上是這些教導的結果。

生命的揮霍與人們對此揮霍的恐懼

讀到這裡，在我們身上開展的可能是空無；而到目前為止我所談的也就只有此一空無的意義，別無其他。

但是這個空無只有在特定的點才會開啟。例如，死亡就打開了此一空無：內部被死亡掏空的屍體，與此掏空相關的腐爛。我可以將自己對腐爛的恐懼（此禁忌大到我對腐爛毫無記憶，只能靠想像）與對猥褻的感覺聯想一起。我可以告訴自己憎惡、恐懼是我慾望的原則。

只有當事物能和死亡一樣在我身上打開空無深淵時，才可能激起我的慾望；一開始，慾望就源自與它相反的恐懼。

從一開始，這種想法就超出合理範圍之外。

想要察覺允諾生命的情色與死亡的淫蕩面向之間的關聯，需要極大的能耐。對死亡也是世界的青春泉源這個事實，人類商妥不予承認。我們蒙蔽雙眼，拒絕看清唯有死亡能確保生命不斷更新、永不衰竭的事實。我們拒絕看清生命是為平衡所設下的圈套；生命根本既不穩定又不平衡。生命是個隨時會爆炸的動盪進展。由於不停爆炸不斷地消耗其資源，生命只有在一個情況下才能持續下去：所滋生、因爆炸而筋疲力盡的生命讓位給擁有新力量、剛加入此一循環的新生命[3]。

我們無法想像比這更揮霍的過程。從某一層意義而言，生命是可能的，生命可以輕易地繁衍而不需要如此巨大的浪費、如此衝擊想像力的大舉殲滅。跟纖毛蟲相較，哺乳類動物的機制是個耗損無數能源的深淵。這些能源如果有其他的可能發展，才不算是全然化為烏有。但我們必須從頭到尾想像一下整個惡性循環。植物的成長意味著分解的養分不斷累積，直到被死亡所敗壞。草食動物大口吞食活生生的植物養分，然後他們自己也會被吞食，成為肉食動物口中的祭品。到了最後，除了殘暴的掠食者或其殘骸外，什麼也沒留下；而這些也終將成為土狼或蟲蛆的食物。由此看來，滋生生命的過程愈是浩大，產生新有機體的過程愈是昂貴，整個行動愈是成功！生產時想少付點成本

3　雖然一般說來，很少人知道此一真相，但柏綏（Bossuet）在其《關於死亡的講道》（*Sermon sur la Mort*, 1662）中對此早已有所闡釋：「自然似乎對賜給我們的禮物有所嫉妒，以致經常宣稱或讓我們明白，它無法長期讓我們擁有暫時借給我們的東西。這些東西不應該停留在同一雙手中，而應該永遠地交換循環。自然需要它們以其他形式出現，其他工作也需要它們。不斷增加的人類，亦即剛出生的嬰兒，似乎將我們推擠到一邊說：『你們該退休了，現在該輪到我們了。』如同我們看到前人逝去，後人也會看到我們離開，而這些人也會有從這舞台退場的一天。」（原注）

代價是可憐人類的本性。人性遵守的是資本家狹隘的原則;無論是大
公司老闆或個體戶總是想藉由轉手出脫後,最終可以吞食(無論如何
他們終會被吞食)累積的利潤。如果我們從宏觀的角度審視人類的生
命,人生對揮霍的追求可以說到了焦慮的地步,到了痛苦的地步,到
了焦慮令人無法忍受的極致地步。其餘的就留給道德家說教吧!頭腦
清楚的我們,怎麼會看不出來呢?所有的事物都向我們指出這點。我
們內心的狂熱激動要求死神降臨,在我們身上大加肆虐在所不惜。

　　我們將迎接這些多重的考驗、這些沒有結果的周而復始、這由年
邁者過渡到年輕人身上的生命力浪費。我們內心深處真正渴望的是這
些所導致的不可能情境:將遭受毀滅的痛苦與恐懼的孤獨存在。若非
它所帶來的噁心感極為恐怖,以至於我們在無言的驚恐中直覺得不可
能,我們將不會感到滿意。但是我們的判斷受到一再的失望與伴隨而
來對平靜的固執期待所影響;我們讓自己被理解的能力與我們所堅持
的盲目成正比。因為在孕育我們的抽搐高潮中,希望它停止的無知頑
固只會使此焦慮更加嚴重,而這為此一注定是徒勞過程的生命,添加
點喜愛折磨的奢侈。因為如果對人類而言,生命無可避免是種奢侈,
以焦慮為奢侈,我們夫復何言?

人類向自然說「不」

　　最後,人類的反應加速了整個過程的進展:焦慮使進展加快,同
時使對它的感覺更形強烈。原則上,人類採取的是排斥的態度。為了
不被整個進展牽著鼻子走,人類激烈抵抗,但卻適得其反,反而使其
速度快到令人暈眩的地步。

　　如果我們將基本禁忌視為人類向自然(被視為是生命力的浪費與
毀滅的狂歡)所唱的反調,我們就無法再區分死亡與性。性與死亡只

不過是自然與源源不絕的生靈萬物慶祝的節慶高潮；彼此都代表了自然的無限浪費，有別於每個生物所渴望保持的特質。

無論就長程或短程看來，傳宗接代意味著繁殖者必須死亡，繁衍只為了擴大毀滅（如同一個世代的逝去造就新一世代的產生）。人類關於腐爛與各式性行為的類比想法使我們對它們的噁心感混合為一。以死亡與性兩者為對象的禁忌可能逐步出現，我們甚至可以想像與死亡有關的禁忌與跟繁殖相關的禁忌之間，可能存在一段很長的時間差（完美的事物通常需要長期推敲琢磨、逐步完成）。不過我們仍可以看出兩者之間的一致性：對我們而言，所面對的是個不可分割的複合體。就如同人類突然不自覺地體會到：（我們被賦予的）自然要它所創造的生命參與賦予它活力、永不滿足的瘋狂毀滅行為，是多麼不可能！我在說什麼，自然要生命投降，要生命自我毀滅？就在此時，腦中一片暈眩、無法平復的生命努力向自然說：「不」。就從那一刻起，人性才有了可能。

生命努力向自然說不？事實上，人類從未斬釘截鐵地向暴力（與相關的過度）說過「不」。在脆弱、力有未逮的時刻，人類也許曾拒絕自然的衝動；不過，那只是停頓，而非最終的靜止。

在禁忌之外，我們現在應該考慮的是踰越的問題。

第五章

踰越

踰越不是對禁忌的否定，而是對禁忌的超越與成全

禁忌這個議題不好討論的原因，並非僅在於其對象多元，而是禁忌不合邏輯的特性。我們談論同一禁忌時，總可以聽到截然不同的說法。只要是禁忌，就可以被踰越。踰越禁忌經常是被允許的，甚至經常是事先規定好的。

每想到聖經中「不可殺人」這條嚴厲戒律後面，緊接著的居然是對軍隊的祝福與對天主的感恩讚美詩（Te Deum）[1]，我們就不禁莞爾。殺人共犯居然毫不遮掩地緊跟於殺人禁忌之後！戰爭的暴力當然違反了新約聖經中神的旨意，但卻不違背舊約中統領軍隊的神。如果這項禁忌是合理的，這表示戰爭理應受到譴責，而我們也被迫面臨抉擇：接受此一禁忌並全力抵制戰爭的殺戮，或是視此禁忌為虛偽而投入戰爭。但是，理性世界所倚靠的禁忌卻一點也不合乎理性。一開始，平靜地反對暴力並不足以清楚地劃分出兩個世界的不同。要是反對的一方本身未能訴諸某種形式的暴力，要是某種強烈的負面情緒無法讓每

---

1 拉丁原文為 Tē Deum Laudāmus，意為「主啊！我們讚美您！」，是天主教早期的讚美詩。

個人恐懼暴力，光靠理性根本無法權威地界定兩者之間的模糊界線。面對暴力肆無忌憚地肆虐時，只有恐懼、非理性的畏懼方得以殘存。這就是禁忌的本質。禁忌為我們帶來平靜、理性的世界。但是，原則上禁忌本身是種顫慄不安，以感性而非理性為基礎；這點與暴力並無二致（本質上，人類暴力並非冷靜計算後的結果，而是出自憤怒、恐懼、慾望等感性狀態）。想要瞭解為何禁忌老是漠視邏輯，我們必須知道禁忌的非理性特質。在我們所要探討的非理性範疇中，我們必須說：「有時某個不可觸犯的禁忌被打破了，但這並不表示此禁忌已不再不可觸犯。」我們甚至可以提出這樣的荒謬主張：「禁忌是為了被違反而存在」。這項說法並不如表面上那麼不可思議，反而是對矛盾情緒之必然關係的正確陳述。當負面情緒當道時，我們必須遵守禁忌。當正面情緒佔上風時，我們就違反禁忌。此一違反本質上不但未消滅對立情緒的可能與意義，反而有助於其產生且予以合理化。同樣地，除非我們確知或至少依稀覺得暴力會帶給我們不良後果，否則我們不應盲目地恐懼暴力。

「禁忌是為了被違反而存在」這項主張應該讓我們瞭解，殺人的禁忌雖然世界各地都有，但此禁忌並不反對戰爭。我甚至深信，如果沒有此項禁忌，戰爭根本不可能存在、甚至令人無法想像！

沒有禁忌的動物並未從打鬥中發展出有組織的戰爭。就某一層意義而言，戰爭可以說是侵略衝動的集體組織行為。與工作一樣，戰爭是有組織的集體活動；與工作一樣，戰爭有其目的，它回應了發動戰爭者深思熟慮的企圖。因此，我們不能說戰爭與暴力有所衝突。戰爭就是有組織的暴力。對禁忌的踰越雖不是動物性的暴力；但它仍是暴力，只不過使用暴力者是有理性的生命（不過此時卻以其才智為暴力效力）。禁忌至少是個門檻，跨過此門檻後才可能殺人；而戰爭則是對此一門檻的集體跨越。

　　如果踰越本身，因不知禁忌的存在，而絲毫未受此一限制所影響的話，這只能說是回歸暴力──回歸到暴力的獸性。然而事實並不然。我們所謂的社會生活整體即是由有組織的踰越與禁忌所構成。踰越發生的頻率與規律並不會影響到禁忌不可觸犯的穩定性。因為這些踰越根本是意料中事，就如同心臟的收縮必然伴隨著舒張，或物體受到壓縮後必然爆破一般。壓縮並不聽命於爆破，而是使其更具威力。此一真相看似新穎，但卻是建立在古老的經驗上。不過因為這種說法與發展出科學的論述世界格格不入，因此直到晚近才有人提出。在宗教史學界中稱得上是最傑出詮釋者的默斯（Marcel Mauss）[2]對此也了然於心，且在課堂講授時曾有所說明。但是在他出版的著作中，對此關鍵看法卻僅以少數意義深遠的字句匆匆帶過。只有蓋羅爾曾經根據默斯的教導與建議，在自己的〈慶典的理論〉中對踰越這個面向做過詳細的討論[3]。

無限制的踰越

　　對禁忌的踰越本身所受到的限制通常不會少於禁忌。踰越與自由無關；它代表的意義是在某一時刻、到某一地步，這是可能的。但是有限的破例一旦開了頭，卻可能引發暴力的無限衝動。踰越的時刻，柵欄不僅僅是被舉起，甚至可能需要強調其厚重堅實的一面。有時，踰越那片刻最在乎禁忌：因為騷動一旦啟動就很難再加以限制。

2　默斯（Marcel Mauss, 1872-1950），法國著名社會學家。其經典著作《禮物》（*Essai sur le Don*, 1923-24）中關於禮物互換（reciprocity）的觀念，對後來的社會學與人類學研究（尤其是李維─史陀）有莫大的影響。他對「誇富宴」（Potlatch）的分析也給巴代伊帶來許多靈感。

3　《人與神聖》，Gallimard，1950年，第2版，第4章〈踰越的神聖：慶典的理論〉。（原注）

不過，在某些例外中，無止境的踰越是可以想像的。

在此我想舉一個值得注意的例子。

暴力可能以某些方式踰越禁忌。這樣看起來——可能看起來——一旦法律無能為力，再沒有堅固東西足以節制暴力。死亡從根本踰越了反對暴力的禁忌，因暴力理論上是導致死亡的因素。在絕大多數的情況下，伴隨而來的斷裂感所引起的輕微混亂，可以藉由行禮如儀、節制衝動的一連串葬儀加以吸收解除。但是如果死亡所戰勝的是一位原本似乎可以永生的君王，此一斷裂感將佔上風，所引起的脫序將是無止境的。

蓋羅爾曾如此描述大洋洲某些民族的行為：

「當國王神聖的龍體被奉為社會與自然生命的化身時，其崩逝時辰成了關鍵時刻，開啟了一連串儀式性的放縱行徑。這些放縱行徑與這突如其來的悲劇有著密切關係。此時的褻瀆涉及社會秩序；它犧牲了國王、階級制度、既有權力的利益……群眾的狂熱從未遇到任何阻礙：如此的狂熱，就如同尊敬亡者，被視為是必要的。在夏威夷群島，國王駕崩的消息一傳開之後，群眾就開始一連串平時被視為犯罪的行徑：縱火、搶劫、殺人；婦女則公然賣淫……在斐濟群島，情況則更為明顯：酋長的死亡意味著擄掠的開始，受統治的部族侵入首府燒殺擄掠，無所不用其極。」[4]

「然而這些踰越行徑仍構成褻瀆。它們違反了前一天還有效、明天注定會再是最神聖、最不可侵犯的規則。這些踰越行徑真正構成重大的褻瀆行為。」[5]

值得注意的是，此一脫序狀況出現在「死亡所代表的腐敗與感染

---

4   前引書，頁151。（原注）

5   前引書，頁151。（原注）

的高峰期」、在「活躍且會傳染的毒性全面肆虐期間」。此一失序要等到「所有腐肉完全從國王屍體中消失，遺骸只剩下堅硬、完好、不會腐爛的骨骸時才結束」[6]。

　　從此一暴力爆發可以看到踰越的機制。人類企圖、也相信透過禁忌的抗拒可以克制自然。他約束自己的暴力衝動，同時也企圖約束社會上的暴力。然而他察覺自己為暴力所設下的柵欄根本無效；他自己原先想要遵守的那些限制根本喪失原先對他的意義：先前受到抑制的驅力如脫韁野馬，從此他開始大開殺戒；他不再克制自己洋溢奔放的性慾，而且不再害怕公開、毫無節制地做些先前只敢偷偷摸摸做的勾當。只要國王的屍體繼續腐爛，整個社會均暴露在暴力的肆虐中。無法保護國王龍體免受死神毒害的無能禁忌，根本無法有效地防堵不斷危害社會的踰矩行徑。

　　這些因國王駕崩而橫行其道的「重大褻瀆行為」並沒有明確的限制。但是當駕崩的國王遺體化為一具乾淨的骨骸時，同時也是放縱的暴行結束的時候。即使在這個不是很恰當的例子中，踰越仍然與動物生活中原初的自由毫無關係：踰越開啟了超越平時遵守的禁忌的大門，但仍然保持了這些禁忌。踰越超越了世俗的世界、但未加以消滅，反倒成就其完整性。人類社會並非只是個工作的世界。它是由世俗世界與神聖世界這兩個互補的形式同時或接續組成。世俗世界是禁忌的世界。神聖世界則向有限的踰越開放；這是個節慶、主宰者（souverains）與神祇的世界。

　　這種看法的難度在於「神聖」（sacré）在此具有兩個完全相反的意涵。任何禁忌的對象基本上都是神聖的。賦予神聖事物負面意義的禁忌，不僅——在宗教層面上——激起我們畏懼與戰慄的感受。此一

6　前引書，頁153。（原注）

感受到了某個限度會轉化為虔敬，它會轉化成崇拜。作為神聖化身的神祇會令崇拜者顫慄，但他們還是照樣加以膜拜。人們同時受到兩股衝動的牽引：他們因恐懼而退避三舍，因受吸引而著迷景仰。禁忌與踰越反應了這兩股相反的力量：禁忌令人退縮，但魅力卻引人踰越。禁忌與神奇（divin）只有在一層意義上背道而馳，但神奇卻是禁忌中誘人的面向：它改變了禁忌的樣貌。神話的主題——時而錯綜複雜——即肇因於此。

　　這些對立的唯一明顯區別只有在經濟層面才顯現出來。禁忌回應了工作的需求；工作是為促進生產。在工作的世俗日子中，整個社會累積資源，只有生產所需的消費才被允許。而節慶就是神聖日子的代表。節慶雖然不一定像我先前提過的，在國王死後所引發的大規模解禁。但是在節慶期間，平常所不被允許的行為全都解禁，有時甚至不可或缺。在節慶期間平常的價值觀全遭翻轉，對此蓋羅爾曾予以強調[7]。從經濟的角度看來，節慶期間毫無節制的吃喝玩樂，耗費了平常工作期間所累積的資源。由此可看出兩者鮮明的對比。我們無法立刻斷言踰越——而非禁忌——是宗教的根本。但是揮霍是節慶的本質，而節慶又是宗教活動的高潮。囤積與耗費是構成此活動的兩個階段：從此一觀點看來，宗教就像是一齣舞蹈，在後蹲之後緊跟著的是前躍的動作。

　　人類必須拒絕其自然衝動的暴力，但拒絕並不表示全然斷絕，反而是更深層的協議。此協議將彼此原先的矛盾隱藏於深處。但由於此一矛盾持續存在，導致此一協議本身老是搖搖晃晃、令人暈頭轉向。人們先是感到一陣噁心，噁心過後接續而來是暈眩，這些都是宗教態度所策畫的弔詭舞碼中的不同橋段。

7　前引書，頁125-168。（原注）

　　整體而言，儘管牽扯到複雜動作，但所透露的意義卻是相當清楚：本質上，宗教指使著對禁忌的踰越。

　　但是恐懼感會引起困惑，而恐懼感卻是宗教不可或缺的基礎。前躍之後的後蹲，總是被視為宗教的本質。這種看法顯然不夠周延。若非被以符合理性、現實世界的翻轉為基礎的內在感覺所誤導，此一誤會很容易就可以排除。在天主教與佛教這種世界性宗教中，恐懼與厭惡是短暫炙熱精神生活的序曲。這些建立在原初禁忌之上的精神生活卻有著節慶的意義，也就是對法律的踰越而非遵守。在天主教與佛教中，狂歡代表著恐懼的消逝。在恐懼與噁心感啃噬人心的宗教中，拋棄一切的過度有時甚至更令人刻苦銘心。放空一切比任何感覺都令人興高采烈。但令我們興高采烈的並非虛無：那是告別恐懼的態度，那是踰越。

　　為了明確指出踰越的意涵，與其給些簡單的例子，我寧可再現一些在天主教或佛教中意味著完成踰越的激情巔峰。不過，首先，我必須先談談較單純的踰越形式。我將先討論戰爭與獻祭，然後再談肉體情色。

第六章

殺人、狩獵、戰爭

吃人肉的習俗

全然失控的踰越是少數的例外；禁忌遭有限度地踰越則司空見慣。這些踰越遵守著儀式或習俗所制訂的規則。

在情色中，禁忌與踰越彼此交替的遊戲最是明顯。沒有情色的例子，很難看出此遊戲的個中奧妙。另一方面，如果不從此一原屬宗教特色的交替遊戲著手，也不可能看出情色前後一致的邏輯。不過，我首先思索的與死亡有關。

值得注意的事：關於死人的禁忌並未激起與恐懼對立的慾望。乍看之下，依據禁忌的有無，性對象會不斷地在人們心中激起排斥或被吸引的感覺。根據佛洛依德的詮釋，禁忌是為了保護明顯弱勢者所建立的一道保護傘，使其免於遭受過度慾望的侵害。依此類推，關於反對接觸屍體的禁忌，他會解釋成是為了防止屍體被他人啃食。吃人肉的慾望早已不復存在；至少我們現在根本沒有這種經驗。不過，原始社會的確交替存在著禁止吃人的禁忌與對此禁忌的踰越。人類從未視自己為俎上肉；但是依照宗教規定，人卻也常遭到啃食。吃人肉者並非不知道吃人是項基本禁忌；但基於宗教因素，他仍然違反此一禁

忌。獻祭之後共同享用祭品是個頗具意義的例子。此時，被吃掉的人
肉被視為是神聖的：我們此舉絕非回到不知禁忌為何物的野獸時代。
我們慾望的目標已非百無禁忌的野獸所追逐的：我們的目標是「禁
忌」，禁忌是神聖的；加諸在它身上的禁忌使它成為慾望的對象。神
聖的吃人肉舉動是禁忌滋生慾望的基本例子：禁忌並未使人肉變得美
味，但它卻是促使「虔信者」張口吃人肉的理由。我們稍後談到情色
時，會再看到此一禁忌產生吸引力的弔詭現象。

決鬥、部族仇殺、戰爭

　　對我們而言，吃人肉的慾望匪夷所思，但想殺人的慾望則不然。
並非每個人都感受得到這股殺人的慾望。但有誰敢否認，在人群中這
種慾望與性飢渴一樣真實，即便不是那樣迫切。歷史上充斥著無謂的
大屠殺，此事顯示每個人都可能是潛在的殺人凶手。殺人的慾望與不
可殺人的禁忌之間的關係，就如性慾與複雜的性禁忌之間的關係一
樣。只有特定情況下的性行為才遭禁止；殺人的情況也一樣。殺人的
禁忌也許比性禁忌來得廣泛嚴厲；但殺人禁忌與性禁忌一樣，只有將
殺人限定在某些特定情況。此禁忌相當簡單明瞭：「不可殺人。」沒
錯，此禁忌放諸四海而皆準，但顯然話中有話：「除非是戰爭時期，
或整體社會所或多或少允許的情況下。」此殺人禁忌與性禁忌幾乎如
出一轍：「只有合法夫妻才可以行房」，緊接著的顯然是「除非是社
會習俗所允許的特殊情況」。
　　在決鬥、族間仇殺、與戰爭中，殺人是被允許的。
　　殺人是犯法的。殺人可能出自對禁忌無知或視若無睹。決鬥、族
間仇殺、與戰爭觸犯的是眾人皆知的禁忌，但卻符合規則。現代過份
講究規矩的決鬥與原始人類沒有什麼關係。原始人類只有基於宗教因

素才會違反禁忌。對原始人類而言，決鬥不應該像中世紀以來那樣帶
有任何個人因素。對他們而言，決鬥首先是戰爭的一種形式。敵我雙
方在彼此有規則可循的叫陣之後，會將勝負交給代表雙方決鬥的勇
士。代表雙方的勇士則在一群亟欲消滅對方的觀眾面前，進行一場一
對一的生死決鬥。

族間仇殺跟決鬥一樣有其規則。這也是一種戰爭形式，只不過交
戰雙方不是來自不同領地，而是屬於不同部族。族間仇殺與決鬥、戰
爭一樣必須遵守詳細的規則。

狩獵與因動物之死而贖罪

在決鬥、族間仇殺與稍後會討論的戰爭中，所涉及的是人的死
亡。但不可殺人的禁忌在人類將自己與野獸區分開來之前就已經存
在。事實上，人、動物之間的區分是後來才有的事。最開始時，人類
將自己看成與動物同類；這種看法至今仍存在於保有原始習俗的「獵
人族」中。在這種情況下，古老或原始的狩獵跟決鬥、族間仇殺與戰
爭一樣，都是屬於踰越的一種。

不過，彼此之間還是存在著極大的差異：在人類與動物最為親近
的原始時代，人類似乎還不懂得殺害同類[1]。

相反地，獵殺其他動物應該是慣有的事。狩獵可說是勞動工作的
成果，因為只有在以石頭做成工具與武器後，人類才可能去狩獵。雖
然禁忌一般而言是因有了工作之後所引起的後果，但此後果也並非一

1　動物中並無禁止殺害同類的禁忌。事實上，儘管動物本能也許複雜，但依據本能行事的
　　動物極少殺害同類。即使是動物間的相互打鬥也很少致對方於死地。（原注）譯注：作
　　者筆下之意是，人類只有在與野獸區分開來，具有「人性」之後，才開始懂得殺害同
　　類，也就是才懂得殺人。

蹴即成。因此，我們可以想像在狩獵發展一段時間後，依然沒有任何
禁止殺害動物的禁忌。無論如何，我們無法想像在由禁忌主宰一段時
間後，人們突然決定要突破禁忌，重新開始狩獵。何況，狩獵的禁忌
具有一般禁忌所共有的特色。我曾強調，性禁忌是舉世皆然的特色；
如果跟原始民族的狩獵禁忌─比較，我們更能看清此一事實！禁忌並
不代表人們完全不去做，而是賦予此行為踰越的色彩。事實上，無論
是性行為或是狩獵，都無法禁止。禁忌無法壓抑生命所必須的活動，
卻可以賦予它們宗教踰越的意義。禁忌限制它們，並規範它們可能的
形式。禁忌可以要求觸犯禁忌者贖罪。決鬥者、獵人、或戰士的殺戮
都是神聖的。為了重新回到世俗社會，他們必須洗淨這些污穢；他們
必須淨化自己。贖罪的儀式就是為了淨化獵人、戰士而設。古老社會
對這些贖罪儀式都習以為常。

　　史前學家習慣將岩洞壁畫看作是施展魔法的手段。根據他們的解
讀，岩壁上所繪的動物是獵人覬覦的對象；將其入畫是希望這些慾望
的圖像能夠使慾望實現。對此看法，我有所保留。岩洞中神祕的宗教
氣氛不就代表著狩獵、踰越的宗教特質嗎？岩壁上的圖像應該就是踰
越行為的再現。這點當然很難加以證明。不過，如果這些史前學家能
夠設身處地、想像自己徘徊在禁忌與踰越之間，並仔細看清楚畫中動
物死時的神聖特質的話，我深信他們會以更符合宗教在人類初始期間
所扮演的重要角色的看法，取代圖畫具有魔法這種可憐的假設。岩洞
壁畫所要呈現的應該是，當野獸出現時，遭譴責但卻必須的殺戮顯現
生命的宗教性曖昧：焦慮的人類雖然排斥令人焦慮的生命，但卻也神
奇地超越此一排斥而完成其人生之途。這種說法所根據的基礎是：在
與岩洞畫家可能有著同樣生活習性的民族中，在殺害動物之後習慣會
舉行贖罪的儀式。這種觀點最大的好處在於，它提供了我們一套對
拉斯科洞窟壁畫[2]前後一致的詮釋方式。在此壁畫中，一頭垂死的野

牛面對著可能是殺害牠的凶手，而畫家也同樣賦予這名凶手死人的樣貌。此一著名作品曾引起許多彼此矛盾、同樣站不住腳的詮釋。依我的看法，它的主題應該就是殺戮與贖罪[3]。

　　此一看法至少有一個好處：詮釋岩洞壁畫時，捨棄圖像具有神奇（實用）力量這種可憐的說法，改而從宗教的角度詮釋這些壁畫。如此一來，也較能符合從原始時代流傳下來大量作品中，藝術所顯示出的人類終極關懷。

戰爭的最古老見證

　　無論如何，狩獵應該被視為是原始的踰越形式之一，其出現的時間似乎比戰爭來得早。生活在舊石器時代晚期、曾在岩洞上作畫的「法蘭西坎塔布連人」（franco-cantabriques）似乎並沒有戰爭的觀念。對這些我們早期的同類而言，戰爭至少沒像後來扮演那麼重要的角色。事實上，他們讓我們想起直至今日大部份還不曉得戰爭為何物的愛斯基摩人。

　　最早以圖畫再現戰爭的是西班牙東部的岩洞畫家[4]。他們有些作品似乎可以上溯至舊石器時代晚期末，另一部份則是更晚期的作品。在舊石器時代晚期末，距今約一萬至一萬五千年前，原先只是違反原則上禁止殺害動物的禁忌，但由於當時人、獸不分，禁止殺人的禁忌也

2　拉斯科洞窟（Lescaux）位於法國西南部。1940年人們在這些洞窟中發現許多距今約一萬六千前、屬於舊石器時代晚期的壁畫。巴代伊曾特別前往研究，並有專書出版。

3　請參閱拙著《拉斯科洞窟與繪畫的誕生》（*Lascaux ou la Naissance de l'Art*），史基拉（Skira）出版社1955年出版，頁139-140。在該書中，我曾對當時已出現的各種解釋做了一番評述。之後，又出現不少同樣有問題的說法。不過，從1955年以後，我已不再對此畫發表任何個人的看法。（原注）

4　Levant espagnol（西班牙文為 El Levante）泛指西班牙東部面臨地中海的整個地帶。

遭打破,戰爭因此開始成形。

　　就如同與死亡有關的禁忌一樣,對這些禁忌的踰越,如我們即將看到的,也留下深遠的痕跡。前面我已提過,我們對於性禁忌與其踰越的認識,要等到有文獻記載才有證據。有幾個因素促使我們在探討情色時,先處理踰越的問題,尤其是對殺人禁忌的踰越。因為如果我們不參照踰越的全盤模式,就無法理解情色的運作。我們如果不能預先在一個比情色更清楚、更古老的領域中,將個中矛盾看清楚的話,情色議題將變得更令人困惑、更難以理解。

　　西班牙東部岩洞壁畫所顯示的,只是兩個敵對陣營在戰場上兵戎相見的古早日期。但是,關於戰爭,一般而言我們已掌握頗多原始資料。戰爭中,兩個敵對陣營的殺伐至少需要一些基本規則。第一條規則顯然是劃清敵我雙方與事前的宣示敵意。我們很明確地知道原始民族「宣戰」的規則:侵略者內部自行決定即可;緊接著便是對方遭到出其不意的突襲。不過大多數情況下,入侵者還是會保持踰越者的精神、給予對方儀式性的示警。接著的殺伐本身也可能按照規則進行。原始時期的戰爭頗有節慶的味道;現代的戰爭也不乏此一弔詭特質。軍人服裝華麗耀眼可追溯到遠古時期;最初的戰爭似乎便是種豪奢的行為。戰爭並非君王或某一民族藉著征服累積己身財富的手段;戰爭是場擺闊的侵略性洋溢行動。

戰爭儀式與戰術之對立

　　軍隊中的制服將此一傳統保持至今;不過,目前的重點則轉而放在如何避開敵人的目光。但是,如何減少己方傷亡的考量並不符合最初戰爭的精神。大體而言,對禁忌的踰越就是目的。踰越也許具有其他附帶的功能;不過它本身就是最初的目的。我們有理由相信,殘酷

的戰爭最初與儀式的舉行具有類似的功能。有人曾如此描述先前中國
封建時期戰爭的演變：「諸侯之間的戰爭以挑釁為開端。被派遣至敵
營的勇士，在對方諸侯面前勇敢地自殺，或是以戰車全速衝撞敵營城
門。接著，馬車開始混戰，而主帥在相互廝殺之前也不忘先禮貌性地
相互叫陣一番……」[5]。在荷馬史詩中[6]，古代的戰爭場面有其人類共通
的特色。最初戰爭真的是一場遊戲，但由於後果過於嚴重，很快地交
戰雙方不再遵守遊戲規則，改而開始算計對方。中國的歷史講得很明
確：「……隨著時間的進展，這種富於騎士精神的習俗逐漸喪失。古
代騎士的決鬥淪為一省居民對抗鄰省居民的殘酷殺戮。」

　　事實上，戰爭永遠在視戰爭本身為目的、並尊重規則或是著眼於
所期待的政治後果兩者之間擺盪著。直至今日，在軍事專家之間仍
存在著兩派截然不同的意見。克勞塞維茨（Clausewitz）[7]反對騎士傳
統，強調毫不留情地摧毀敵軍之必要性。他寫道：「戰爭是種暴力行
為，而且其暴力展現沒有限度。」[8]大體可以確定的是，在現代世界中
這種趨勢已逐漸佔得上風，雖說講究儀式的古老傳統對老一代仍具魅
力。其實，我們不應將戰爭的人性化發展與其基本傳統混淆。面對人
權的發展，戰爭的要求還是做了相當程度的妥協。遵守規則的傳統精
神也許樂見這種發展，但是對於現代社會減少戰場損失、降低戰士痛

5　克魯塞與雷諾—卡提耶（René Grousset et Sylvie Regnault-Gatier）合著之《人類全史》
　　（L'Histoire Universelle），七詩聖文庫，Gallimard，1955年出版。第1冊，頁1552-1553。
　　（原注）

6　荷馬（Homer）相傳是生於西元前八世紀的古希臘傳奇詩人，以《伊里亞德》（The Iliad）
　　與《奧德賽》（The Odyssey）兩部不朽史詩流傳千古。

7　克勞塞維茨（Carl von Clausewitz, 1780-1831）是普魯士（現今之德國）戰爭史家與戰爭
　　理論學家，其著名的《戰爭論》（Vom Kriege）是西方第一部探討戰爭哲學的專書。

8　克勞塞維茨著《戰爭論》（De la Guerre），納維爾（P. Naville）譯，子夜出版社，1955年
　　出版，頁53。（原注）

苦的要求，卻也提不出解決之道。對禁忌的踰越事實上是受到限制，但是只是形式上的限制。侵略的衝動大體上受到拘束，受到明確條件的限制，且必須嚴格遵守規定。但一旦獲得解脫，此股狂熱就勢如脫韁之駒。

戰爭的組織性殘酷

　　戰爭與動物的暴力有所不同，其殘酷程度為動物所望塵莫及。兩軍交戰時，除了在戰場上大肆屠殺外，對戰俘也會習慣性地施以酷刑。此殘酷行為是戰爭中人性特有的面貌。下列可怕的描述引自大衛（Maurice Davie）的作品：「在非洲，戰俘經常受到折磨、殺害、或活活餓死。在說圖戚語（Tchi）的部落中，戰俘們所受的殘暴酷刑駭人聽聞。男人、婦女、孩童，不論是背著嬰兒的母親或連路都還不太會走的幼兒，身上全被剝個精光，脖子被套上繩子，每十個或十五個自成一組。每個俘虜的雙手都被綁在固定於頭上的厚重木樁上。這些瘦骨嶙峋、餓得只剩骸體的俘虜，就這樣綁手綁腳地，經年累月被迫走在戰勝的敵軍後頭。殘暴的守衛以極為殘酷的方式虐待他們。如果這些戰勝者哪天反而被俘虜，立刻會遭到屠殺，以防止他們逃脫。」韓歇葉（Ramseyer）與柯能（Kühne）也曾提及一個俘虜的例子：「一名阿克拉（Accra）土著被『架在木樁上』，亦即被捆綁在砍下的樹幹上，由鐵鉤環繞胸膛。這名俘虜在被餓了四個月後，就這樣被活活整死。另有一次，他們在俘虜群中看到一名貧窮、贏弱的孩童，當人家憤怒地命令他站挺身子時，「他痛苦地托起瘦得每根骨頭歷歷在目的身軀。」他們這次所看到的大部份戰俘皆處於行屍走肉的狀態。一個男孩餓到脖子根本無法承擔頭顱的重量；只要他一坐下，他的頭就垂到膝蓋上。另外一個同樣瘦骨嶙峋的男童咳嗽咳得幾乎斷了氣；另一

個年紀更小的孩童因營養不良而站不起身來。對於傳教士們對這番景象的激動反應，阿散蒂人（Achantis）似乎大感訝異。有次當傳教士們試圖送食物給挨餓的孩童時，守衛們殘暴地將他們拉開。在達荷美，人們拒絕給予受傷俘虜任何援助。除了準備被當作奴隸的俘虜外，其他俘虜均處於半飢餓狀態，且迅速地變成皮包骨……下顎骨被視為是珍貴的戰利品……經常被從受傷的敵人臉上活生生地扯下來……斐濟一個城堡被攻下後的慘狀，並不適合在此詳細描述。老嫗婦孺無一倖免僅能算是其中較不駭人聽聞的。無數的人遭到肢解，其中有些慘遭生剮活剝。這些結合殘酷與性激情的行徑令人生不如死。由於美拉尼西亞人天生特有的宿命論，許多人根本沒想過要逃亡，而是認命地任人宰割。要是不幸地被活捉，他們的命運真是悲慘。他們被帶到主要的部落後，便成為族裡地位較高的年輕人發揮折磨創意的實驗品。先遭到棍棒擊昏之後，他們被丟進燒熱的火爐裡，當他們因受熱疼痛而甦醒過來時，他們狂亂掙扎的窘狀引來觀眾如雷的爆笑聲[9]。」

　　本身並不殘酷的暴力在禁忌的踰越中變得有組織。殘酷是有組織暴力的形式之一。殘酷不必然是情色，不過它會轉向踰越所組織的其他形式暴力。跟殘酷一樣，情色需要經過醞釀構思。殘酷與情色都決心從超越禁忌限制的精神中醞釀出來。這種決心並非全面性的，不過總是可以跨越不同領域；因為這些相近的領域全都建立在逃脫禁忌掌控的狂熱之上。由於終將回歸原先的穩定狀態（否則根本沒戲可唱），就像氾濫的水最終總會退去，踰越的決心更形強大。只要基本的遊戲規則不受影響，人們大可從一個領域跨越到另一個領域[10]。

9　大衛（Maurice R. Davie）著《原始社會的戰爭》（*La Guerre dans les Sociétés primitives*）。由英文譯成法文，1934年，帕約（Payot）出版社，頁439-440。（原注）

10　參較巴代伊前面所強調的，踰越並不否定禁忌，而是超越禁忌並加以成全。

　　殘酷可能轉向情色；同樣地，屠殺俘虜最終可能以吃人肉為目
的。但是回歸百無禁忌的獸性在戰爭中是無法想像的。無論戰爭再怎
麼殘暴，總是保有一絲人性。殺紅了眼的嗜血戰士總還不至於自相殘
殺。此一從根本節制狂暴的規則是無形的。同樣地，即使在最不人道
的行徑橫行肆虐的戰場上，吃人肉的禁忌在大部份情況下尚能維持。

　　我們必須指出的是，最邪惡的行徑不見得與原始的野蠻有關。現
代講究效率與紀律的有組織戰爭，大抵上不允許軍隊享有踰越紀律的
快感，而這卻違反了最初引發戰爭的驅力。今日的戰爭跟我所描述的
原始戰爭已大相逕庭；現代的戰爭為了政治目的已可悲地背離了其原
始精神。原始戰爭本身沒什麼好辯護的：從一開始它就無可避免地播
下了現代戰爭的種子。但是唯一讓人類陷於困境的，卻是超越最初踰
越原則的現代有組織戰爭。

第七章

殺人與獻祭

對死亡禁忌的宗教解禁，獻祭與被視為神聖的動物

肆無忌憚大肆殺虐的戰爭早已超越宗教的範疇。但是與戰爭同樣無視於殺人禁忌的獻祭，卻是不折不扣的宗教行為。

沒錯，祭品犧牲被視為獻神的貢品，可能與血淋淋的殺戮無關。不要忘了，絕大多數情況下，人們以宰殺動物作為祭品犧牲。動物經常成了犧牲的替代品：隨著文明的進展，殺人作為祭品看起來太過可怕。不過，這並非以動物為犧牲的最初理由。就我們所知，最原始的祭品是動物，以人為祭品反而是較為晚期的事。目前我們眼中人、獸之間的巨大分野似乎是新石器時代人類開始豢養動物之後，才開始出現。禁忌也有助於區分出人與動物：事實上只有人類遵守禁忌。不過，在原始人類眼中，動物與人類並無不同；甚至由於動物不受禁忌約束，動物還被視為比人類更神聖、比人類更神奇。

最古老的神祇大多數是動物；牠們不受制於從根本箝制人類作為主宰者的禁忌。起初，殺害動物可能引發褻瀆的強烈感受。集體被殺死的動物被賦予神格的意義。被當作祭品犧牲使其被神格化、被神奇化。

身為動物，這些受害者早已被視為神聖。神聖的特性與暴力受到的詛咒有關；而動物則從未放棄賦予牠生氣的暴力本能。在原始人類眼中，動物一定知道一項基本法則[1]；牠不可能不知道作為其動力的暴力本身就是對此法則的違背。動物的本質就是有意識地、大剌剌地無視於此法則的存在。尤其是透過代表極致暴力的死亡，動物的暴力更如脫韁野馬，完全掌控自身。如此神奇狂暴的暴力將作為祭品的動物高高地提升在人類汲汲營營、平淡的世界之上。跟人類充滿算計的生活相較之下，死亡與暴力是一種脫序，對賦予人類社會秩序的法律規章不屑一顧。對天真的原始人類心靈而言，死亡意味著違規、不遵守規定的結果。再一次，死亡以暴力顛覆了合法的秩序。

死亡使得動物既有的踰越本質臻於完美。死亡滲進入動物的存在深處；而血淋淋的獻祭則揭露了此一深度。

現在讓我們再度回到在〈前言〉中提過的主題：「對我們不連貫的生命而言，死亡代表了生命的接續」。

關於獻祭，我曾寫過：「在獻祭中作為祭品的犧牲遭到殺害，與祭者則沉浸在其死亡所揭露的氛圍中。這就是宗教史學家所謂的神聖氛圍（sacré）。神聖所指的就是向在肅穆儀式中目睹不連貫生命死亡的觀者所透露出的存在接續。在暴力死亡中，不連貫的生命遭致斷裂；倖存下來的、現場焦慮的觀眾在緊接著的寂靜中所經驗的，是受害者所被託付的存在接續。唯有透過這種宗教集體、肅穆、引人注目的殺戮方式，方能揭露出平常為人所習慣忽略的。此時如果不能借助於個人（也許是兒時）的宗教經驗[2]，我們將無法進入這些目睹者的內心深處。所有這一切讓我們相信，原始獻祭中所謂的神聖（sacré）本

1　亦即暴力受到詛咒。

2　巴代伊與大多數在場法國聽眾皆（曾）是天主教徒。

質上類似目前宗教中所說的神奇（divin）」[3]

在我現在所探究的發展中，神奇的接續與踰越規範不連貫存在的法律有關。身為不連貫存在的人類努力企圖在此不連貫中持續下去。不過死亡，或至少對死亡的凝視冥想，使他們回復到連貫接續的經驗。

這點非常重要。

一旦禁忌開始運作，人類即與動物分道揚鑣[4]。人類企圖藉由禁忌擺脫死亡、與繁殖（暴力）的過度主宰，而動物對於這些力量的糾纏則無所遁形。

但是在踰越的次要衝動中，人類卻又再度向動物靠近。他看到動物如何避開禁忌的規範、仍舊向主宰死亡與繁殖世界的暴力（脫序）開放。此一人類與動物再度契合的反彈似乎符合岩洞繪畫時期的人性。此時期的人類已經是近似我們的人類，他們出現的時機晚於近似猿人的尼安德塔人。這些人留下了我們今日所熟知、關於動物的精采畫作。不過他們本身卻極少出現在畫中：即使出現，也是以偽裝現身。他們隱藏在某些動物輪廓之後，並戴上其面具[5]。至少較為成型的人類圖像有此怪異特色。當時的人性想必以自己為恥，而不像我們以身上的原始獸性為愧。對於人類最初的基本決定，這些人並未予以推翻；舊石器時代晚期的人仍遵守關於死亡的禁忌：他們仍繼續埋葬親屬的遺體。此外，我們也沒有理由懷疑他們對尼安德塔人可能知道的性禁忌（此一亂倫與月經禁忌是我們所有行為模式的基礎）一無所知。但是，與動物獸性的再度同調不可能單方面一味地遵守禁忌[6]。企

3　見本書頁59。（原注）

4　人類的禁忌使人與動物分道揚鑣；而人類對禁忌的踰越又再度使人類與動物結合。

5　踰越禁忌的人類已回歸動物的獸性。

6　與動物（獸性）的再度同調意味著對禁忌的踰越。

圖在尼安德塔人所處的舊石器時代中期與舊石器時代晚期（我們從古
人的習俗與古代文獻可看出，這時期踰越行為似乎開始盛行）之間找
出明確的結構性改變將會有所困難。我們只能加以臆測，但是我們大
可按理推測，如果岩洞壁畫中的獵人真的如一般所想像地會施展感應
魔法（magie sympathique）的話，那他同時也有動物是神聖的想法。
動物是神聖的這種想法意味著對最古老禁忌的遵守，伴隨著對這些禁
忌有限度的踰越。這點跟後來的發展類似。一旦人類對獸性稍作妥
協，我們即踏進了踰越的世界。透過對禁忌的維持，踰越的世界結合
了人性與獸性，因此進入了神奇的世界（神聖的世界）。我們對於展
現這些改變的形式一無所知；也不知道當時是否宰殺犧牲[7]。對這些遠
古人類的情色生活，我們也所知有限（我們所知僅限於常見的勃起陽
具圖像）。不過我們的確知道，這個新生的世界視動物為神聖，而且
應該一開始就被踰越的精神所撼動。踰越的精神是死亡動物神祇的精
神，其死亡啟動了暴力，且不受宰制人類的禁忌所左右。事實上，禁
忌既無法左右真實的動物也無法影響神祕的獸性；禁忌也無法節制擁
有絕對權力的主宰者（souverains），這些人的人性隱藏在動物面具之
下。此一新生世界的精神剛開始時令人無法理解：這是個與神奇混淆
的自然世界。不過對於任何思想與時俱進的人而言[8]，這個世界很容易
理解：人類社會靠著否定獸性或自然而成型[9]；之後，此一人類又自我
否定，但在否定自我的同時卻沒回歸到最先所否定的獸性或自然。

---

7 蒙特斯班（Montespan）岩洞中無頭熊的模型（H. Breuil,《石窟藝術四百個世紀》[*Quartre
Cent Siècles d'Art Pariétal, Montignac*] 1952, pp. 236-238）也許和舊石器時代晚期末以熊為犧
牲的儀式有關。我覺得西伯利亞或日本阿伊努的獵人宰殺捕捉到的熊儀式淵源久遠，可
以與蒙特斯班岩洞中無頭熊模型的意涵相互對照比較。（原注）
8 或者可以說任何懂得辯證思維、懂得透過反面學習的讀者。（原注）
9 更精確地說，是靠工作成型。（原注）

　　這樣的世界當然不是舊石器時代晚期的世界。如果我們將它當作
是岩洞壁畫所畫的世界，有助於對這時期與當時作品的瞭解。不過根
據最初的文獻，這個世界真正出現的時間要稍微晚一點。這點也可從
人種學與現代科學對古人的觀察中獲得證實。對古埃及人與古希臘人
而言，動物代表著至高無上的存在（une existence souveraine）[10]，賦予
人們死亡在獻祭中所頌揚神祇的最初形象。

　　這些形象必須被視為是我企圖提供給世人的原始獵人圖像的一部
份。我必須先提這個原始狩獵的世界，因為當時的獸性構成了人類暴
力躲藏、以便凝聚的大教堂。的確，岩洞壁畫的獸性與以動物為犧牲
祭品相輔相成，有助於我們對雙方的瞭解。有關動物犧牲的知識有助
於我們對岩洞壁畫的瞭解；關於岩洞壁畫的知識亦有助於我們對動物
犧牲的認識。

對焦慮的超越

　　產生禁忌的焦慮態度使早期人類面對生命的盲目衝動時拒斥、退
縮。被工作所喚醒的早期人類意識，面對著蜂湧而至、令人昏眩的不
斷新生與無可避免的死亡而感到不安。整體而言，生命是由繁殖與
死亡所構成的巨大活動。生命不斷地繁衍，目的卻是毀滅所孕育的
生命。早期人類對此深感困惑。他們透過禁忌的拒斥企圖終止死亡與
繁衍的不斷循環。不過人類從來不甘於為禁忌所拘束，一旦受禁忌所
困馬上思索脫困之道：人類對禁忌的踰越與當初制定禁忌同樣明快果
決。人性似乎是由焦慮所組成：不只是焦慮，還包括被超越的焦慮，

10　Souverain（e）是本書常出現的字眼，在巴代伊思想中有一定的分量。本譯文可能將它譯
　　成「主宰者、君王、至高無上的」，視其上下文而定。

與對焦慮的超越。本質上，生命就是一種過度；生命就是生命的揮
霍。生命毫無節制地耗盡其能量與資源；生命毫無節制地毀滅自己所
創造的一切。大多數活著的人對此行動都採取消極被動的態度。然
而，在極端情形下，我們堅決渴望冒險犯難。

我們並不會永遠具有此冒險犯難的意志力；我們的資源會枯竭，
有時我們的慾望也會委靡不振。如果遇到太過危險，或是一定會喪命
的情況下，此時慾望原則上會遭到抑制。不過，如果我們運氣好的
話，我們最熱切渴望的事物最可能將我們帶向瘋狂耗費與毀滅之途。
不同的人對精力、金錢上的巨大耗損或嚴重的死亡威脅有著不同的忍
受度。在能力許可（這裡牽涉的是能力的量）的情況下，人們追尋最
巨大的損失與最高度的危險。我們很容易相信與此相反的說法，因為
大多數的人沒什麼能力。但是一旦有了能力，人們馬上大肆消費，並
將自己暴露在危險中。任何有能力、有辦法的人一定不斷消費，且將
自己不停地暴露在危險中。

為了闡明上述普遍有效的主張，我將暫時跳脫遠古時代與古老習
俗。我將提出一個我們大多數人都經驗過的熟悉現象供大家參考。我
指的是廣受歡迎、通俗的「偵探小說」。這些作品通常是關於主角的
不幸遭遇與所受到的威脅。少了這些困難與焦慮，其生活將無法激發
讀者閱讀的熱情、無法引起他們的共鳴。小說的虛構特質以及讀者閱
讀時安全無虞、不會遭到波及等事實經常導致讀者無法看清這點；但
事實上我們藉由閱讀間接地過著現實生活中我們自己沒有足夠精力過
的生活。從閱讀偵探小說中，我們經驗了別人的冒險所帶來的慘痛損
失與冒險犯難的快感，但卻不用感到太過焦慮而且樂在其中。如果我
們享有無限的精神資源，我們自己也想過著這樣的生活。誰沒夢想過
當小說中的主角？我們的謹慎——或膽怯——勝過這股慾望；但如果
我們談的是最深層、只因懦弱而無法達成的慾望，從我們熱情捧讀的

小說中可見端倪。

　　事實上，文學出現在宗教之後，可以說是宗教的繼承者。獻祭是部小說、是篇有著血腥插圖的故事。或者說，它可被視為是齣劇本的雛形，不過僅剩下作為祭品的動物或人獨挑大梁、擔綱至死的最後橋段。祭祀儀式是神話（本質上是神的死亡）的再現，只在特定日子裡舉行。所有這些應該都不足為奇；在天主教彌撒的祭儀中，甚至每天以象徵的形式在進行。

　　焦慮的遊戲總是一成不變：人們最大的焦慮、至死方休的焦慮，就是企圖透過死亡與毀滅，最終得以超越焦慮。不過要超越焦慮只有在一個條件下才有可能：焦慮應與當事者的感受相稱。

　　在獻祭中，人們希望感受到最大限度的焦慮。但一旦達到限度，退縮乃勢不可免[11]。人類經常取代動物成為祭品，可能是隨著人與動物的差距加大，動物的死已部份喪失原先令人焦慮的價值。後來，相反地，隨著文明的進展，以人為祭品看起來過於野蠻，動物反而有時取代人類當祭品。以色列人血淋淋的獻祭引人反感已經是相當晚期的事。更後來的天主教教徒則只懂得象徵性的犧牲。人類必須尋找出與導致大量死亡的自然奔放和諧相處之道；為此，人類當然需要有能力。否則，人類將只會感到噁心，因而進一步強化了各種禁忌的力道。

11　在熟悉犧牲的阿茲提克人中，若有人因不忍心見到自己孩童被處死而掉頭離去者，會被處以罰款。（原注）

第八章

從宗教獻祭到情色

基督宗教與對踰越神聖本質的誤解

我在〈前言〉中提過，古人曾將性愛與獻祭做一比較。對於獻祭，古人比我們有更直接的情感。此一儀式離我們已相當久遠。天主教彌撒中的祭儀是其遺緒，但鮮少能留給我們生動的印象。儘管耶穌被釘死在十字架的意象縈繞腦際，但我們很難將血淋淋的獻祭與彌撒聯想。

主要的困難在於，基督宗教對於任何踰越法律的舉動普遍嗤之以鼻。沒錯，福音書中的確鼓勵人們不要只拘泥於文字上的禁忌，而忽略其真正的精神。不過這種踰越出自於對禁忌本身價值起了質疑，而非意識到禁忌的價值而刻意加以踰越。關鍵是在十字架上犧牲的意義中，踰越的本質已遭扭曲。此一獻祭涉及殺人，而且是血淋淋地殺人。其踰越意義在於殺人有罪，而且是所有罪行中最嚴重的。不過在我所討論過的踰越中，犯罪（如果有的話）與贖罪（如果有的話）皆是意向明確、行為果斷的結果。此明確的意向就是導致我們今日無法理解古人態度的原因：這令（我們的）思想感到憤慨。我們一想到居然有人故意去踰越看似神聖的法令就感到不安。但是十字架上的罪行

卻不被主持彌撒的神父所允許。錯誤在於這些行為者的盲目無知；我
們相信如果他們事先知道的話，就不會如此做。沒錯，天主教會吟唱
著Felix Culpa：快樂的罪行！看來有人認為此罪行是有其必要。天主
教會所吟唱的共鳴與原始人性的深層思想同調，不過卻與基督宗教的
情感邏輯不協調。誤解踰越的神聖本質是基督宗教的基石，雖然在其
頂盛時期，有些神職人員也曾贊成這些超越限制、解放的、顛覆性弔
詭。

古代對獻祭與情色媾合的比較

此項對踰越本質的誤解使得古人將性交與獻祭類比之舉喪失了意
義。如果踰越不是根本的話，那麼獻祭與性交就失去了相似點。作為
一種故意的踰越，獻祭是種目的在於突然改變受害者的命運：受害者
被置於死地。被當作犧牲的受害者在被殺害之前，遭到單獨囚禁。如
我在〈前言〉裡所說的，他的存在因而不連貫[1]。但在死亡中，此生命
雖失去了個別屬性，卻回歸生命的接續。此一暴力行為剝奪受害者有
限的屬性，卻賦予他屬於神聖領域的無限；此一具深層意義的暴力是
項故意的舉動。這與將自己覬覦、渴望交媾的對象的衣服剝光，同樣
是故意的行徑。愛人瓦解其所愛的行徑不下於血腥的獻祭者殺害作為
祭品的人或動物。落入攻擊者手中的女子被剝奪了其存在。隨著羞恥
心的消逝，將她與他人隔絕、使她不可侵犯的堅固障礙也隨之瓦解：
突然，她接納了生殖器官所釋放出的性嬉戲暴力，接納了從外面入侵
的非個人暴力。

對此，古人可能無法提出仔細的分析說明，這需要熟悉辯證者方

---

1   參閱頁51。（原注）

以致之。若要精確地掌握獻祭與性交這兩項深刻體驗的相似處，除了必須具有最初的現場經驗外，還要能結合眾多不同的論述主題。我們已無法掌握其最深刻的面向與整體全貌。不過，獻祭時虔誠的內在經驗與爆發情色時的內在經驗可能落在同一個人身上。這樣一來，即使他無法精確地指出兩者的相似點，至少兩者間類似的感受是可能的。但是隨著基督宗教的興起，此一可能性已然消失，因為基督宗教的虔誠排斥以暴力直探存在奧祕的意願。

獻祭的肉體與性愛的肉體

　　獻祭的外在暴力所揭露的正是血流如注、腸肚外溢的受害者的內在暴力。這些血與洋溢著生命的器官與我們在解剖學上所看的有所不同：我們唯有透過內在經驗，而非現代科學，方能恢復重建古人的感受。我們可以推想現場充斥著血淋淋的腫脹器官與生命的非個人滿盈。在個別動物的不連貫生命死後，其生命的器官連貫透過享用祭品的神聖儀式，得以跟與會者的共同生命接續。在肉體生命湧現與死亡寂靜的氛圍下吞食這些肉體，仍具有野蠻的味道。現在我們只食用經過料理、不再活蹦亂跳、沒有生命的食物。獻祭將飲食與死亡所揭露的生命真相結合在一起。

　　一般而言，獻祭結合生命與死亡，一方面賦予死亡生命的洋溢，另一方面給予生者死亡的沉重、暈眩與開放。這是生與死的混合；但在其中，死亡同時也是生命的徵兆，通往無限之門。今天，獻祭已然遠遠超出我們的經驗之外，我們必須以想像力取代實際的獻祭。不過即使獻祭本身與其宗教意義離我們遠去，我們也不能忽視那怵目驚心景象所引起的反應：噁心。我們必須將獻祭想像成是對噁心的超越。不過如果少了神聖的轉化，個別的景象最終可能還是令人噁心。今

天,宰殺肢解牛隻的畫面往往令人噁心;但餐桌上的佳餚則不應令人
有此聯想。因此我們可以說,當前的經驗逆轉了獻祭中的虔誠行為。

　　如果我們思索性愛與獻祭的相似度,此一逆轉具有重大意義。性
交與獻祭所暴露的都是肉體。獻祭以器官的盲目抽搐取代了動物有序
的生命。情色的抽搐也是同樣景致:它解放了洋溢的器官,任其盲目
脫序超脫情人思慮過的意志掌控。緊跟在其思慮意志後頭,是充血器
官的獸性衝動。不再受理性掌控的暴力活絡了這些器官,使其腫脹到
了爆破的臨界點。突然間,因此爆發屈服而頓感心曠神怡。由於意志
的缺席,肉體的衝動超越了限制。肉體是我們身上與端莊作對的過
度。肉體是受制於天主教禁忌者的天生敵人。但是,如我所相信的,
如果這世界上的確存在著某種普遍而模糊的禁忌,因時、地不同而對
性自由採取不同形式限制的話[2],那麼肉體就代表著此一具威脅性自由
的回歸。

肉體、端莊、與關於性自由的禁忌

　　當我最初談論到關於性的普遍禁忌時,我因為不能 —— 或不
願—— 替它下定義而選擇迴避。說真的,此禁忌因為永遠不容易討
論,所以無法加以定義。端莊的標準因地制宜、隨機而變,甚至因人
而異。這就是為何我截至目前為止,將自己的討論侷限在可以掌握的
議題上,如亂倫與月經禁忌,而將其他與性有關而較廣泛的譴責挪到
後頭。這些我將稍後再行討論:而在設法給此一模糊的禁忌下定義之
前,我甚至將先行思索對此禁忌的踰越。

　　首先我想再回到更前面一點。

2　　請參看前面頁66-68。(原注)

　　在我看來，如果真有禁忌的話，那是關於某一基本暴力的禁忌。此一暴力存在於肉體：決定繁殖器官嬉戲的肉體。

　　我企圖透過對這些性器官嬉戲的客觀觀察，獲取超越肉體的基本內在表現。

　　首先我想指出的是先前提過的，被當作犧牲祭品的動物死亡時所揭露出的滿盈的內在經驗。在情色底層，我們體驗到的是爆裂與爆炸時的暴力。

第九章

性的滿盈與死亡

被視為是種成長模式的繁殖活動

整體而言，情色是對禁忌規範的破壞，是人類特有的活動。雖然人類脫離野獸之後才有情色，但獸性還是情色的基礎。對此一獸性基礎，人類雖感到驚恐並企圖迴避，但同時卻又加以保存。獸性在情色中獲得妥善保存，以至於「動物性」或「獸性」一詞往往被與情色聯想。將對性禁忌的踰越形容為「回歸自然」（以動物為代表）並不妥當。然而，禁忌所反對的行為類似動物的行為。性行為總是被與情色聯想，肉體性行為與情色的關係就像大腦跟思想的關係：身體仍是思想的客觀基礎。如果我們想以相對客觀的角度觀察情色的內在經驗，除了相關資料外，我們尚須考量動物的性功能，甚至還要予以特別重視。事實上，動物的性功能有助於我們瞭解內在經驗。

既然如此，為了進入內在經驗，我們現在先談談物質條件。

在客觀現實層面上，除非性無能，生命總是動員了過多的精力，必須予以消耗。這些過多精力實際上透過整體成長所需的消耗或單純

的遺失加以排除[1]。由此看來，性基本上有其曖昧的面向：即使是不以
生殖為目的的性活動，原則上還是種成長活動。整體而言，性腺呈現
增長趨勢。為了更瞭解相關活動，我們必須回到分裂生殖這項最簡單
的繁殖行為。分裂生殖的有機體成長到一定的程度會一分為二：原來
的A細胞分裂成A1與A2。此過程與A細胞的成長有關，因為與A原
先所處的狀態相較之下，A1與A2代表著A細胞的成長。

　　值得注意的是，A1雖然與A2有異，但兩者與A均無不同。A的
某些部份繼續存在A1中，某些部份則繼續存在A2中。我稍後會再回
來討論分裂生殖這種使成長有機體的一致性遭到質疑之令人不安的特
質。目前我想強調的是：繁殖只是成長的形式之一。這點從個體的加
倍繁衍可看得很清楚；而個體的加倍繁衍又是性行為最明顯的結果。
不過人類透過性行為的繁殖只不過是原始分裂生殖、無性生殖圈的
一個面貌。跟個別有機體的所有細胞一樣，人類性腺本身也是分裂生
殖。根本上，所有生命的結合都會成長。成長到滿盈的地步時，它就
會開始分裂；但是成長（滿盈）是分裂的條件。在生物界，我們稱此
分裂為繁殖。

整體的成長與個別的貢獻

　　客觀而言，如果我們做愛，牽涉到的是繁殖的問題。
　　因此，按照我先前的說法，這也就是成長的問題。不過，這不是

1　我們只要看看社會上的經濟活動，這一切就了然於胸。人體的活動則較難以捉摸：人體
　　的成長與性功能的發展有一定的關係，兩者均靠腦下垂體而定。我們無法規則地測量人
　　體卡路里的消耗，到底是有助於人體的成長或是對於性行為有幫助。但腦下垂體有時使
　　精力適合性功能的發展，有時則適合人體的成長。因此巨人症對性功能有礙，青春期提
　　早也可能導致不再發育，不過這些都仍有疑問。（原注）

我們的成長。無論是性交或分裂生殖都無法確保正在繁殖（不管是透過性交或是更簡單的分裂）的生命自身的成長。繁殖所帶來的是非個人的成長。

我先前所提有關耗損與成長的基本對立，在某種情況下也可看作是非個人的成長（而非單純的損失）與個人成長之間的對立。只有不涉及任何改變的成長才算是基本的、自私的成長。如果此一成長有利於個人或超越個人的整體的話，這就不再是成長而是貢獻（don）。對貢獻者而言，做出貢獻是對自己所有的損失。貢獻者終將重新找到自我，不過首先他必須付出。為了整體的獲利，他必須幾乎全盤放棄自我的成長。

無性繁殖與有性繁殖中的死亡與接續

首先我們必須仔細思索分裂所引發的問題。

在無性的有機體 A 內部原先已有接續。

當 A1 與 A2 出現時，此接續並未立刻被排除。知道此接續是一開始或到了危機結束時才消失並不重要，但的確有段暫停時間。

在這段期間，尚未成為 A1 的部份仍與 A2 有所連貫，但整個細胞的滿盈威脅著此一接續。細胞的滿盈導致其生命開始逐漸轉變、乃至分裂；但是在它轉變、分裂的關鍵時刻，即將彼此對立的兩個生命在此時尚未有所差異。此一分裂危機來自於滿盈：尚未分裂、而是處於模稜曖昧的狀態。生命達到滿盈時，便由原先的休憩平靜狀態變成暴力騷動。此一混亂、騷動侵襲整個連貫的生命。起初在連貫狀態中引發的騷動暴力召喚了分裂的暴力，因而導致了不連貫。兩個不同個體完成分裂後再度恢復平靜。

這些導致一個、兩個新生命誕生危機的細胞滿盈，與導致性繁殖

危機的男女性器官滿盈相較之下，可說相當簡單、基本。

不過，兩種危機本質上有些相同點。首先，兩者都起源於滿盈洋溢。其次，兩者均與繁殖者和被繁殖者的全體生命成長有關。最後，兩者皆涉及個體的消失。

分裂的細胞不會死亡是個錯誤的觀念。事實上，A細胞並未能在A1或A2中倖存下來；A1與A或A2都不同。嚴格說來，A細胞在分裂過程中已不復存在，A細胞已然消失，A細胞已經死亡。它沒留下任何痕跡，也沒有任何遺骸；但它的確死了。細胞的滿盈在創造中死亡、在危機解除中結束；但從中卻也出現了新生命（A1與A2）的接續。原先唯一的存在現在則隱藏於兩個不同的個體。

兩種不同繁殖方式最後這項共同點至為重要。

在這兩種實例中，最後都顯現出生命的全盤連貫。（客觀而論，此一連貫是透過繁殖的過程，由一個生命賦予另一個生命，由個別生命賦予全體其他生命）。但是，每次當深層連貫出現時，消除個別不連貫的死亡總會現身。無性生殖死亡的同時也避開了死亡：在無性生殖中，死亡的個體消失在死亡中；死亡變得複雜。從這層意義上看來，無性生殖是死亡的最後真相：死亡宣告所有生命（與存在）根本的不連貫性。只有不連貫的生命才會死亡；而死亡也揭露不連貫的謊言。

回到內在經驗

在有性生殖中，生命的不連貫比較沒那麼脆弱。不連貫的生命死亡後並未完全從人間蒸發，他還留下了甚至可以永久保存的遺骸。骨骸可以保存數百萬年之久。最高層的有性生物企圖、甚至應該相信自己的不連貫生命是不朽的。儘管他的大部份組成份子會腐爛，但由於

受到某些殘存部位的誤導，他視自己的「靈魂」、其不連貫為最深層的真相。由於骨骼的持久性，他甚至幻想著「肉體的復活」。在「最後的審判」時這些骨骼會再度組合，而復活的肉體會召喚靈魂歸位。在此外在條件的誇大發展中，有性生殖中同樣基本的連貫卻消失了：遺傳細胞分裂，但從分裂出的細胞中仍能客觀地掌握原先的一致。在分裂生殖中，基本的連貫總是很明顯的。

在生物連貫與不連貫的層面上，有性生殖唯一的新事實是兩個微小個體細胞——精子與卵子——的結合。不過，此一結合透露出基本的連貫：從中一度消失的連貫可被重新找回。有性生命的不連貫本質使得整個世界顯得相當沉重。每個孤獨生命之間的隔閡更是建立在可怕的基礎上：對死亡與痛苦的焦慮賦予了這道隔閡之牆監獄城牆所特有的厚重、憂鬱與敵意。不過在此憂鬱世界內，在受孕中仍可以重新找回失去的連貫。最簡單生命表面上的不連貫若非圈套的話，此一受孕結合將無法想像。

只有複雜生物的不連貫在剛開始時不可觸犯。我們似乎無法想像他們的不連貫被化約成單一或分裂成雙（「遭受質疑」）。動物發情時的滿盈洋溢是其孤獨的關鍵時刻。在此關頭，對死亡與痛苦的恐懼早已被置諸腦後。在此關頭，同物種之間的相對連貫感遽然竄升。此種感覺一向隱身幕後，與表面上的不連貫形成一種不嚴重的對立。奇怪的是，在同性生物中，情況就不完全一樣。原則上，似乎只有次要的差異[2]才能彰顯出其深層的相同點。同樣地，只有在事物已經逝去時，相關的失落感才特別強烈。性別的差異在強化同物種間模糊的連貫感的同時，似乎又予以背叛、傷害。在如此檢視客觀的資料後，我們也許不應該將動物的反應與人類的內在經驗相提並論。科學的觀點

2　在此次要的差異指的是同物種間性別的差異。

很簡單：動物的反應是由生理事實所決定。的確，對於觀察者而言，物種的相似是生理的事實；性別的差異也是另一個生理現象。但是經由差異凸顯出其相似處則是奠基於內在經驗。我所能做的就是順便強調此一轉變。這是本書的特點。我相信以人為對象的研究在許多地方被迫做此轉變。科學研究將主觀經驗降到最低點；我則有系統地將客觀知識減到最少。事實上，當我提出有關繁殖的科學資料時，無非是私下企圖加以轉換。我知道自己無從得知動物的內在經驗，更不用說是微生物的內在經驗；我也無法妄加臆測。但微生物跟複雜生物一樣內部具有經驗：從存在本身（l'existence en soi）過渡到為自己存在（l'existence pour soi）並非複雜生物或人類所獨具的本能。甚至連比微生物更低等的惰性粒子都具有此一為自己存在的本能。我喜愛稱此一為自己存在為內部經驗或內在經驗，雖說這些名稱沒有一個真正令人滿意。從定義上，此一我無法擁有、也無法臆測的內在經驗基本上意味著自我的感覺（sentiment de soi）。此一基本感覺並非自我的意識（conscience de soi）。自我的意識是由對客體的意識所引起，這點只有人類才明顯具有。但是自我的感覺必然因不連貫個體自我隔離的程度而有所變化。此自我隔離程度的大小，根據客觀不連貫的機會而定，與連貫的機會成反比。這與想像的界線是否堅定、穩固有關；但是自我的感覺則依隔離的程度而變。對隔離而言，性交是項危機。我們從外瞭解性行為；但我們知道它弱化了自我的感覺，對自我的感覺起了質疑。我所說的危機，指的是客觀所知事件的內在效果。就客觀所知，此一危機會造成根本的內在改變。

有性生殖的客觀事實

此項危機的客觀基礎是滿盈。在無性生殖中，這點從一開始就出

現。細胞會成長：成長決定繁殖以及之後的分裂；成長會決定此一滿盈個體的死亡。在有性生物中，情況就沒那麼清楚。不過精力滿盈洋溢仍然是性器官展開行動的基礎。而且，跟較為簡化的生物一樣，此一滿盈洋溢會操控死亡。

　　精力的滿盈洋溢並未直接造成死亡。一般而言，有性生物經歷精力的滿盈洋溢、甚至是此洋溢所導致的過度行為，但仍能免於一死。只有在極罕見的例子中，死亡才是性交危機的結果。不過，我們必須指出，這少數案例的意義重大，以致性交高潮痙攣後的虛脫被稱為「小死」（la petite mort）[3]。對人類而言，死亡永遠象徵著波濤洶湧後的退潮，不過這不僅僅是遙遠的類比而已。我們永遠不應該忘記生物的繁殖與死亡緊緊相扣。父母親在子女出生後還繼續活著，不過此一倖存只是暫時的延緩。他們得以繼續活著，部份原因是因為新的生命需要幫助；但是新生命的誕生擔保其父母生命的殞落。有性生命的誕生即使沒有導致父母的立刻暴斃，但其死亡乃是遲早的事。

　　滿盈洋溢的後果必然是死亡，只有停滯狀態可以維持生命的不連貫（與其隔離）。對於任何企圖推翻隔離個體的障礙的行動而言，生命的不連貫是項挑戰。對生命——生命的行動——這些障礙也許暫時有其必要；因為少了這些區隔，任何複雜、有效的機制都不可能存在。但是生命是種行動，而生命中的點點滴滴都受此行動的影響。無性生物死於自我的發展、自身的行動。對於自己滿盈洋溢、蠢蠢欲動的精力，有性生物只能暫時抵抗。沒錯，有時他們因為己身力量的脆弱以及自我機制的崩潰而屈服；這點我們可以確定。生命不斷繁殖的唯一出路就是無以數計的死亡。一個可以靠人工方式延長壽命的世

3　將性高潮稱為「小死」（la petite mort）是十八世紀法國浪蕩思想（libertinage）常見的用法。

界將會是個夢魘，頂多將死亡時間稍微延緩罷了。歸根究柢，受到繁殖、滿盈洋溢生命所召喚的死神依舊會在盡頭等著我們。

兩個主、客觀基本面貌的比較

　　生命中繁殖與死亡息息相關一事無可否認有其客觀的一面；不過，就如我前面所提過，即使是最簡單的生命也確定有其內在的經驗。我們還是可以談論此基本經驗，雖然說我們與此經驗無法溝通。這是存在的危機：生命有受到危機考驗的內在經驗：生命在從連貫過渡到不連貫，或從不連貫過渡到連貫的過程中受到挑戰。我們承認，最基本的生物有自我的感覺、知道自己的限制。一旦這些限制遭到改變，此一基本感覺就受到侵襲，因而造成有此一生物的危機。

　　關於有性生殖，我已經說過，其客觀面向與分裂生殖最終是一致的。但是我們如果探討人類的情色經驗，似乎與這些客觀的基本資料有相當大的落差。人類情色中的滿盈尤其與生殖意識毫無關聯。原則上，我們的歡愉越是飽滿，越不會想到可能誕生的小孩。另一方面，最後痙攣之後的沮喪倒是讓我們預先嚐到了死亡的滋味。然而，死亡的焦慮或死亡本身與愉悅相較，卻是南轅北轍。我們如果意圖拉近繁殖的客觀事實與情色的內在經驗之間的距離，必須依賴其他因素。有一點是相當基本的：繁殖的客觀事實由內挑戰了自我的感覺、存在的感覺與孤獨生命對自我限制的感覺。繁殖挑戰了與自我的感覺必然息息相關的不連貫，因為自我的限制建立在不連貫之上。自我的感覺即使模糊不清，也還是不連貫生命的感覺。但是不連貫從來就不是絕對的。性愛時更是如此；性愛時，關於他人的感覺會超越自我的感覺，並引進與原初不連貫相反的可能連貫。性愛中的他人不斷地提供連貫的可能性；他人不斷地威脅要在不連貫個體所編織的無痕大衣中戳出

破洞。在動物生命舞台中，其他動物、其他同類不斷出現在後台。牠
們構成中立、也許是很基本的背景，但此背景在性交期間卻會產生關
鍵的轉變。此時，其他動物並未以正面形象出現，而是被負面地與滿
盈洋溢的動亂暴力聯想在一起。每個生命都為他人的自我否定出了
力。不過，此一否定並非承認對方為伴侶。吸引彼此的似乎不是同類
的近似，而是他人的滿盈洋溢。一人的暴力與他人的暴力相遇：雙方
均有一股超越自我（超越個別不連貫）的內在衝動。雙方的交集在性
高潮時（女性較為緩慢，但男性有時則迅如閃電）超越自我。動物交
尾時並非是兩個不連貫個體結合短暫構成連貫；牠們之間並沒有真正
的結合。這只是兩個被先天的性交本能以暴力湊合的個體，彼此分享
此一令牠們瘋狂（超越自我）的危機。這兩個生命同時向連貫開展。
但是在其模糊意識中，沒有任何東西殘存下來：危機一結束，彼此的
不連貫依然故我。這是個最強烈但同時卻也最微不足道的危機。

情色內在經驗的基本要素

　　在討論動物性經驗時，我擺脫了先前討論過、關於有性生殖的客
觀事實。我企圖根據微生物的資料，找出一條穿越動物內在經驗的途
徑。這樣做時我曾借助於我們人類的內在經驗，當然也瞭解動物缺乏
意識。我確實未任意添油加醋。何況，我只點出明顯突出的事實。

　　但對於先前提出關於有性生殖的客觀事實，我並非從此棄置不
用。

　　所有這一切在我們探討情色時會再度浮現。

　　談到人的生命，基本上指的是其內在經驗。我們所感知的外在現
象最後皆被化約成內在經驗。據我看來，情色中從不連貫過渡到連貫
的特質，在於對死亡的認知。在人類心靈中，對死亡的認知從一開

始就將不連貫[4]的中斷（與轉變到後來可能的連貫）與死亡連接在一起。這些我們從外所察覺的要素，如果事先沒有內部的經驗的話，將不具任何意義。此外，在死亡與滿盈洋溢有關這個客觀事實，與對死亡的內在認知所帶來的侷促不安之間，還有一大段距離。此一與性行為滿盈有關的侷促不安帶來深沉的虛脫。如果我事先沒能從外體認到其相同處，我如何能夠從滿盈與虛脫這個矛盾的經驗中，體會到人在死亡中超越了生命中——永遠是暫時的——個別不連貫？

情色一開始引人注目的是：一個精打細算、封閉的現狀被滿盈洋溢的脫序所動搖。動物的交媾引起同樣的滿盈脫序，但是並未遭遇抵抗或任何障礙。動物的脫序可以自由自在地沉溺於無邊的暴力中。在斷裂完成、狂暴洪潮平息後，孤獨再度閉鎖在不連貫的生命中。唯一能改變動物個別不連貫的是死亡[5]。除非動物死亡，否則，脫序狀態一旦過去，其不連貫依然故我。相反地，性暴力[6]在人類生命中割開一道傷口。這道傷口鮮少會自我痊癒，而必須加以縫合。而且如果沒時常焦慮地費心關注，此傷口還可能裂開。與性脫序相關的基本焦慮意味著死亡。此脫序暴力會在具死亡意識者身上，再度開展死亡所揭露的深淵。死亡暴力與性暴力的結合具有雙重意義。一方面，肉體越接近虛脫，其痙攣越是強烈；另一方面，身體的虛脫，只要時間許可，更有助於肉體的享樂。死亡的焦慮不見得有助於肉體享樂，但肉體享樂在死亡焦慮中卻更為激烈深刻。

情色活動不見得永遠具有如此公開、有害的一面；它也不一定造成如此的裂痕。但是私底下，此一裂痕卻是人類肉慾所特有、也是愉

4　對巴代伊而言，每個生命都是不連貫（的存在）。

5　按照作者的說法，對人類而言，能夠改變此一不連貫狀態的，除了死亡外，還有情色。

6　有別於一般認知中的性暴力。對巴代伊而言，性、死亡這些妨礙日常工作的運作的，都被視為暴力。

悅的動力。對死亡的害怕平時令我們摒住氣息，在高潮時刻則令我們窒息。

　　乍看之下，情色的原則似乎與此一弔詭的恐懼南轅北轍。情色源自於生殖器官的滿盈。此一危機起自我們身上的獸性衝動。但是這些器官並無法自由地發作失控。沒有經過意志的同意，它不可能發作。生殖器官的發作擾亂了人類效率與聲望所依賴的秩序體系。從性危機出現那一剎那，人的生命事實上就開始分裂，而其和諧也為之破碎。此時，肉體的滿盈生命與精神的抗拒相互衝突。光是表面的和諧還不夠：除了得到精神的同意與噤聲之外，肉體的痙攣還進一步要求精神的全面消失。對人生而言，這股肉體衝動非常陌生：只有當人生噤聲、銷聲匿跡時，它才能從人生中獲得解放。那些屈服於這股肉體衝動的人已不再是人類；他們已跟野獸一樣，受制於盲目暴力，且樂在盲目與遺忘中。唯有模糊籠統的禁忌反對此一暴力。我們對此暴力的認知並非來自外面的訊息，而是我們直覺它不符合基本人性的內在經驗。普遍的禁忌並沒有固定公式，因人、地、時空而異。基督神學所謂「肉體之罪」所要再現的，我們在許多極端的言論（例如英國維多利亞時期）、無效的公佈禁忌與對違反禁忌者隨機、前後矛盾的以暴制暴中都可看到。但只有我們在一般性行為中的經驗，以及此行為與社會所認可行為之間的扞格，讓我們體認到此行為有其非人性的面向。性器官的滿盈引發了人類異於平常的奇特行為。充血擾亂了生命所依賴的平衡。整個人突然發狂；我們對此並不陌生。但是如果一個對此現象毫無所悉的人，趁勢偷窺一位名媛貴婦發情的模樣，我們很容易想像他吃驚的程度。他可能會以為她生病了，病得像條發狂的狗。宛如這位高貴的名媛被發情的母狗附了身……。說她生病根本不足以形容。就在此刻，這位名媛死了。而她的死亡則讓母狗有機可乘；後者利用死者的銷聲匿跡，趁勢取而代之。趁死者銷聲匿跡的同

時，母狗達到高潮，且因高潮而呻吟哀嚎。名媛的回神令母狗全身冰
涼，結束了令牠迷失其中的享樂。性慾的解放並不見得像我所描述地
這樣暴力，但我所描述的仍具有最初對立的意義。

　　此衝動一開始出自於自然，但是除非排除障礙，否則無法完全紓
解此一衝動，以至於在人們心目中，自然驅力與排除障礙往往混淆一
起。障礙排除意味著自然驅力；自然驅力意味著排除障礙。障礙排除
並不是死亡。不過，如同死亡暴力完全——明確地——摧毀生命的建
築，性暴力也暫時在某一點顛覆了此建築結構。基督神學事實上將伴
隨肉體罪惡的道德淪喪比作死亡。在享樂高潮時必然有小小的斷裂
令人聯想到死亡；相對地，死亡的念頭也在享樂痙攣中扮演一定的
角色。這通常會成為危及整體穩定、甚至生命的踰越感。缺乏此踰越
感，自由解放根本不可能。不過，不光是此一自由事實上需要踰越；
如果缺乏踰越的證據，我們將感受不到完全性歡所必需的自由感。因
此，為了使已麻痺的心靈能夠再度享受最後的高潮至樂，有時一些猥
褻的情境是必要的（即使不是真的情境，一些性交時的幻想春夢也
行）。此情況不見得令人恐怖：許多女性如果沒幻想自己遭人強暴，
根本無法達到高潮。但是在此深具意義的斷裂底層，存在著無限的暴
力[7]。

7　暴力與情色撕裂呼應的可能性普遍而駭人。艾梅（Marcel Aymé）一向善於以直接、平易
　　近人的方式捕捉事物的平凡面向。我在此引用他作品《天王星》（*Uranus*, Gallimard, pp.
　　151-152）中最後一句話：「兩位謹慎、畏縮、獐頭鼠目的小資產階級從自家中文藝復興
　　式的飯廳斜眼窺視受刑的人們；他們在窗簾下相互撞擠、扭動，像狗一樣……」這段文
　　字描述的是一對同情受難者的夫妻在恐怖的血腥鎮壓後，觀看民兵遭受處決的情形。
　　（原注）

性自由禁忌（若非性禁忌）的弔詭

　　雖然性禁忌值得注意的是，這些禁忌從其踰越中一目了然。教育透露了其中某個面向，但此禁忌卻從未被明確果斷地表達出來。教育在傳達這些禁忌時，時而避而不談，時而偷偷摸摸地告誡。人們往往是在偷偷摸摸地試探──開始時只是局部地──禁忌園地時，才直接發現禁忌的。剛開始時，再沒有比禁忌園地更具神祕色彩的了。我們得以認識混雜著神祕的愉悅；這意味著禁忌在譴責愉悅的同時也予以明確化。踰越所透露的信息當然並非亙古不變；五十年前此性教育的弔詭情況可能更為明顯。我們的性行為在世界各地，而且可能始自最原始時期，一直被侷限為私密的行為；雖然程度容有不同，性行為在世界各地總是被視為有損尊嚴。因此，情色的本質就在於性愉悅與禁忌之間無法分割的結合。就人類而言，禁忌讓人聯想到性愉悅；同樣地，性愉悅令人聯想起禁忌。這其中的基礎是自然的衝動；在童稚時期這股衝動只能單獨運作。在那個階段我們並無法感受任何人類所特有的快感，至少我們對此毫無記憶。我可以想像有人會持不同意見；凡事總有例外。但是這些反對意見或例外都不足以撼動此一確定的立場。

　　在人類圈子中，性行為已脫離動物的簡單模式。人類性行為本質上是種踰越。但並非是回復到禁忌之前的最初自由。踰越是工作所造成的人性表現。踰越本身也是有組織的。整體而言，情色是有組織的行動；因為是有組織的行為，所以會隨時間而變。我將努力描繪一幅變化多端的情色圖像。起初，情色出現在初步的踰越中；而婚姻無論如何可以說是一種初步的踰越。但是真正只有在較複雜的情色形式中，踰越的特質才越來越明顯。

　　踰越的特質就是犯罪的特質。

| 第十章 |

婚姻與集體性狂歡中的踰越

被視為踰越的婚姻與封建領主的初夜權

婚姻最常被視為與情色沒有多大關係。

每當一個人的行徑與平常習慣或標準大相逕庭之時,我們就使用情色這個用語。情色讓我們瞥見被正經的外表所掩飾的一面:被掩飾的這一面所揭露的是我們通常引以為恥的情感、身體部位、與生活習性。我們必須強調的是:這些表面上與婚姻不相干的面向,自始至終在婚姻中都感受得到。

首先,婚姻使得性行為合法化。「不可姦淫」。即使在最嚴謹的社會裡,婚姻至少不會受到質疑。然而我談的是婚姻基礎中的踰越特色。乍看之下這也許有點矛盾,但是我們必須想像一些完全合法的踰越案例。尤其是我們先前已討論過的獻祭,本質上便是對禁忌的儀式性突破:所有的宗教活動意味著允許規則在特殊情況下被例行性打破的弔詭。因此,我將婚姻視為是種踰越也許有點弔詭,不過允許法律被合法打破本來就是弔詭的。因此,就如同獻祭中的殺人既是種禁忌,但卻又被儀式性地執行著,婚姻初夜的性行為,也是種被允許的違規行為。

身為父親或兄弟的近親雖然對其女兒、姊妹擁有特權，但他們可能將此特權讓渡給外來的陌生人。身為外來者所具有的不尋常權力賦予他踰越的特權，也就是婚姻中的初夜權。這只是一項假設。但是如果我們要決定婚姻在情色中所扮演的角色，這一點不容忽視。無論如何，從我們日常經驗中可以感受到婚姻中長期的踰越特色。這點光是從民間的婚禮中就可看得一清二楚。性行為不論是在婚姻裡或婚外，總帶有犯罪的意義。如果牽涉到處女時，情況更是如此：總是帶點第一次的味道。在這種意義下，我覺得我們可以談論外來者所特有的踰越的權力；而這是遵守同樣規範、與她居住在一起的父親與兄弟所缺乏的。

性交被籠統的禁忌視為羞恥之事，而與處女第一次性交這種嚴重的違紀通常會求助於具有踰越權力的外來者。這項行為通常會委託給具有踰越禁忌——未婚夫本人通常不具有——的權力者。這些人必須具有主宰者的特質：此一特質使他們得以擺脫約束一般老百姓的禁忌。原則上，從事神職者應該是理想的人選；但是在天主教世界中，這樣的神職人員根本匪夷所思。因此，過去由封建領主享有新娘初夜權的習俗於焉建立[1]。性交或至少第一次的性接觸在當時顯然被認為是危險的禁忌；不過主宰者或神職人員有能力得以接觸神聖的事物而不必擔心冒太大的危險。

周而復始的重複

婚姻的情色面向，或更簡單地說，婚姻的踰越面向絕大部份時間

1　封建領主以主宰者身份在其領地上所享有的處女初夜權（le droit de cuissage），並非像一般所想像的，是沒人敢於反抗、令人髮指的暴君特權。至少最初的起源並非如此。（原注）

並未引起注意。因為婚姻這個詞同時具有結婚的過程與婚姻的狀態雙重涵意；而我們通常只想到婚姻的狀態，而忘了結婚的過程。此外，長久以來，女性的經濟價值使人們特別重視婚姻狀態：所有的算計、等待與結果都將重點擺在婚姻狀態上，從而忽略了結婚行為本身的激烈時刻。這些時刻與所引起的期待——家庭、子女與隨之而來的家務——性質有所不同。

最嚴重的莫過於是激烈的強度經常會因習慣而降低，而婚姻則意味著習慣。重複的性交所帶來的無害與安全感（只有第一次接觸才令人害怕）與因不斷重複而愉悅感盡失之間有著值得注意的一致。此一致不可忽視：它與情色的本質本身有關。不過，性愛生活的充分發展同樣不容忽視。兩個身體如果沒有經過長時間的祕密探索與瞭解，媾和將只是膚淺、偷偷摸摸、亂無頭緒、其行為幾乎像野獸般、過於匆促且經常得不到預期的快感。不斷求新求變的口味可能有毛病，也可能只會帶來一連串新的挫折。相反地，習慣則可深化因缺乏耐心而不得要領的經驗。

關於重複，有兩種相反的觀點彼此互補。我們無法懷疑，情色豐富多彩的面向、圖像、符碼根本上需要不規則的變化。當任性的慾望蠢蠢欲動時，如果無法讓其自由揮灑，人類的肉慾園地將會相當貧瘠、與動物之停滯不前相去不遠。雖說性愛生活會隨著習慣而開花結果，我們卻很難說此一快樂生活將如何延續當初因一時迷惑所激發、因不守規則所發覺的興奮感。即使習慣本身也必須仰賴違規脫序所帶來的更強烈喜悅。因此，唯有不倫之戀比法律更能帶給愛情力量。少了偶爾不倫的脫軌，婚姻所維繫的深刻愛情還有可能嗎？

儀式性的集體性狂歡

　　無論如何，婚姻的規律框架只提供給遭到約束的暴力一個狹隘的
出口。

　　除了婚姻之外，節慶也提供了可以踰越規範的機會，同時也確保
了循規蹈矩的正常生活。

　　甚至連我先前提過的「國王駕崩的假期」，儘管其長期與未定型
的特質，但還是為表面上似乎了無止境的混亂預訂了時限。一旦國王
的遺體化成白骨，所有的脫序越界的行徑停止猖獗，禁忌的遊戲再度
當道。

　　儀式性集體性狂歡通常與小規模的脫序節慶有關，只偷偷摸摸地
踰越限制性自由的禁忌。有時此項放縱只限團體成員參加，例如酒神
的節慶；但它也可能超越情色而有更明確的宗教意義。我們並不清楚
真實的情況，但是我們大可想像當時的庸俗、沉重勝過狂熱。不過我
們也無法否認，通常與集體性狂歡、情色狂喜、宗教狂喜有關的沉醉
所可能帶來的超越。

　　集體性狂歡中的節慶衝動往往帶有否定所有限制的氾濫勁道。節
慶本身就是對工作所設限制的否定；而集體性狂歡更代表著徹底的
顛覆。因此過去在農神節[2]狂歡期間，社會秩序全遭翻轉一點也不意
外。主人服侍其奴隸；奴隸反而大剌剌地高枕在主人床上。這些脫
序行徑最尖銳的意義來自於自古以來肉體享樂與宗教狂喜之間的一致
性。這也是無論如何失序，集體性狂歡帶領情色超越動物性行為所走
的方向。

　　所有以上這些在婚姻的初步情色中都看不到。婚姻還是跟踰越

2　農神節（Saturnales）是古羅馬時期的節慶，通常在12月舉行。

（無論暴力與否）有關；但是婚姻的踰越沒有後續，與其他的發展也無關。這些可能的後續發展並非習俗所操控，反而是習俗所不樂見的。必要時，我們現在的黃色笑話（la gaudriole）可以被看作是婚姻的大眾普及版。但是黃色笑話意味著受抑制的情色化身成暗中出擊、偽裝的玩笑、與具性暗示的影射。相反地，肯定神聖特質的性狂熱才是集體性狂歡的本義。從集體性狂歡中，我們可看到情色的古老面向。狂歡式的情色本質上是種危險的過度。其爆發性的感染力不分青紅皂白地威脅著人生各個可能。在酒神節的最初儀式中，曾要求狂顛發作的女祭司（Ménades）活活生吃自己稚嫩的子女。這項可怕儀式後來演變成女祭司先替當作祭品的小山羊哺乳，然後再血淋淋地生吃其肉。

　　集體性狂歡所感興趣的並非宗教中的有利面向：從基本暴力中提煉出與世俗秩序相容的冷靜、莊嚴；其效率能耐表現在宗教有害的一面：它會令人狂顛、暈眩、甚至喪失意識。狂歡中整個生命被盲目地捲進迷失狀態；而這正是宗教情感的關鍵時刻。這樣的動作屬於人性與生命無止境繁衍協定中的次要階段。禁忌所隱含的拒斥將個人侷限於存在的吝嗇孤獨中，與個人迷失於彼此、其暴力甚至迎向死亡暴力的龐大失序對立。從另一個角度，禁忌的退潮讓澎湃的情感得以釋放，讓集體性狂歡中的人們得以無限融合。無論如何，此一融合絕非僅止於滿盈生殖器官之融合。從一開始，這就是宗教情感之抒發：原則上，這是不再抗拒生命無限繁衍的迷失生命之脫序。此一大解放似乎是帶領人們超越原先被詛咒宿命的神奇之舉。脫序的哀嚎、失控的手舞足蹈、狂亂的擁抱與情感皆源自那無限的痙攣抽搐。擺在眼前的沉淪迫使我們奔向彼此不分、人類活動的穩定因素消逝不見、毫無立足之處的模糊境界。

作為土地祭儀的集體性狂歡

　　我在前面努力所做的說明在以往詮釋古代人類集體性狂歡時，往往完全遭到忽略。因此在繼續我們的討論之前，我必須談論傾向將集體性狂歡簡化成具有感染魔力的儀式這項傳統的看法。下令舉辦集體性狂歡的人的確相信可以藉此確保土地的豐饒。沒人懷疑此種說法。但是我們如果只將集體性狂歡功能侷限於土地祭儀，則顯然以偏蓋全。即使自古以來在世界各地集體性狂歡都具有此一功能，但我們仍然可以質疑這是否是它唯一的功能。探究某一習俗與土地的關係當然有其意義，因為可以藉此特色與農業文明的發展連結。但是如果只因為相信其效用而完全做此解釋仍難免失之天真。勞動工作與物質功利當然決定了，或至少影響了，尚未完全開化人民宗教行為與世俗行為。不過，這並不表示一項奇特的習俗本質上是為了使農作物豐收。工作使神聖世界與世俗世界彼此對立。禁忌的原則使人藉由排斥而與自然作對。另一方面，由禁忌所支撐維繫、以抵抗自然的工作世界也決定了與它相反的神聖世界。從某一層意義說來，神聖世界只是個尚未完全被化約為工作所建立的秩序——亦即世俗秩序——的自然世界。不過神聖世界僅在一種意義上才是自然世界。在另外一層意義上，它超越了先前由工作與禁忌所構成的世界。在這層意義上，神聖世界是對世俗世界的否定，不過它也是由所否定的世界所決定。神聖世界也是由工作導致的結果，因為其起源與存在理由並非直接源自自然，而必須由事物的新秩序中尋找。而此新秩序的誕生則來自於有用活動世界與自然的對立。透過工作，我們得以將神聖世界與自然世界區分開來；如果沒有看出工作對神聖世界的作用與影響，我們將無法理解神聖世界。

　　受到工作所形塑的人類心靈往往賦予其行動類似工作一樣的效

用。在神聖世界中，受到禁忌所壓抑的暴力爆發不僅被視為是種爆發，而且被當作是具有效用的行動。起初，這些受到禁忌壓抑的暴力，例如戰爭、獻祭或是集體性狂歡，並非算計過的爆發。但是一旦成為人類的踰越行為，它變成了有組織的爆發，成了具有次要、其效用沒有爭議的行動。

戰爭的效用與工作的效用屬於同一位階。在獻祭中，所施力道的結果可以隨意加以控制，就如同握在人手中的工具。集體性狂歡的效用則屬於不同層次。在人類圈子中，例子具有傳染性。一個人翩翩起舞因為那舞蹈令他興起跳舞的念頭。一項真正具有傳染性的行為不但會傳染給其他人，而且還會感染到自然。如我先前提過的，性行為整體而言可以視為是種成長，因此也就被視為有助於農作物的成長。

不過，踰越只是附帶、次要的有效行動。在戰爭、獻祭或集體性狂歡中，人類精神安排了爆炸性的動亂，指望著其想像或真實的效用。戰爭最初並非政治行動，獻祭也與魔法無關。同樣地，集體性狂歡的緣起也並非希望農作物豐收的慾望。集體性狂歡、戰爭與獻祭的起源都是一樣的：都源自於企圖箝制殺人暴力與性暴力的禁忌。無可避免地，這些禁忌將決定踰越的爆發性衝動。但這並不表示人們從不求助於集體性狂歡、戰爭、或獻祭，以求達到預想中不論真或假的效用。不過這樣一來，暴力將——附帶但不可避免地——被捲入由工作所主導的人類的活動巨輪中。

在這些情況下的暴力已經不再是自然獨具的獸性暴力。焦慮之後的爆發已跳脫立即的滿足，而具有神奇的意義。它已經變成宗教性的活動。不過在此同一衝動中，它也具有人性的味道：它已然融入了人類依據勞動原則所共同努力建構的因果秩序中。

| 第十一章 |

基督宗教[1]

放縱與基督世界的形成

我們無論如何必須排除現代對集體性狂歡的這種看法：耽於集體性狂歡者沒有任何，或極少有羞恥心。這種膚淺的看法暗示著古代文明的人仍保有相對的獸性。從某些角度，這些古人的確比我們更接近野獸，而他們之中有些人也確實有相同的感受。但是我們這種判斷跟我們自認目前的生活方式最能凸顯出人、獸之分有關。古代人並未以同樣方式將人與獸對立。但即使古代人將野獸看成自己的兄弟，他們的人性基礎一點也不比我們薄弱。沒錯，他們所狩獵的野獸生存的物質條件跟他們自己的差不多，但是他們卻錯誤地賦予野獸人類的情感。無論如何，原始（古代）人類的羞恥感並不一定比我們來得薄弱。他們的羞恥感只是很不一樣：他們的羞恥感較拘泥於形式，不如我們的那樣自動進入無意識中。他們的羞恥心源自基本的焦慮，強度並不輸我們。這就是為什麼當我們針對集體性狂歡高談闊論時，不能將它看作是種懈怠，反而必須將它視為充滿高度緊張的強烈時刻。集

1　涵蓋天主教與後來的基督教。在本文中，大體指的是天主教。

體性狂歡可能是種脫序，但同時也是種宗教狂熱。在節慶天翻地覆的
世界中，集體性狂歡以令人震驚的力道展現其顛覆性真相。此真相具
有無限混合的意義。酒神節的狂歡暴力是初生情色的指標，而其中情
色的範疇從一開始就是宗教的範疇。

　　但是，集體性狂歡的真相卻是透過天主教世界傳達給我們，而在
基督教世界中價值觀也再次受到顛覆。原始的宗教情懷從禁忌中汲取
踰越的精神；不過基督宗教大體上卻反對此一踰越精神。在基督宗教
世界中，宗教得以繼續發展與此一相對矛盾的觀點有關。

　　決定此一矛盾的程度相當關鍵。如果基督宗教完全排斥展現踰越
精神的基本衝動，我想它將喪失其作為宗教的特色。然而，相反地，
在基督宗教中宗教精神首先從連貫中發現其本質，並予以保存。連貫
可以透過神聖經驗獲得。神奇是連貫的本質。基督宗教的發展完全仰
賴此一連貫的觀念，甚至忽略了達到此連貫的手段。傳統上對於這些
手段皆詳加規範，雖說有時對細節來源並未交代。傳統虔誠信徒所喜
愛的這些細節與算計，反而讓我們無法看出當初開創這些手段的懷舊
（慾望）的全然風貌。

　　基督宗教一直有著雙軌的運作模式。基本上，它希望通向完全無
保留的愛。根據基督信仰，要在天主身上重新尋回已失去的連貫，信
徒必須超越儀式狂熱中的有規則暴力，而保有無止盡、無算計的愛。
受到神奇連貫所感化的人在天主身上被提升至彼此相愛的境界。基督
宗教從未放棄希望將自私、不連貫的世界感化成充滿愛的連貫國度。
因此，在基督宗教中，原始的踰越衝動被轉向與原先相反、超越暴力
的景象。

　　此一理想具有其崇高與令人著迷的特質。

　　不過，事情總是有相對的一面：神聖、連貫的國度如何調適仍舊
存在的不連貫世界？神奇的世界終究必須進入事物的世界。此一多重

面貌有其矛盾弔詭之處。決心盡全力達到連貫當然會有其效果，不過此一初步效果必須與同時在另一方面所造成的後果妥協。基督宗教中的天主是個最完備的建構，立基於連貫這個最具毀滅性的情感之上。要連貫必須超越界限。在我所謂的踰越中，其最一致的效果就在於將本質上雜亂無章的組織起來。藉著將超越引進有組織的世界，踰越成為有組織性脫序的原則。其組織特色來自於其信徒的有組織行為。此一建立在工作之上的組織，同時也建立在生命的不連貫上。工作的有組織世界與不連貫的世界是同一世界。生產工具與工作產品是不連貫的物品；使用工具與生產這些產品的人本身也是不連貫的生命。而他對不連貫的意識也因為使用與製造不連貫物品而進一步深化。死亡的出現也與工作的不連貫世界有關：對被工作凸顯出其不連貫的人而言，死亡是其根本災難，印證了不連貫生命的虛幻。

　　面對此一不連貫的存在困境，人類精神有兩種反應；而基督宗教則結合了這兩種反應。第一種反應深信失去的連貫是存在的本質，而企圖找回。第二種反應則試圖逃避限制個別不連貫的死亡，人類幻想著不受死亡侵襲的不連貫，也就是說，他幻想著不連貫生命的不朽。

　　第一種反應盡全力追求連貫；不過第二種反應則使得基督宗教得以收回先前所慷慨賜予的。如同踰越組織了源自暴力的連貫，基督宗教將此一極力追尋的連貫納入不連貫的框架中。沒錯，它只不過是將一股原已強烈的趨勢推至極致而已。不過，它將先前剛開始的工作加以完成。它將原始宗教中神聖的、神奇的觀念簡化成天主、造物者這個不連貫的人。它更進一步地將超出真實世界的一切視為所有不連貫靈魂的延伸。它讓天上與地獄住滿許多跟天主一樣，注定是永恆不連貫的單獨個體。不論神的選民或是受詛咒者，不論天使或魔鬼，都成了永不敗壞的碎片，永遠彼此區隔，彼此隨意分開，任意地與整體生命切割但又必須保持聯繫。

這群隨機被創造出的眾生與個別造物者，在天主與選民彼此相愛中否認其孤獨，或只有在受詛咒的仇恨中才承認此一孤獨。但是即使在愛中也保留了最終的孤寂。此分化整體所避開的是踰越所規劃出，從孤獨過渡到融合、從不連貫到連貫的暴力途徑。雖然依舊保有最初殘酷的記憶，基督宗教企圖從愛與順從中追求和諧與妥協，以此取代拔除與顛覆的時刻。我先前曾提過獻祭在基督宗教中的演變[2]。現在我想勾勒出基督宗教在神聖領域中的改變。

主要曖昧之處；基督宗教將神聖簡化成良善的面向
並將神聖的黑暗面貶為世俗的範疇

在基督宗教的獻祭中，最初的責任並不是由信眾所承擔。信徒們對耶穌受難的貢獻僅止於他們的失敗與罪惡。此一事實粉碎了神聖範疇的一致性。在原始宗教中，踰越是神聖的基礎，而淫穢與純潔同樣神聖。純潔與淫穢構成整個神聖範疇[3]。基督宗教則排斥淫穢。基督宗教排斥罪惡；但是如果沒有了罪惡，神聖根本無法想像。因為唯有透過對禁忌的踰越方能接近神聖。

早從基督宗教之前的原始宗教起，神聖的純潔或有利面向就一直位居主流。但是即便只是扮演著超越的序曲，神聖的淫穢或不吉面向還是其基礎。基督宗教無法完全排斥淫穢；它無法完全消除污穢。不過基督宗教按照自己的方式界定神聖世界：根據此一新的界定，淫穢、污穢、罪惡完全被拒斥在神聖範疇之外。從此，淫穢的神聖被貶

2　詳見第8章。（原注）

3　參閱蓋羅爾《人與神聖》，Gallimard，1950，第2版，頁35-72。蓋羅爾此文也以〈神聖的歧義性〉之名出現在1948年桂耶（Quillet）所出版的《宗教通史》（*Histoire Générale des religions*）第1冊。（原注）

至世俗的世界。凡是清楚地宣稱具有罪惡、踰越等基本特質者根本無法在基督宗教的神聖世界中立足。撒旦——踰越（不服從或叛亂）之神或天使——被逐出天國。他原本來自天國，不過根據基督宗教對事物次序（猶太教神話的延伸），踰越已不再是其神奇的根據，而是其墮落的主因。撒旦被剝奪身為神祇的特權，他一度擁有此一神奇特權但卻又喪失。嚴格說來，他並未成為世俗世界的成員；因為出身自神聖天國，他仍保有超自然的特質。但是，基督宗教不擇手段地剝奪他宗教特質的可能後果。崇拜撒旦的祭儀——殘存的淫穢祭儀——雖仍可能存在，但卻受到殲滅。任何不服從、或是從罪惡中找到神聖力量或情感者遭受活活燒死的威脅。沒有人可以改變撒旦身為神祇的事實，但是此一持久的真相卻遭到酷刑的否認。一個原本可能維繫宗教不同面貌的祭儀現在卻被視為是對宗教的罪惡嘲諷。其神聖的外表則被視為是種褻瀆。

褻瀆的原則是以世俗方法對待神聖。即使在原始宗教的核心，與淫穢接觸也會導致污穢。不過只有在基督宗教中，淫穢世界本身才被視為一種褻瀆。所以會有褻瀆，在於褻瀆已存在的事實，即使純淨事物本身並未遭污染。隨著基督宗教的來臨，神聖世界與世俗世界原先的對立已經隱入幕後。

褻瀆一面與神聖的純潔面結盟，另一面則與神聖的淫穢面有染。世俗世界的邪惡與神聖的魔鬼掛勾，良善則與神奇結盟。不論良善在實際行為中所指為何，都能接收聖潔的光芒。「聖潔」（sainteté）一詞最初用以指涉神聖[4]，不過此特質後來跟奉獻給良善、同時獻身給良善與天主的生命有關[5]。

4　神聖最初包括純潔與淫穢。
5　然而，聖潔與踰越的深層關聯一直不容忽視。即使在信徒眼中，浪蕩者還是比毫無慾望者更接近聖徒。（原注）

「褻瀆」保留了「世俗的接觸」這個在原始宗教中最初的涵意。不過，它尚有另一層意義。在原始宗教中，褻瀆本質上被視為是種從所有觀點看來都受到哀悼的不幸。踰越雖然危險，但唯有踰越具有通往神聖世界的能力。基督宗教眼中的褻瀆則既非原始宗教中的踰越（雖說兩者近似），也不是古代的褻瀆。基督宗教中的褻瀆與踰越最為接近。弔詭的是，因為與淫穢接觸，基督宗教中的褻瀆達到基本的神聖且進入禁忌之門。但是對天主教會而言，這神聖骨子裡既世俗又邪惡。無論如何，教會的態度形式上有其邏輯。在天主教會眼中，有正式明確的界線將神聖世界與世俗世界區分開來，而且此一分際已成為傳統。情色或淫穢、邪惡三者與世俗世界之間的分際並不相同：它們缺乏正式的特質，缺乏一種容易掌握的界限。

在最初的踰越世界中，淫穢本身有著明確的定義，其穩定的形式也受到傳統儀式的強調。被原始宗教視為淫穢者也同時被正式視為神聖。但原始宗教所譴責或基督宗教認為淫穢者並未成為正式態度的對象。巫魔夜會雖有其形式，但終究未能穩定到正式成為氣候。淫穢因無法具有神聖的形式，唯有淪為世俗一途。

長期以來，淫穢的神聖與世俗之間的混淆似乎跟我們記憶中對神聖本性的看法相反，不過這是基督宗教顛倒的宗教結構所要求的。只要人們對形式有點過時的神聖情感日漸淡薄，此一混淆再好不過。對神聖事物情感減低的跡象之一是目前人們對魔鬼存在與否越來越不關心：人們越來越不相信魔鬼的存在，我想要說的是，人們根本不再相信它的存在。此舉意味著：定義模糊不過的黑暗神聖最終將不具任何意義。神聖的範疇已被簡化成良善的天主：這是個不再有受詛咒邪惡的光明世界。

此一演變在科學界有其後果（科學從世俗的角度探討神聖。不過我在此必須順便點出，我個人的態度並非科學的角度。我（我的書

籍）不拘泥於特一宗教形式，將從宗教的角度思索神聖）。良善與神聖的結合曾出現在涂爾幹（Durkheim）門生赫茲（Robert Hertz）[6]一部別具特色的作品中。赫茲曾正確地指出人類區分左、右的意義[7]。一般將有利與右邊聯想一起，而將不吉與左邊掛勾；也就是說，右邊純潔，左邊則不淨。儘管其作者英年早逝[8]，此研究依舊相當有名；它率先處理一個前人鮮少觸及的議題。赫茲將純潔等同於神聖，將不淨等同於世俗。在他之前，余伯特（Henri Hubert）與默斯（Marcel Mauss）已發表過關於魔法的研究[9]，其中已清楚地點出宗教問題的複雜性。不過，關於「神聖的曖昧」的多方見證則要等上好一段時間後才普遍獲得認可。

巫魔夜會

　　情色淪入世俗範疇的同時也成為遭到激烈譴責的對象。情色的演變與不淨的演變平行發展。情色所以會被視為邪惡與人們對其神聖本

6　涂爾幹（Émile Durkheim, 1858-1917），法國猶太裔社會學家、人類學家，與馬克思（Karl Marx）、韋伯（Marx Weber）並列社會學三大奠基者，《社會學年鑑》（*Année Sociologique*）創刊人。赫茲（Robert Hertz, 1881-1915），法國社會學家，師事涂爾幹與默斯，專長宗教社會學，死於一次大戰中。其著作《死亡與右手》（*Death and the Right Hand*）至今仍廣為流傳。

7　即使赫茲本人不是基督徒，其道德觀卻也與基督宗教的看法類似。其研究首先出現在《哲學評論》（*Revue Philosophique*），後來收錄在其著作《宗教社會學與民俗雜錄》（*Mélanges de Sociologie religieuse et de Folklore*, 1928）中。（原注）

8　赫茲於第一次世界大戰中喪生。（原注）

9　〈魔法概論綱要〉（Esquisse d'une théorie générale de la Magie），刊載於1902-1903《社會學年鑑》。這兩位作者謹慎的態度迥異於傅萊哲（Frazer，其態度與赫茲較近似）。傅萊哲將魔法視為世俗的行為；余伯特與默斯則將魔法當作是宗教現象，至少廣義上（lato sensu）如此。魔法經常被歸於左道、不淨的一方，不過此問題太過複雜，我在此不予評論。（原注）

質的誤解有連帶關係。雖然人們仍普遍感受到其神聖特質，情色暴力
卻被視為會帶來痛苦、甚至令人噁心。不過，情色暴力並未被與世俗
的邪惡混淆，與對合理、理性地確保人們身家財產的規範之違反有
別。這些禁忌所認可的規範與盲目的禁忌規範有所不同，因為它們會
依據理性用處而有所變化。面對情色，如何維護家庭是主要的考量重
點；敗德女人被逐出家庭是個例子。但是只有在基督宗教中才有整套
的規章；而在基督宗教中，情色最初的神聖特色已不復可見，而對家
庭的維護則日漸迫切。

　　超越個人快感、保留情色神聖特質的集體性狂歡成為天主教會特
別矚目的對象。一般而言，天主教會反對情色。不過，此舉是基於天
主教會將婚外性行為當作世俗的邪惡。踰越禁忌的情懷必須不計任何
代價從一開始就予以剷除。

　　從教會就此所發動過的對抗中可看出此事是多麼棘手。一個排除
淫穢、嚴厲譴責無名、無節制暴力的宗教世界剛開始時並未為人所接
受。

　　不過，我們對於出現在中世紀或現代初期的夜間狂歡並非一無所
知，只是所知相當有限。這有部份要歸咎於這些活動慘遭殘酷打壓。
我們眼前有限的資料來自當時法官屈打成招的口供。酷刑下的受害者
完全按照法官的想像招供。我們只能猜測天主教會的警戒並未能完全
禁止此項原始狂歡活動；這活動至少在偏遠荒野地區殘存下來。我們
可以想像在這些半天主教式、符合神學的神話中，撒旦取代了中世紀
黃金時期鄉野村民所崇拜的神祇。必要時，將撒旦看作是「酒神復
活」（Dionysos redivivus）並不離譜。

　　有些學者對於是否真有巫魔夜會（sabbats），曾提出質疑。在我
們這個時代，同樣也有人懷疑過非洲巫毒教（vodou）的真實性。雖
然巫毒教現在有時淪為觀光用途，但它的確存在。一切跡象皆證明崇

拜撒旦的儀式（巫毒教與此類似）的確存在，雖說法官的想像比實際情況多得多。

以下是從輕易即可取得的資料中所得出的梗概。

在孤寂黑夜中祕密向天主的反面——撒旦——交心的巫魔夜會，只會進一步強化以節慶的顛覆衝動為基礎的儀式特徵。當初審判女巫的法官可能成功地說服受害者承認其儀式是對天主教儀式的諧擬。不過這些儀式也很可能是巫魔夜會的主事者自己發明出來的。我們無法從單一事例斷定這些儀式到底是法官們自己的想像或是實際運作的儀式。不過我們至少可以確定褻瀆（sacrilège）是此一創新的原則。「黑色彌撒」（messe noire）這個中世紀晚期出現的名詞可以統稱這些惡魔晚會。惠斯曼（Huysmans）[10] 在《在那兒》（*Là-Bas*）一書中所描述他參與的黑色彌撒確實可靠。我認為我們不應斷言十七世紀或十九世紀被證實的巫魔夜會儀式出自中世紀是屈打成招的供詞。在法官逼供之前，這些儀式本身可能已具魅力。

不論是單純的想像也好或是實際的運作也罷，巫魔夜會事實上符合了基督宗教中的某種想像。它們描述了基督宗教所釋放出、但又加以箝制的激情：想像與否，它們所界定的正是基督宗教的情況。在基督宗教之前的宗教性集體性狂歡中，踰越是相對合法的：踰越代表虔誠。與踰越對立的是禁忌；但在有所節制的條件下，禁忌是可以被踰越的。但是在基督宗教中，禁忌則是絕對的。踰越將會揭露出基督宗教所企圖隱瞞的：神聖與禁忌混而為一；突破禁忌的暴力通向神聖。如同我前面所說過的，基督宗教在宗教層面上提出了此一弔詭現象：邪惡通往神聖；同時，邪惡是世俗的。但是身處邪惡、無拘無束，自

10　惠斯曼（Charles-Marie-Georges Huysmans, 1848-1907），法國小說家，以 Joris-Karl Huysmans 之名發表作品。其作品中以小說《逆流》（*À Rebours*）最為有名。

由自在地活在邪惡中（因為世俗世界不受神聖世界的限制）不但是罪
犯的詛咒同時也是其報酬。淫蕩者的過度歡樂是給恐懼虔誠信徒的答
案。對虔誠信徒而言，淫蕩是對浪蕩者的詛咒，且顯露出其腐敗。然
而腐敗、邪惡、撒旦皆是罪犯崇拜的對象，不論男女皆視為珍寶。享
樂深陷罪惡之中，享樂的本質是踰越、超越恐懼；恐懼愈大所獲得的
喜悅愈深。不論是否虛構，有關巫魔夜會的故事具有這層意義：這是
場魔鬼式享樂的夢。關於這些故事，薩德的作品將有進一步的發揮；
薩德的故事更加深入，不過方向相同。它們總是與禁忌唱反調。不受
儀式性的羈絆，世俗的自由具有無限的可能性：褻瀆的可能。踰越有
組織且有所限制。但是，即使屈服於儀式性步驟的誘惑，褻瀆本身仍
迎向無限的可能，一方面點出其可能性之豐富，一方面則指出其悲
哀：迅速的衰竭與隨之而來的死亡。

享樂與確定使壞

　　就如簡單的禁忌在踰越的組織性暴力中產生了最初的情色，基督
宗教也透過對組織性踰越的禁忌，加深了肉慾動盪不安的程度。

　　撒旦在巫魔夜會（不論是想像或真實），或是在薩德書寫《索多
瑪120天》的孤獨牢房中所展現的可怕行徑有其普遍模式[11]。波特萊爾
（Baudelaire）[12]曾寫道[13]：「我說愛情獨一、至高的享樂在於確定可以使
壞[14]。所有男男女女從出生起就知道邪惡中有著所有的享樂。」這句話

11　《索多瑪120天》是薩德在法國大革命前被囚禁在巴士底獄時所寫的，有大陸學者王之光
　　所翻譯的中譯本。

12　波特萊爾（Charles Baudelaire, 1821-1867），十九世紀法國著名詩人，以詩集《惡之華》
　　（Les Fleurs du Mal）傳世，對邪惡之美有獨到見解。

13　《煙火集》（Fusées），第3篇。（原注）

14　字體變更為波特萊爾所加。（原注）

放諸四海皆準。我首先要說的則是：愉悅與踰越有關。不過邪惡並不是踰越；邪惡是遭到譴責詛咒的踰越。邪惡就是罪。邪惡就是波特萊爾所指的罪。另一方面，巫魔夜會的故事則回應了對罪的追尋。薩德不承認邪惡與罪。但是為了描繪感官享樂的爆發，他必須引進不按牌理出牌（irrégularité）的觀念。他甚至時常辱罵宗教。薩德知道如果褻瀆者否定所要玷污的良善的神聖特質，其褻瀆將淪為徒勞。不過他還是不斷地辱罵宗教。然而，薩德褻瀆的必要性與其徒勞無功頗具意義。天主教會率先否認踰越情色活動的神聖特質。為了反制，「自由思想者」（esprits libres）否定了教會普遍視為神奇的事物。在其否認中，教會最後幾乎喪失喚起神聖的宗教能力；尤其是當魔鬼或是淫穢已不再引發基本的困擾時。在此同時，自由思想者也不再相信邪惡。他們所面臨的情況是：因為情色已經不再是罪，因為它已不再能「確定使壞」，情色將不復可能。在一個全然世俗的世界中，剩下的唯有動物的機能。關於罪惡的記憶也許得以保留，不過只會讓我們聯想到誘餌圈套。

　　已經過去的情況永遠無法再回到原點。在自由中，自由顯得虛弱無力；但是自由至少代表著對自己的支配。儘管貧乏，我們的身體嬉戲仍可清楚地從變化無窮的記憶中發覺各式可能性。從中我們將會發現，黑色情色以迂迴的形式再度出現。最後，心的情色——最熱情的情色——將贏得肉體情色所幾乎失去的[15]。

15　在本書有限的篇幅中，我將無法詳細說明黑色情色的記憶在超越它的心的情色中所具有的意義。然而，我只能說，黑色情色在相戀情侶的意識中分解。在此意識中，黑色情色以昏暗的形式出現。罪惡的可能性浮而復失；雖然無法掌握，但它的確出現過。罪惡的記憶並不如罪惡本身那樣具有催情作用，但一切終將消失在罪惡中；高潮過後隨之而來的是災難的感覺或幻象破滅。在心的情色中，被愛者深深被出現在情色演變中的各式可能性的模糊記憶所吸引，再也無法脫逃。對褻瀆力量長期發展中各式可能性的清楚認知，讓我們看出高潮時的一致性。此高潮讓不連貫的生命得以意識到生命的連貫。之後，高潮時靈台清明是可能的，來自於對生命侷限的認知。（原注）

第十二章

慾望的對象：賣淫

情色的對象

　　我已經從神聖情色、集體性狂歡的角度討論過基督宗教的處境。討論基督宗教時，我也必須指出情色在成為罪惡之後，如何在已不再相信罪惡的自由世界中掙扎的最後情況。

　　我必須先掉頭回顧。集體性狂歡並非原始社會中情色的終點。集體性狂歡是情色的神聖面向；從中我們可以明顯看出生命的連貫如何擺脫孤獨。不過，這種說法僅限於某一層意義上。集體性狂歡中的連貫是無法掌握的；高潮時，每個人都迷失了，不過是迷失在集體混亂中。集體性狂歡必然令人失望。原則上，它是對個人面向的徹底否定。它假設、甚至要求參與者之間的平等。不但個人特色本身被淹沒在集體狂歡的動盪中，而且每一個參與者也否定了其他人的個人特色。表面上，似乎所有的界線都被剷除了，但是彼此之間的差異以及這些差異所具有的性吸引力卻也蕩然無存。

　　情色的終極目標是交融、剷除界線。但在其最初衝動中，情色依舊免不了受到慾望對象位置的左右。

　　在集體性狂歡中，此一對象並不特別突出醒目。與平常的拘謹不

同，集體性狂歡時的性激情是由興奮的衝動所挑起。不過，所有人都有此衝動。其對象是客觀的，但並未被當作對象：察覺它的人同時也被它所騷動起來。相反的，除了性狂歡的集體騷動外，性激情通常是由明顯的因素、客觀的對象所激發。在動物界中，雌性動物所散發出的體味往往會決定雄性動物是否展開追逐。公鳥的歌聲、羽毛展示也會讓母鳥意識到公鳥就在附近與即將發生的性震撼。嗅覺、聽覺、視覺、甚至味覺都是客觀的信號，與它們所誘發的活動不同。這些訊號宣告危機的逼近。在人類世界中，這些訊號具有強烈的性意涵。有時，裸體美女成了情色的意象。慾望的對象與情色本身有所不同；它並非情色的全部，但是情色卻透過它運作。

即使在動物界中，這些訊息凸顯出不同生命間的差異。在我們人類中，除了集體性狂歡之外，它們也凸顯出彼此的不同。由於每個人有不同的天分、思想、財富，它們更進一步加深了彼此的差異。這些訊息發展出以下的結果：情色雖是一種超越個人生命、所有界線的交融，卻必須透過對象表達。我們面對的弔詭是：情色對象意味著消除所有對象中的界線。

女人：慾望的優先對象

原則上，男人也可以是女人的慾望對象，就像女人是男人的慾望對象一般。然而，最初的性分工主要還是由男性追求女性。男性擁有主動權，女性則具有挑逗男性慾望的能力。說女性比男性漂亮或比男人更討喜都是有問題的。女性雖然被動，卻企圖激起男性追逐的慾望，以達到與男性媾合的目的。女人不見得比男人更討喜，但是女人讓自己成為慾望的對象。

女人使自己成為男人積極追求的慾望對象。

　　並非每個女人都是潛在的妓女，但是賣淫卻是女性態度的結果。只要女人具有吸引力，她就會成為男人的慾望對象。除非她決心守貞而完全排斥，問題原則上在於去了解她將以何種代價以及在什麼條件下出賣自己。只要條件符合，她一定像商品一樣出賣自己。確切地說，賣淫只不過是筆買賣。女人梳妝打扮、養容美顏，不斷將自己當作吸引男人目光的商品。同樣地，如果她脫光了衣服，所揭露的也是男人慾望的對象，一件待價而沽的獨特商品。

　　與正常狀態相反的是，赤裸狀態無疑具有否定的意義。裸體女人接近融合的時刻，其裸身宣告此刻的到臨。雖然裸體女人是自己反面的象徵，是對（慾望）對象的否定，但她本身仍是個（慾望）對象。這個裸體是個有明確界線的生命，雖然其裸體宣告了其自尊即將在性痙攣的混淆中消彌殆盡。此裸體首先揭露的是其可能美貌與個人魅力。簡而言之，所揭露的是客觀的差異及對象的相對價值。

宗教賣淫

　　絕大多數的情況下，被男性追逐的對象會逃避。此逃避並不代表她不想成為追求的目標，而是對方尚未符合自己的條件。即使已符合條件，拒絕對方的初步躲閃只會提高自己的身價籌碼。此一閃躲與矜持有其邏輯上的關聯。如果不但不退縮，慾望的對象不懂得以言語表情或裝扮推銷自己的話，她將無法回應男性的期待、或激發男性的追逐、尤其是青睞。推銷自己是女性的基本態度；但是，一旦將自己推上市場後，就必須馬上佯裝自己是非賣品。只有正式的賣淫才不至於表裡不一。只有賣淫允許梳妝打扮，以強化商品的情色價值。原則上，此一刻意裝扮與女性的第二步驟──逃避追逐──背道而馳。此一遊戲手法是像妓女一樣地把自己打扮得花枝招展；緊接而來的閃避

追逐或佯裝逃避則會進一步撩撥慾望。一開始，賣淫也是此項女性嬉戲的一部份。女性態度一向由兩個彼此互補的對立層面所組成。妓女的主動襯托出其他女性的被動閃避，反之亦然。但是，此一遊戲卻因貧困而變質走樣。當貧困迫使女性無法躲閃時，賣淫成了一道傷口。

沒錯，有些女人從不逃避：她毫無保留地推銷自己。她接受、甚至索取男人的禮物；沒有這些禮物，她們將很難成為男人追逐的對象。一開始時，賣淫只是種奉獻。有些女人結了婚後成為物品，她們成了做家事的工具，尤其是農務的工具。賣淫則使這些女人成為男人慾望的對象：這些對象至少預告了在激情擁抱中，一切消失，只剩痙攣的接續。晚近或現代賣淫的商業取向使得此一面向隱而不彰。不過，如果早期妓女得到金錢或貴重物品，這些只能算是禮物；她將這些禮物大舉投擲在使自己更迷人的花費上。如此一來，她加強了自己原先就具有、從最富有男人身上獲取禮物的能力。此一禮物交換的規則並非商業交易。女人在婚姻以外所給予的不能作為生產的用途；奉獻給她過淫奢情色生活的禮物也是一樣。這類交易導致的結果並非買賣的規律，而是各式各樣的過度。慾火足以燎原：慾望足以令人傾家蕩產；慾望足以令人粉身碎骨。

起初，賣淫似乎只是彌補婚姻之不足。僅止於過渡性質，這項對婚姻的踰越從此進入日常生活組織，而夫妻之間的分工也因而可能。這樣的踰越無法對情色生活有所奉獻。簡而言之，性生活持續開放，但當初促成此一開放的踰越在最初的接觸之後，卻不再受到重視。在賣淫中，妓女為踰越獻身。從她身上隨時可以看到性行為的神聖面向或禁忌：她的一生致力於打破禁忌。我們必須在賣淫的事實與描述此一行業的文字中尋求一致：我們必須從這個觀點審視神聖賣淫的古老機制。在基督宗教之前／外的世界中，宗教不但不反對賣淫，而且還規範其模式，一如規範其他的踰越形式。而在神聖場所中接觸祭典的

妓女，也具有類似祭司的神聖特質。

　　與現代賣淫相較，宗教賣淫似乎不懂得羞愧。不過此一差異含糊不清。昔日廟堂神女之所以不像今日阻街女郎那樣聲名狼籍，難道不是因為她即使沒有羞愧感，但卻仍有羞愧的行為？現代妓女以自己身陷其中的羞恥自豪，且恬不知恥地沉溺其中。她毫無焦慮，因而也不覺羞愧。古代神女則有所保留，她並非眾人輕蔑的對象，跟其他女人也無大不同。她想必不再如先前那麼害臊，但她仍保有初次接觸的原則。根據此一原則，女性應該害怕自己會投懷送抱，而男人則期待女性會閃避。

　　在集體性狂歡中，集體交融與縱慾消彌了羞恥感。洞房花燭夜時人們會感到羞恥，但此羞恥會隨著習慣消失。在神聖賣淫中，羞恥成了儀式且意味著踰越。通常男人無法在自己身上感受到有人違法，因此他等待女人的困惑（即使只是佯裝的也好），否則他感受不到違法。不論是否假裝，女人透過羞恥感與賦予她人性的禁忌配合。當打破禁忌的時刻來臨時，她會透過羞恥表達自己並未忘記禁忌，而她自己是在完全意識到禁忌存在的情況下踰越禁忌的。只有低俗的賣淫才完全看不到羞恥感。

　　不過，我們永遠不應忘記，在基督宗教之外，情色的宗教與神聖本質展現在光天化日之下，其神聖的感覺勝過羞恥感。印度的神廟仍舊充斥著雕刻性愛人物的石刻，呈現出情色基本的神奇本質。眾多的印度神廟嚴肅地提醒我們深埋心中的猥褻[1]。

1　參見傅歐（Max-Pol Fouchet）所著《印度的性愛藝術》（*L'Art amoureux des Indes*），Lausanne, La Guilde du Livre, 1957, 四開本（未發行）。（原注）

低俗的賣淫

　　真正使妓女蒙羞的並不是金錢交易。儀式性的交易循環可以涉及
金錢而不用招來商業所特有的鄙視。在古代社會中，已婚婦女將自己
身體當作禮物送給丈夫（提供性服務），這種行為本身也是種禮物交
換。但是因為低俗妓女不懂得人之所以為人的禁忌，而讓自己淪為禽
獸之流：她勾起類似大多數文明面對母豬時所顯露出的厭惡感。

　　低俗妓女的誕生似乎與貧困階級的出現有關；生活的困頓悲慘使
得這些人免於恪守禁忌。我想到的不是目前的勞工階級，而是馬克思
時期的垃圾普羅大眾（lumpen-proletariat）[2]。生活極度悲慘免除人們遭
到人之所以為人的禁忌之約束；這點與對禁忌的踰越不同。某種沉淪
（也許是不完全的沉淪）解放了人的獸性衝動。此一沉淪也不是回歸
獸性。涵蓋所有人類的踰越世界本質上與獸性不同：沉淪的狹隘世界
也一樣。這些與禁忌——神聖——共存、在世俗世界中接受禁忌的規
範、並辛苦謀生的人與動物絕不相同，雖然其他人經常否認他們是人
（甚至連動物的尊嚴都談不上）。禁忌的不同對象並未引起他們的恐
慌或噁心，即使有也微不足道。不過，反應雖不強烈，他們對別人的
反應卻多了然於胸。當一個人以「他快掛了」描述一個垂死的人時，
意味著那個人死得像條狗。說話者對自己所用粗話的墮落沉淪自有分
寸。用來描述性器官、性行為的粗俗用語有著同樣的沉淪意味。這些
用語成了禁忌。這些器官通常是禁止提及的。大言不慚地談論這些器
官已從踰越過渡到毫不在乎，並將世俗的與最神聖的一視同仁。

　　低俗妓女沉淪得最為徹底。她可以跟野獸一樣對於禁忌毫不在

2　垃圾普羅大眾（lumpenproletariat），原為德文，是馬克思所創，意指沒有階級意識、因
　　此無助於階級革命的工人階級。

乎。不過由於她無法完全視若無睹，她知道其他人所恪守的禁忌：她不但墮落，而且知道自己墮落。她知道自己是個人。但是她知道自己活得跟豬一樣，而且不引以為恥。

從相反的角度看來，低俗賣淫的世界與基督宗教所建立的世界是互補的。

基督宗教所費心建立的神聖世界將其中的恐怖與淫穢面向排除在外。另一方面，低俗賣淫則建立一個與其互補的世俗世界；生活其中、沉淪的社會邊緣人士面對淫穢不潔毫不在乎，而工作世界的明亮整潔則被排除在外。

我們很難將基督宗教的運作與一個比它更大、為它所吸收並賦予一致形式的功能區分開來。

我先前提到踰越的世界時，曾提及它最顯著的特色是與動物的關聯。人、獸不分、動物與神祇混淆是原始人性的特色（至少狩獵民族還保有此一特色）。不過，以具有人性的神取代動物早在基督宗教之前即已出現；這是個緩慢的演變過程，而非一夕完成之革命。整體看來，探討一個由純粹宗教（我認為踰越的原則與此有關）的社會過渡到逐漸建立道德、甚至到道德掛帥的社會是個相當困難的問題。文明世界各個地區情況彼此不同，而在這些地區之中，道德與禁忌至上的情況也不如先前基督宗教世界中那麼顯而易見。無論如何，我認為在強調道德與鄙視野獸之間有著明顯的關聯：鄙視野獸意味著人類自認具有野獸所欠缺的道德感，因而比其優越。只要「天主以自己的形象造人」，人類就比其他次等生物更具有至高的價值，而獸性也就確定不再具有神性。只有魔鬼還保有其獸性，並以尾巴為其象徵；率先響應踰越的魔鬼更是墮落的標誌。沉淪最善於與對良善的肯定作對，且與良善所代表的一切搗亂；原因可能是沉淪最能夠輕易地挑起道德的全面反應。沉淪無可辯解，但踰越的情況則有所不同。無論如何，基

督宗教最初對沉淪的指責與將整個情色視為邪惡有相當的關係。撒旦最初是個反叛天使，但他失去了反叛的炫麗色彩；墮落是對其反叛的懲罰，也就是說，原先的踰越面向被抹殺，勝出的則是沉淪的面向。在焦慮中，踰越曾預告了超越焦慮後的快樂；但是墮落的唯一出路則是更深的墮落。這些墮落者還剩下什麼？他們可以跟豬一樣，沉溺在墮落的泥沼中。

沒錯，我說「跟豬一樣」。在這道德與沉淪攜手合作的基督宗教世界中，動物只不過是令人反感的對象。我說「基督宗教世界」，因為基督宗教是道德的極致表現，唯有在這種形式中，各種可能性方能達到平衡。

情色、邪惡、與社會的墮落

低俗賣淫與道德及基督宗教具有同樣的社會基礎。曾在埃及引起首度革命的階級不平等與貧困，於西元前六世紀左右似乎在文明地區中引起了一些動盪不安，其中包括猶太教預言的興起。就在同一時期，墮落賣淫也開始出現在希臘羅馬世界。此一巧合有其弔詭之處。墮落的階級根本不會企圖自我提升或顛覆上位者：這個位居社會底層的階級根本沒有任何理想可言。道德雖然企圖提升底層人士，目的卻是為了進一步加以控制。面對教會的詛咒，承受最沉重壓力的總是社會的沉淪者。

天主教會更在意的是情色的神聖面向。這也是招致教會嚴懲的主要原因。教會焚燒女巫但卻讓低俗妓女得以苟活。不過教會還是確認賣淫是種墮落，藉此彰顯罪惡的本質。

目前的情況源自教會的雙重態度，而教會的態度又影響了人的思想態度。神聖與良善被劃上等號，神聖情色則遭到拒斥；與此相對應

的則是對邪惡的理性否定。其結果是，遭詛咒的踰越不再具有意義，而褻瀆本身只具有脆弱的美德。唯一殘存的是沉淪的迂迴掙扎。對其受害者而言，墮落是條死胡同，但情色的墮落面向卻仍具有其魔鬼面向已喪失的煽動美德。人們已不再相信魔鬼，因此即使譴責情色是魔鬼也不再有用。墮落至少還保有邪惡的意義，雖然不再是別人所譴責（這種譴責也值得懷疑）的邪惡。妓女的墮落是與其窮困環境的妥協。這項協議可能非出於自願；但是她們所使用的淫詞穢語卻是項有意識的反抗：淫詞穢語是對人性尊嚴的踐踏。如果人類生活是良善的，接受墮落就是決定對良善、對人類生活的唾棄。

　　性器官、性行為所特有的沉淪字眼更是來自墮落階層的特殊用語。這些器官與行為還有其他稱呼；不過其中有些是科學用語，有些則是較不常用、生命較短的孩童用語或情侶之間的委婉用語。性愛的淫詞穢語與我們所謂具有最高貴情操的私密生活密不可分。對不屬於墮落階級的我們而言，這些說不出口的淫詞穢語將是我們一窺其恐怖面目的最終管道。它們以暴力表達此一恐怖，而它們本身也遭受良善世界粗暴地拒斥。在這兩個世界之間根本不可能有任何溝通。

　　此一結果對墮落世界本身根本沒有任何作用。淫詞所傳達的是仇恨。但是對良善世界中戀愛男女而言，它們帶來了一種類似先前踰越與褻瀆所具有的情懷。當一名良家婦女向懷中的情郎說：「我愛你的……」時，她的意思可能就是波特萊爾所說的「愛情獨一、至高的享樂在於確定可以使壞」。不過，她從情色中已瞭解情色本身並不是罪惡。罪惡只有在淪落為盜賊或低俗妓女的慘況時才出現。這名良家婦女與這些人毫無瓜葛，她痛恨其道德之淪喪。她承認所指涉的性器官本身並不下流。不過，她從那些可怕地與邪惡站在同一邊的人身上所借用的字眼最後終於向她吐露真相：她所愛的器官受到詛咒；只有當它令她感到恐懼並超越自己的恐懼感時，她才瞭解。她希望站在自

由思想者這邊，但她並沒有忘記最初禁忌的意義，少了這些禁忌，情
色將無法存在。她所做的是求助於那些只能以暴力否定所有禁忌、所
有羞愧的人的暴力。

第十三章

美貌

人類的基本矛盾

生命的滿盈在連貫中分裂、消失；孤獨的個體則意圖延續其生命。此兩者之間的對立就這樣在不斷變化的過程中持續著。當踰越不復可能時，藝瀆就取而代之。情色被棄如敝屣的墮落之途，比服膺理性、中規中矩的性活動更受青睞。如果禁忌不復具有拘束力，如果我們不再相信禁忌，踰越將不再可能；但是如果需要的話，我們仍然能在逸軌的行徑中找到踰越的感覺。這種感覺並非建立在具體的真實基礎上。如果不回到不連貫生命死亡時的必然撕裂，我們如何理解此一真實？我們如何瞭解只有暴力、打破理性世界限制的瘋狂暴力，才能通往連貫！

我們以不同方式定下這些限制；我們制定禁忌，界定天主、甚至墮落。但是一旦予以界定，我們總是加以超越。有兩件事是無法避免的：我們無法避免死亡，我們也無法不去「超越界線」。何況，死亡與超越界限根本是同一件事。

不過，當我們超越界線、當我們死亡時，我們努力避開死亡的恐

懼以及超越這些界線後的連貫景象本身所可能帶來的恐懼[1]。

　　打破界線時，如果必要，我們會賦予具體的形式。我們努力將這形式當作物體看待。我們對死亡不滿，除非被迫，否則對它敬而遠之。我們老是企圖欺騙自己；我們希冀達到意味著跨越界線的連貫，而不用超越此一不連貫生命的限制。我們乖乖地停留在此岸，希望能不跨出最後一步就達到彼岸。我們所有的構思、想像完全受限於此生；此生之外的一切似乎將全化為烏有。事實上，死亡之後所展開的，通常是我們沒有勇氣面對、無法想像的世界。然而，此一無法想像意味的卻是我們的無能為力：我們知道死亡什麼也沒消滅，死亡維持整體存在的完整；但是我們仍然無法想像在我們死後，在我們身上的生命消失之後，整體生命的連貫。我們無法接受加諸我們身上逝去生命的限制。我們試圖不計任何代價超越這些限制；但是在我們超越限制的同時我們又想予以維持。

　　當我們踏出最後一步時，我們的慾望令我們瘋狂、讓我們無能為力；我們完全受制於一股自我瓦解的衝動。但是眼看這股想要超越的慾望目標就在眼前，我們卻再度留戀此慾望想超越的生命。如果能夠

1　在通往死亡、連貫的道路上，我們如何想像天主這個人關心我們個人的不朽、關心每個人頂上的頭髮？我知道在天主之愛中，這些有時會消失；暴力有時會超出想像、超出可以想像之外。我知道暴力與不可知從未將知識與理性的可能性排除在外。但是不可知不是知識，暴力不是理性，不連貫也非破壞、毀滅它的連貫。此一不連貫世界在恐懼中想像──因為在不連貫中知識是可能的──死亡：超越知識與想像之外的死亡。因此在包容暴力與理性（連貫與不連貫）的天主與完整存在被撕裂的可能（不可知變成知識的可能）之間的距離是很短的。但是經驗顯示，天主迴避祂所不喜的讕妄，天主是善良的，天主是社會秩序與不連貫生命的保證者。事實上，天主之愛的極致是天主之死。但是這一點我們唯一能夠確定的是知識的侷限。這並不表示有關天主之愛的經驗未能帶給我們最真實的指示。對於理論無法反駁可能的經驗，我們不應感到訝異。我們追尋的永遠是連貫，透過「神感狀態」（état théopathique）達到的連貫。此一追尋的道路從非坦途。（原注）

停留在想超越的慾望中，而不必全力以赴、踏出最後一步，這將多麼
甜蜜！如果能夠長期面對慾望對象，活在慾望中，而不必因全力以
赴、因屈服於慾望的過度暴力而陣亡，這將多麼甜蜜！我們知道想擁
有此一令我們慾火中燒的對象是不可能的。不是此慾望將我們消耗殆
盡；就是此對象不再令我們慾火中燒。我們只能在一種條件下擁有此
對象：我們逐漸對它失去慾望。但是喪失慾望總比喪失生命來得好！
我們只好以幻想為滿足。此擁有對象的幻想讓我們覺得可以全力以赴
追逐慾望而不至於喪命。我們不但摒棄死亡，而且還在活著時讓我們
的慾望（事實上是死亡的慾望）擁有其對象。我們不但未因此喪命而
且還豐富了生命。

　　在擁有中，被強調的是當初引導我們超越限制[2]的客觀面向。賣
淫所指定、但其墮落（如果此賣淫是低俗骯髒的話）卻未能提供的慾
望（賣淫本身實際上是提供慾望）對象是擁有美貌的對象。美貌是其
意義，此意義構成其價值。事實上，對象的美貌是引起慾望的主因。
如果對此對象的慾望不在於立即的回應（超越我們限制的可能性）而
在於長期、平靜的擁有，情形更是如此。

美貌中純淨與骯髒的對立

　　談論女人的美貌時，我將避免觸及美的一般概念[3]。我想侷限於美
在情色中所扮演的角色。在基本層面上，必要時我們可以承認色彩鮮
豔的羽毛與歌聲在鳥類性行為中有其作用。至於美在這些羽毛與歌聲
中究竟有何意義，我則不擬觸及。我不想爭論它們的美，我甚至願意

2　為了否認我們本身是客體。（原注）

3　我完全瞭解此處的不足。我想提供的是情色的明確梗概，而非全盤詳細的描述。這裡我
　只談論女性美，這是本書諸多缺憾之一。（原注）

承認，動物美麗與否，完全視其是否滿足該物種對美的理想而定。不過美麗仍是相當主觀的觀念，因欣賞者的喜好傾向而有所變化。在某些情況下，我們甚至相信動物跟我們有一樣的審美觀，不過這種想法相當冒險。我只能主張，人美不美依據人類的審美觀而定。這些標準環繞著跟長相有關的主題而有所變化，不幸的是，其中某些標準相當不恰當。對此，個人的詮釋空間並不大。無論如何，在評論人或動物是否美麗時，我還是要強調一項相當簡單的原則（原則上，年輕包括在此基本原則內）。

在評斷男女是否美麗時，還有一項較不明顯但卻同樣重要的原則。大體上，不論男或女，外表越不具獸性被視為越是美麗。

這是個錯綜複雜的難題；我不想詳加討論。我只想點出它存在的事實。人的外表越像野獸越容易引起反感，這是可以確定的。類人猿的相貌尤其惹人嫌惡。在我看來，女性胴體的情色價值在於消除此一自然的重擔，在於令人忘記四肢原先的用途與骨架存在的必要性：遠離獸性、體態輕盈、柔若無骨的女性最符合廣為人所接受的美女形象。至於毛髮對人類所具有的特殊意義，容我稍後討論。

我前面所說的，其真實性不容置疑。不過與此相反的真相，雖一開始沒那麼明顯，卻也同樣確實。前面所提到的美女形象如果不同時也帶點或散發出神祕、挑逗意味濃厚的獸性，她的美將淡而無味、也激不起慾望。令男人垂涎的美女，其美貌令人想起令其害羞的部位：恰巧也正是她身上長有毛髮、保有獸性的部位。人類的本能使我們對這些部位產生渴望。但是除了性本能外，情色慾望還有其他組成要素。原先否定獸性、喚醒慾望之美貌，最終卻激化慾望而頌揚起獸性的部位！

情色的最終意義是死亡

　　美貌的追尋在努力超越斷裂、尋求連貫的同時，也企圖逃避連貫。

　　此一曖昧的企圖從未停止。

　　概括、恢復情色衝動的正是此一曖昧。

　　繁衍打亂了生命的單純狀態；過度推翻了限制，終至以某種方式氾濫。

　　生命總有其限制；且每個人都接受、認同此一生命限制。一想到此一限制可能消失時，他就心生恐懼。但如果我們將此一限制與人們對它的接受看得太過嚴肅的話，我們就錯了。限制是為了被超越而存在。害怕（恐懼）並非人類真正的決定；相反地，它會刺激人們超越限制以為反擊。

　　我們知道，一旦我們感受到限制，就會激起我們體內想要超越這些限制的意志。我們想要超越這些限制；而我們所感受的恐懼意味著我們會超越到何種地步。如果沒有這些最初的恐懼，我們不可能做得到。

　　脫離獸性的美女所以會成為男性熱烈追逐的慾望對象，乃是因為擁有她意味著像野獸般地加以玷污。人們渴望得到美人就是為了能夠予以玷污。如此做亦非為了她本人，而是為了確定可以加以褻瀆而嚐到的快感。

　　獻祭時，選擇受害者的標準著眼於她的完美更能凸顯出死亡的殘暴。男女交媾時，美麗的胴體凸顯出最純淨的人性與性器官的醜陋獸性之間的對立。關於情色中美麗與醜陋對立的弔詭，達文西在其《筆記》（_Carnets_）中說得最是動人：「性交的動作與所使用的器官奇醜

無比，若非漂亮的臉龐、伴侶的裝扮以及瘋狂的性衝動，人類早已從自然界消失匿跡。」達文西所忽視的是，漂亮的臉蛋與服飾之所以能夠發揮作用，在於漂亮的臉龐昭示了漂亮衣服所欲遮蓋的。因此關鍵在於褻瀆這張臉蛋與其美貌：先揭露美女的神祕私處，繼而將男性的器官插入。沒有任何人會懷疑性交的醜陋。一如獻祭中的死亡，性交的醜陋令人焦慮。但是此焦慮越是強烈——依伴侶的能耐而定——超越限制的意識與隨之而來的快感就越強烈。雖然情況因品味與習性而有所變化，但不變的是女性的美貌（人性）使得性行為的獸性特別明顯和令人震驚。對男性而言，最令他沮喪的莫過於容貌醜陋的女人，因為如此一來，就凸顯不出器官與性行為的醜陋。美貌之所以最為重要，在於醜陋無法進一步被弄髒，而情色的本質就在於玷污。意味著禁忌的人性在情色中遭到踰越。人性遭到踰越、褻瀆、玷污。愈是貌美、遭玷污得愈是徹底。

這其中有太多難以捉摸的可能性，以致難以拼湊出包含不同面向的圖像。其中重複與矛盾之處在所難免。但整個趨勢卻頗為明顯，大抵不出從擠壓到爆破的對立過程。途徑也許有變，但是既駭人又誘人的暴力卻是前後一致。墮落的人性與獸性一樣，褻瀆與踰越並無二致。

討論美貌時，我提到了褻瀆。其實我大可談踰越，因為在我們眼中，不懂得禁忌的獸性具有踰越的意義。但是褻瀆的感覺更容易為我們所理解。

我無法描繪情色場域的整體圖像而不自相矛盾或一再重複。何況，儘管我們試圖區分這些情色場域，但它們彼此近似的程度超乎我們的想像。為了企圖凸顯許多變遷中所涉及的中心議題，我不得不區分出它們之間的差異。不過，任何形式都可能出現其他形式的面向。任何形式的情色都可能出現在婚姻中。墮落的人性與獸性不可分；而

在集體性狂歡中，慾望對象卻可能鶴立雞群，令人目瞪口呆。

　　同樣地，為了凸顯最基本的真相時，我們往往忽略了另一項事實：妥協的事實[4]。沒有了妥協，情色將不復存在。我必須強調一開始時就造成的扭曲。在其變遷中，情色表面上與其緬懷失去連貫的本質漸行漸遠。走在日趨死亡的人生道路上，人們無法不顫慄或設法作弊。在我前面所描述中，我已再現出人們如何在這些路途中作弊或迂迴前進。

4　慾望與個別愛情的妥協、對生命的堅持與死亡吸引力的妥協、性狂熱與撫兒育女的妥協。（原注）

第二部

情色的個案研究

金賽性學報告、黑道份子、工作

正因為這樣，光陰在無所事事中虛擲；過度的情愛嬉戲需要休憩與飲食以恢復精力。正因為這樣，對任何工作的痛恨迫使這些人想盡辦法迅速撈錢。

——巴爾札克，《高等娼妓的榮耀與悲哀》

情色是無法像物品一樣從外欣賞的經驗

我可以像學者觀察光線對胡蜂飛行的影響一樣，以漫不經心的態度看待人類性行為的研究。人類性行為當然可以成為科學的研究對象；如此一來，學者研究它時也就不會比研究昆蟲性行為時更為人性化。人類首先就是動物；他自己當然可以像研究動物反應般地研究人類的反應。可是人類某些行為卻無法全然被化約成科學數據。這些就是一般所謂讓人類有時淪為野獸的行為。按照一般的看法，這些行為應該加以隱藏、而不應談論，甚至不該進入人類意識中。人類這些普遍與動物相同的行為應該被另眼對待嗎？

無論一個人再怎麼墮落，他永遠也不可能像動物一樣只是個物。他身上仍保有尊嚴、基本的高貴特質與特有的神聖真相，這些確認他

不能被當作奴隸使喚（即使有人的確遭到如此虐待）。人類永遠無法完全被當作手段看待。即時暫時被當作手段，他在某種程度上依然保有身為目的的絕對重要性。人類身上有著一種無法剝奪的特質令人無法加以殺害，更不可能加以吃掉而不感到恐怖。人們隨時可能被殺，甚至被吃掉。但他人對這些行徑極少會視若無睹：至少沒有一個精神正常的人會不知道，這些行徑對他人具有嚴重意義。此一禁忌、此一人類生命的神聖特質跟關於性的禁忌（亂倫、經血的禁忌以及形式有變、本質則一、有關禮儀的規範）一樣舉世皆然。

在今日世界中，只有動物被貶抑為物。人們可以對動物毫無節制地為所欲為，而無須向任何人負責。他內心深處也許知道，被他虐待的動物與他自己並無大差異。但即使他正式承認兩者之間的相似，此一暗中承認馬上就被另一基本、無言的否定所反駁。儘管有人持相反意見，但「人類主靈魂、動物重肉體」的想法從未受到真正的挑戰。肉體是物、像石頭或木頭一樣低賤、卑微。只有真相私密、主觀的靈魂才不至於淪為物。神聖的靈魂蟄居在世俗的肉體中；而世俗的肉體本身唯有在死亡顯露出靈魂至高無上的價值時，才有機會脫俗入聖。

以上所述都顯而易見；以下所要探討的則沒那麼簡單，需要經過長期觀察才見分曉。

無論如何，我們都是動物。我們也許是具有思想的人類，但是我們體內的獸性卻依舊殘存，且時常出來搗亂。與精神層面相反，我們體內洋溢奔放的性慾意味著我們的獸性依舊活躍。因此在某種意義上，屬於我們肉體的性行為可被當作物：性器官本身也是物（性器官是身體的一部份，而身體本身就是物）。性行為代表性器官這件物品的功能。性器官和腳一樣都只是物（必要時，我們可以說手是人類所特有，或者說眼睛是靈魂之窗；但是我們的腳與性器官卻是獸性十足）。此外，我們也認為人類對肉慾的狂熱使我們淪落與野獸同一層

次。

　　然而，如果我們就此斷定性行為就像活體解剖者手中的動物一樣只是個物；如果我們認為性行為已逃脫人類精神掌控的話，我們將面臨嚴重的困難。如果我們面對的是個物，我們對它有清楚的意識。只要我們從此物的側面、外面探測，很容易就可以掌握到此意識的內容。相反地，每次當我們從內部瞭解這些內容，而卻無法與外在的明顯效果彼此連結時，我們只能含糊地加以討論[1]。但是，還有比性行為更不易從外頭探究的嗎？

　　現在讓我們看看將性行為當作外在統計數據研究的《金賽性學報告》（*Rapports Kinsey*）[2]。此報告[3]的作者們從未真正地從外觀察他們所報導的無數事實。這些事實是由當事人自己從內部觀察所得。這些數據的系統建立在自稱觀察者所信賴的中間人的供詞與故事之上。人們對這些結果或至少其整體價值所提出的質疑（有時是必要的），似乎刻板且流於表面。報告作者們在處理議題時小心謹慎的態度（查證、隔一段長時間重複提問、比較不同訪談者在相同情境下所得到的不同示意圖等等）不容忽視。透過此一大規模的調查，我們對自己同胞的性行為已不再感到完全陌生。不過此一努力所透露出的確切訊息是：

1　如果我想清楚地討論我自己，我必須將自己的存在當作單獨的事實，就像我從外頭所觀察的別人一樣。而除非他人像物一樣，在其單獨的外表下與自己完美結合，我將無法清楚地加以區分。（原注）

2　金賽（Kinsey）等著《男性性行為》（*Le Comportement sexuel de l'Homme*, Ed. Du Pavois, 1948）與《女性性行為》（*Le Comportement sexuel de la femme, Amiot Dumont*, 1954）。（原注）

3　金賽（Alfred C. Kinsey, 1894-1956）是美國印第安那大學生物學教授，也是著名的性學專家。他根據調查研究結果於1948與1953年分別出版了《男性性行為》（*Sexual Behaviour in the Human Male*, 1948）與《女性性行為》（*Sexual Behaviour in the Human Female*, 1953），合稱為《金賽性學報告》。在此報告中，金賽與同事蒐集了近18, 000個與人類性行為或性傾向有關的訪談案例，開創了現代性學研究的先河。

在此研究計畫之前,各式性行為並不被當作是物看待。在此《金賽性
學報告》之前,性生活只有在最低層次才具有事物的明確真相。現在
此一真相,即使不算大白,也已相當清楚。現在我們總算可以將性行
為當作物加以討論:就某一程度而言,這算得上是《金賽性學報告》
的創舉……

　　首先值得爭議的是,將人類性行為簡化成客觀數據這個奇怪、荒
謬的舉動。不過人類的智識活動往往僅著眼於立即的成果。總之,人
類的智識活動只不過是個過渡:在預期的成果之外,還有意料之外的
後果。《金賽性學報告》是建立在性行為是物的原則上;但是,如果
研究結果卻清楚地證明性行為並非物?一般而言,我們意識可能有此
一雙重的運作:在盡可能的情況下,意識的內容被當作物看待;但是
只有在我們發覺從外觀察有所不足、而回歸向內探索時這些內容才顯
得更清楚、更具意識。我現在想要闡明的是,性脫序行徑中此一回歸
向內探索的機制。

　　反對由外觀察性行為並非只是墨守成規。性行為會感染的特質排
除了觀察研究的可行性。此感染與病菌的傳染毫無關係,而是類似於
笑與打哈欠的感染。打哈欠會感染、看到眾人笑自己也會忍俊不住;
目睹性行為也會激起觀者的慾望。性行為也可能引人反感。或者我也
可以說,性行為──即便只是難以察覺的心神蕩漾或衣衫不整──很
容易地就引誘觀者進入參與的狀態(如果美麗胴體至少可以令感官
失調的話)。身陷此迷惑狀態者通常無法執行科學的系統性觀察:看
到、聽到別人笑時,我由內參與了笑者的情緒。此一傳達給我、讓我
由內感受到的情緒使我忍俊不住。我們參與(溝通)時所認知的是我
們由衷的感受:透過微笑與分享,我們馬上理解其他笑者的笑聲或其
興奮之情。正是基於這個理由,笑或興奮(甚至打哈欠)不能算是
物:一般而言,我們無法分享石頭、木頭的感覺,但是我們卻可以

感受到懷中裸女的情緒。沒錯，被李維─布魯爾[4]稱為「原始人」的人可以感受到石頭的情緒，但對他們而言，石頭並不是物，而是跟他們自己一樣具有生命。李維─布魯爾將此一思維方式只歸於原始人類也許是項錯誤。在詩歌中，我們只需要忘了石頭是石頭，而只談月長石[5]；如此一來，此一月長石即成為我內心深處的一部份（談論月長石時，我已悄悄地溜進了其內心世界）。如果裸女或享樂的過度不是物，而是跟月長石一樣難以捉摸，其後果就值得我們留心玩味。

　　將通常被貶為和食用肉（肉體）同一層次的性行為提升至與詩歌同樣高檔位階，毋寧是件奇怪的事。沒錯，今日的詩歌品質良莠不齊，而且可能的話，還企圖引人非議。但看到性行為中的肉體不但沒有物的奴性、其獸性還頗具詩意，甚至稱得上神奇，仍令人訝異。這是《金賽性學報告》的廣度與怪異方法所證明的，由此可看出其將研究對象當作物（可以客觀觀察的東西）之無能。探究人類性生活無可避免求助於為數眾多的主觀經驗，這點必要時可以補充以客觀方法觀察的科學方式之不足。但是此一龐大工程（求助於眾多個案似乎抹煞了此項觀察的主觀面向）凸顯出性行為中一項無法化約的要素：《金賽性學報告》中圖表曲線所無法顯現的私密要素（與物相反）。此一私密要素與頻率、姿勢、年齡、職業、階級有別；這些類別可以由外有效探究，私密本質則否。我們甚至可以公開地質疑：這些書談的真的是性生活嗎？如果我們提供的只是些數字、尺寸、年齡、眼睛的顏色，我們談的還是人嗎？在我們眼中，人的意義應該不只是這些分類數字。這些數字當然值得注意，但是它們只為我們的認知增添些非

4　參見第2章第3節的譯注5。

5　月長石（pierre de lune）是寶石的一種，以移動時會顯現不同光澤著稱。早期人們相信可以從這種寶石中看出月亮的盈虧。

本質的面向[6]。同樣地，從此一報告中我們得不到人類性生活的真正知識。除非我們事先知道性過度是怎麼一回事，這些關於每週性交頻率、平均次數等統計數字才有意義。如果說它們真的增長了我們的見識，那也是如我方才所說的，從中讀到一種無法化約的感覺……。例如，當我們從報告中十欄圖表裡讀到下列標題：美國人高潮的來源，而在數字欄下面則看到這些字眼：自慰、愛撫、婚裡或婚外的性交、獸交、同性戀……，我們一定會忍俊不住（因為出現了似乎不可能的失調）。這些通常用在物（如幾噸鋼、銅）身上的機械性分類方式與內在祕密的真相極度不協調。關於這點，作者們自己至少也意識到一次：他們承認這項調查、這項他們據以分析的「性案例」，有時在他們眼中還是相當私密的：這些案例跟他們自己沒有關係，不過他們承認「這些案例往往意味著對深度創傷、挫折、痛苦、未滿足的慾望、失望、悲劇情境、完全災難的回憶」。不快樂的特質雖然與性行為的內在意義無關，但它至少使我們回歸內心深處；唯有從內心深處著手，才能獲取其真相。因此，這些作者們自己知道他們所報導的性行為位處多深的深淵之下。雖然他們有此覺悟，他們卻未因此困難而罷手。他們主要仰賴主體自身的敘述而非客觀觀察；但有一次當他們未如此做時，此一研究取向的缺點最是明顯。他們一度未親眼目睹就發表了客觀觀察的資料（可能由第三者所提供）。他們曾經研究（六到十二個月）嬰兒達到高潮──只能透過手淫──的時間（太短了），測量的方式有時用有秒針的手錶，有時則用碼錶。這項研究中，觀察方式與被觀察行為的不搭、適合研究物的有效方法與令人尷尬的私密行為之間的不協調已到了令人笑不出來的地步。對成人的觀察將會遭

6　即使是身體人類學的基本數據，也只有在有助於釐清已知事實以及界定人類在動物界的定位時才有意義。（原注）

遇更嚴重的阻礙，但是嬰孩的無助與令人卸下心防的無限溫柔使得使用碼錶測量其高潮時間一事應受譴責。儘管作者們也許不樂見，但真相終將會大白：將物的貧乏與全然不同的神聖混淆是件明顯的錯誤。將在我們眼中相當重要的成人或嬰兒的私密暴力視為世俗世界（物的世界）中的鄙俗行徑令人無法接受。人類性行為的暴力儘管仍具獸性，在我們眼中還是令人無法招架：它一映入眼簾即令人心神蕩漾。

工作使我們對於物具有客觀意識
且降低了性的洋溢；只有黑道份子保留了性的洋溢

　　讓我再回到獸性原則上通常可以被視為物這個事實上。關於這點，我再怎麼強調都不為過：為了闡明這個問題，我將借助《金賽性學報告》的數據繼續我的解析。

　　這些龐大的數據仍有待進一步地闡釋利用：擺在我們面前的是精心收集的一大筆資料，所用的方法令人想起蓋勒普機構[7]，而且效率相當高（不過所根據的學理就較令人不敢恭維）。

　　對這些作者而言，「不論以何種方式呈現，性都是正常、可以接受的生理功能。」但是宗教上的限制卻反對此一自然行為[8]。在第一份報告中，最有趣的統計數字是受訪者每星期達到高潮的頻率。根據年齡與不同的社會分類，一般大體比7次少得多；多於7次則屬於多高潮型。但是「類人猿」的正常高潮次數是每天一次。這些作者確信，若非宗教上的限制，人類的高潮頻率不會低於人猿。他們此一想法的

7　蓋勒普機構（Institut Gallup）為George Gallup在1958年所成立。目前分為四大部門：民意調查、諮詢顧問、大學、出版；其中尤以蓋勒普民意調查（Gallup Poll）最為有名。

8　美國批評家崔林（Lionel Trilling）曾獨具慧眼、正確地強調，這些作者以為將性行為描述為自然的就可解決問題，是種過於天真的想法。（原注）

根據來自其調查結果。他們將不同信仰者的回答分成實踐者與非實踐者兩大類。7.4%的虔誠基督徒與11.7%冷漠基督徒達到或超出一星期7次；同樣地，8.1%的虔誠天主教徒與20.5%的冷漠天主教徒達到或超出此一標準。這些數據頗值得注意：宗教信仰的實踐顯然會抑制性行為。不過我們面對的是一群公正、努力不懈的觀察者；他們並不以對自己理論有利的結果為滿足。他們將調查觸角向所有方向延伸。高潮頻率的數據被依社會階級分類：勞工、工廠工人、白領工人、專業人士。總體而言，在有工作者中，大約10%屬於高潮頻率高的範疇。只有沒有正當職業的黑道份子達到49.4%，這些數據最有意義。這些數據顯示出的因素比宗教因素（別忘了迦梨女神［Kali］[9]與酒神的祭儀、密宗與其他許多宗教的情色形式）更為明確：此因素就是工作。工作的本質與角色一點也不含糊。透過工作人類將物的世界予以分門別類，並使自己成為此物的世界中的一份子，工作使工作者本身成為一種手段。人類所不可或缺的工作是區分人與野獸的唯一明確指標。這些數據報告在此將工作的世界與工作者的世界區分開來；可被化約為物的工作者的世界將完全私密與不可化約的性排除在外。

　　這些數據所創造出的對立有其弔詭之處。此一對立意味著不同數值之間有令人意外的關係。這些關係再度凸顯出我先前已強調過的弔詭：獸性的洋溢不能被化約為物。對此，我們必須特別留心。

　　我一開始即已指出，人與物的基本對立建立在將動物視為物的前提上。按照這個分法，一方面有個外在的世界、物的世界，動物屬於其中一部份。另一方面則是人的世界，基本上被視為是內在、精神（主體）的世界。但是如果說動物與人的不同在於動物僅是個物；

9　迦梨女神（Kali）是印度教中與永恆能量有關的女神。同時也被視為是母神（Mother Goddess），又是掌管時間與變化的女神。

動物與鋪路石、鍬鑱等沒有生命的物品還是有所區別。只有沒有生命的物——尤其是被製造出來、作為勞動產品的物——才是不具任何神祕、屈就於外在目的、真正的物。對本身不具任何意義的就是物。就這層意義而言，動物本身並不是物，只是人類把牠們當作物看待：當動物成為人類的勞動對象（畜牧）或勞動器具（役畜）時牠們就是物。當動物進入有用行為的循環、成為手段而非目的時，牠就淪為物。但是此項沉淪否定了牠的本性；只有當人類有能力否定動物時，動物才會淪為物。如果我們不再有此能力，如果我們不再有能力將動物當作物看待（如果獅子將我們撲倒在地的話），動物本身就不再是物：牠不再是個純粹的客體，而是本身具有內在真相的主體。

同樣地，只有在我們有能力加以否定、並假裝它們不存在的時候，我們才能將人類身上所具有的獸性與性洋溢當作物看待。事實上，我們的確企圖否定身上的獸性，只是徒勞無功。被視為骯髒或禽獸的性甚至還是避免人類淪為物的最大屏幛：男性私下最感自豪的是其男性氣概。而這所指的並非被否定的動物，而是其私密、無法測度的獸性。這也是為何我們不能像牛一樣淪為勞動力、淪為器具、淪為物。毫無疑問地，在與獸性形成對比的人性中有種無法被化約成物或勞動的成分：毫無疑問地，人類無法像動物一樣被壓迫或奴役。不過，只有在仔細觀察後我們才會發現：人類首先是勞動的動物，為了工作被迫犧牲部份的洋溢激情。人類對性的限制有其邏輯：每個人的精力有限；為了保存部份精力工作，他在情色方面必須相對有所節制。因此在反獸性的人性勞動時代中，將我們貶為物的是人性，反而是獸性為我們保存了主體為自己的存在價值。

這點值得明確地加以表達出來。

所謂的「獸性」或性洋溢避免我們淪為物。

相反地，所謂的「人性」在勞動時代中有其特殊目的，往往犧牲

了我們的性洋溢而使我們淪為物。

與性洋溢對立的工作是我們對物有意識的條件

　　首份《金賽性學報告》[10]的數據與這些重要原則吻合程度之高令人訝異。只有在不工作、行為否定「人性」的黑道份子中，高潮頻率屬於高標準49.4%。在作者們眼中，平均而言，這樣的比率符合自然界的正常標準──符合類人猿的獸性。但是此一獨特數字卻迥異於一般真正人類的行為──依其不同類別，符合高標準的比率介於16.1%到8.9%之間。此一分佈的細節也值得留意。大體而言，此比率依「人性化」程度的不同而有異：人性化愈高的人性洋溢愈低。具體數據是：性高潮頻率達到高標準的勞工有15.4%，半技術性工人16.1%，技術工人12.1%，低階白領階級10.7%，高階白領階級8.9%。

　　然而其中卻有個例外：從高階白領階級到管理階層的專業人士，這個數字卻上升超過3%，到達12.4%。如果我們考慮到這些數字的取得背景，其中細微差異可以不予理會。不過，從勞工到高級白領階級之間頻率的下降卻是相當穩定；而後者與專業人士之間高達3.5%的差異代表著增加30%左右：每星期約增加了2或3次高潮。統治階級高潮數字再度上升從一開始就很清楚：與其他階層相較之下，這個階級至少擁有較多的空閒，而其財富一般而言並不意味著超量的工作，它顯然比勞動階級有著更多的多餘精力。這點補償了它他人更人性化的事實[11]。此外，統治階級的例外還有一層更明確的意義。在指出獸性的神奇面向與人性的奴役面向時，有一點我還是必須保留：人性中

10　指《男性性行為》。

11　亦即前面所指人性化愈高性洋溢愈低的事實。

還是有某些無法完全被化約成物或勞動的成分，以致人類絕對比動物更難加以奴役。此一成分在社會各個階層都有，但主要存在於統治階級。我們很輕易地可以看出，所謂淪為物只有相對的價值：與物相對的是此物的擁有者。沒有生命的物體、動物、人都可能是物，但是是屬於某人的物。人類尤其只可能是他人的物，而在此他人又是第三者的物，以此類推，但絕非毫無止境。在某種程度上人類雖可能淪為物，但人性總有要求自我實現的時刻。此時，如果有人不需仰賴其他任何人，普遍遭奴役的大眾就會從這位從中受益、本身不受制於任何事物者身上獲取意義。原則上，這通常發生在統治階級，其責任大體在於將人性從淪於物中解放出來，並將人類自己提升到自由的境界[12]。

　　通常，為了達此目的，此一階級不用工作；而且如果性精力可以測量的話，其性精力原則上顯然跟黑道同樣旺盛[13]。美國社會的情況與此原則有所背離，原因在於其立國以來一直居於主導地位的中產階級從來就不甘於怠惰；不過此中產階級還是保有上層階級的某些特權。這就說明了代表他們性能力的指標相對遜色的原因。

　　《金賽性學報告》依據高潮頻率的分類方式失之簡化。這種方式並非完全沒有意義，但是卻忽略某項值得重視的因素。它並未調查性行為持續的時間。性生活所耗費的精力不能被簡化成射精時所消耗的精力。性嬉戲本身所耗費的精力亦不容忽視。高潮時間不過十秒左右的類人猿，所消耗的精力明顯少於性嬉戲時間可以長達數小時的文明人類。不過此項持久的藝術也因階級而有所不同。一向仔細的《金賽性學報告》在這一點上卻不夠明確。然而，延續性嬉戲的時間顯然

12　古代的帝王、部落的酋長、或是巴代伊在下一章所討論、薩德小說中的主宰者都是這類人物。

13　就某層意義而言，主宰階級不就是經群眾所認可、快樂的黑道嗎？原始社會中，百姓會允許其首領享有一夫多妻的權利。（原注）

是上層階級的特權。身處社會底層的人滿足於速戰速決；他們高潮時間雖然不比動物短，但卻往往無法使伴侶也同樣達到高潮。幾乎只有12.4%高潮達到高標的階級[14]致力於前戲與持久的藝術。

我在此無意為「受到良好教養」的人士的性榮譽辯護，但是這些考量讓我們可以進一步明白上述數據所代表的意義以及生命內在衝動的需求。

我們所謂的人性社會必然是工作的社會，也就是被化約的社會。但是工作（travail）不只是其字源上所指的痛苦、拷問架的意義；工作亦是帶領人類擺脫獸性的意識之途。工作使我們對物品有清楚明確的意識；透過工作科學永遠與技術攜手並進。相反地，性洋溢則使我們遠離意識：它削弱我們的判斷力。此外，氾濫無節制的性減低了我們工作的能力，一如持續工作降低了我們對性的需求。無可否認地，與意識關係緊密的工作與性生活彼此排斥、無法相容。因此，只要人類有意識、要工作，他自己對於過度性慾不但必須有所節制、加以否認，有時甚至還要予以譴責。就某一層意義而言，此項否認即使不妨礙他對事物的認知至少減低了他對自己的瞭解。此一否認在讓他瞭解世界的同時卻對本身一無所知。但是，如果一開始他沒透過工作而獲得意識，他將一無所知：他將停留在動物的黑暗世界中。

不同於對物的意識，情色意識表現在遭詛咒的面向：它開啟了寂靜的甦醒

因此我們的意識是透過對性生活的否認與譴責而產生。受到排擠的不只是情色：對於所有無法被化約成物（固體的東西）的，我們都

14　意指管理階級。

無法具有直接的意識。首先，清楚的意識是對物的意識；我們對外表不明確的東西首先並沒有清楚的意識。對於不像簡單固體那麼明確的概念，我們只能慢慢吸收體會。

首先，我們認識這些概念的方式就如《金賽性學報告》的方式：為了清楚區分起見，一些本質上無法被化約成粗糙物質的觀念還是被當作如是觀。我們內在生活的真相就是透過這種途徑進入我們的辨別意識中。因此大體上，我們無法掌握自己內在經驗的真相。事實上，如果我們硬要張冠李戴，我們只會進一步誤解它們。如果我們只將情色生活當作是自然的功能，如果我們在理解其真正意義之前，就譴責阻礙它自然發展的法律荒謬，我們就是不願面對自己情色生活的真相。如果我們以為有罪的性可以被簡化成無辜的物質，我們的意識就無法真正面對性生活，就完全無法理解它那模糊、令人迷惑的面向。事實上，清晰明確是我們意識的第一要求，但此一對清晰的要求卻使我們無法掌握真相。這些面向被詛咒困在半明半暗中，使我們陷入恐懼或至少是焦慮之中。科學在替性生活辯護的同時，卻也斷送了瞭解它的契機。科學使我們的意識清楚，但卻付出了眼盲的代價。當講究清晰的科學排除迷惑、模糊時，當少數因素被化約成物的極致時，它就無法掌握此一系統的複雜性，它就無法掌握性生活的真相。

為了要探究內心深處（我們的內部），我們也許可以、甚至應該透過迂迴的方式，借助於那些可以代表內部深處之物。當想像的經驗似乎無法完全被化約成外在之物或簡陋機制時，其內在真相即顯現出來：它被詛咒的面向正足以揭露出它的存在。我們私密的經驗無法直接進入清楚的意識中；但是我們清楚的意識至少有能力辨識、排斥遭詛咒部份的衝動。因此，內在真相是透過可能被詛咒、被譴責的形式——透過「罪」的形式——進入我們的意識。面對性生活，我們的意識保持且無可避免地應該保持驚恐、厭惡的反應，因為此驚恐有其

附屬意義（事實上，這與是否接受「罪」的解釋為真無關）。人類透過系統知識清晰可貴的方法主宰外在事物；但是此一受到性迷惑所阻礙的清晰（或者如果它勝利的話，性迷惑反遭其壓抑），如果為了現實目的，而必須排除部份真相的話，最終總可以承認其侷限不足。如果在照亮我們的同時，它不得不遮蓋部份的真相，這還稱得上完全明亮嗎？另一方面，如果受到慾望所迷惑的人只能將慾望隱藏在自己看不見的黑暗中，他算得上完全瞭解自己的處境嗎？但在撕裂的混亂中，我們至少可以看清此一混亂，而藉此讓我們超越外在事物，轉而注意到此撕裂的內在真相。

　　雖然這種看法與《金賽性學報告》的原則有別，甚至本質上與之唱反調，但報告中的龐大統計成果卻支持此一看法。《金賽性學報告》所反映的是對最初有些不理性文明殘餘所做天真、時而動人的抗議。但是我們不想被此天真所限制。相反地，我們所採取的是項無止境的行動，其迂迴最終將讓我們寂靜地意識到我們內在的私密真相。各式各樣的人類生活前仆後繼，我們終將看到最後超越的方向。不同於科學的白晝，此一無可避免的謹慎光線最終所揭露出的是迥異於外在事物的真相：它開啟了寂靜的甦醒。

薩德[1]作品中的主宰者

逃避理性的人：黑道份子與帝王

在我們所生活的世界上，沒有任何事足以跟敏銳地跟隨暴力衝動起舞、不聽從理性指揮的群眾所表現出的隨性激情相比擬。

今天，每個人均必須對自己的行為負責，而且凡事服膺理性的規範。過往的遺緒的確殘存，但只有黑道份子，基於其逃避管控的陰險暴力，尚能大量保持未被工作所耗盡的精力。至少在美洲新大陸是如此。比起歐洲舊世界而言，美洲新世界受到冷酷理性的摧殘更加嚴厲。（當然，在新大陸中，中南美洲與美國情況有所差異；另一方面，蘇聯集團也有別於歐洲資本主義國家。不過全球性的《金賽性學報告》尚未出爐[2]，而且遙遙無期。那些對《金賽性學報告》中數據嗤之以鼻的人難道看不出來：儘管失之粗糙，但蘇聯的《金賽性學報告》將會具有多大的意義？）

在先前的世界中，人們不像今天那樣為了理性而輕易拋棄情色的

---

1   參見〈前言〉中的譯注3。

2   美國版的《金賽性學報告》分別於1948與1953年出版，參見研究一。

洋溢。至少，他們希望一個跟他們相似的人能夠代表人性，擺脫加諸
眾人身上的束縛。因此，依據眾人的意志，主宰者（souverain）被賦
予擁有財富與遊手好閒的特權，並且得以享受為他所特別挑選保留
的、最年輕貌美的女子。此外，對於征服者而言，戰爭比工作帶來
更大的可能性。過去的征服者享有現在美國黑道所享有的特權（這些
黑道只不過是過去的殘餘零頭）。奴隸進一步延長了戰爭所造成的後
果：這種現象至少持續到了蘇聯與中國的革命，世界其他地方則仍坐
享這些成果，或是仍正在品嚐其苦果。就人類的不公平而言，北美洲
可能是非共產世界中，最未受到奴隸制度長遠影響的地區。

　　無論如何，隨著其他主宰者的消逝，目前殘存的少數君主（絕大
多數已被馴服並服膺理性）剝奪我們目睹「全人」（homme intégral）
的機會。因為人人都成功地成為「全人」的情形無法想像，過去的人
性希望見識此一「全人」。與歷史故事中帝王豪奢程度相較，美國黑
幫與歐洲富豪的闊氣顯得小巫見大巫。更不用說，帝王蔚為奇觀的皇
家排場早已不復可見。這是最可悲的。古代的遊戲規則希望皇家豪奢
的奇觀排場能夠給一般老百姓的貧困生活發揮補償作用（就如同舞台
上的悲劇彌補了平順的生活）。最令人焦慮不安的莫過於是在最後一
幕中，古代世界為這齣喜劇所安排的結局。

文學中至高無上、絕對的自由
出現在革命否定帝王原則之後

　　就某層意義而言，此一自由有點像天空中絢爛的火樹銀花，耀眼
地讓觀眾睜不開眼睛、無法直視。長期以來，炫麗的排場早已不再能
滿足群眾的願望。他們對此已感厭倦？或是每個人希望能滿足自我的
慾求？

　　早在西元前三千年，埃及人已不再容忍整個國家只為了滿足法老王一個人；反叛的群眾要求分享特權，每個人都希望擁有永生不死這項直到當時只有法老王獨享的特權。在西元1789年，法國群眾也希望為自己而活。君王貴族豪奢的榮耀排場非但無法滿足他們，反而更激起他們的憤慨咆哮。當時被與世隔絕的薩德侯爵趁機假批判之名，將此一體制發展到淋漓盡致的地步[3]。

　　薩德在批判體制的同時，實際上卻是描述如何產生一個在眾人之上，令眾人瞠目咋舌的完整個人。首先，薩德試圖利用封建政權賦予他的特權滿足其慾望。不過此一政權當時（其實，幾乎一直如此）已受到理性的制約，以致連他這個大領主也無法濫用特權、暢所欲為。和當時其他貴族相較，薩德的行徑似乎並不特別離譜，不過他太過笨拙、太不謹慎（何況他還有個強而有力的丈母娘）[4]。從享有特權的貴族，他先是淪為凡森監獄的階下囚，後又移監至巴士底獄，成為專斷獨裁的受害者。這位舊王朝的敵人起而反抗舊體制：他並不支持恐怖時期[5]的過度行徑，但他卻是個雅克賓革命黨人，且曾擔任其支部祕

3　1789年法國大革命爆發前夕，薩德尚被關在巴士底獄（Bastille），並藉機在牢裡叫囂喧鬧。不過在7月14日巴黎群眾攻陷巴士底獄前幾天，他已被移監到別處。

4　年輕的薩德有如脫韁野馬，終日縱情逸樂。1763年薩德在父命難違的情況下，心不甘情不願地（當時他已另有所愛）與一名法官千金Renée Pélagie de Montreuil完婚。不過，婚後薩德玩世不恭的浪蕩行徑不但未稍加收斂，反而變本加厲，短短幾年間先後因為一連串醜聞（他曾被指控對多名女子猥褻、鞭笞、虐待、肛交、甚至下毒）而進出監獄多次。後來他居然連自己的小姨子都不放過，小倆口相偕私奔到義大利，此舉讓先前對他反常行徑一再隱忍、甚至設法幫他說項脫罪的岳母在忍無可忍的情況下，決定大義滅親，祭出國王的授權信（lettre de cachet），將他繩之以法。此舉終於導致薩德於1778年起的長期牢獄之災，從此與社會隔閡，只能從自我建構的想像世界中獲取慰藉。綜而觀之，薩德從38歲起到74歲病死獄中為止，前前後後總共在牢房中度過了將近28個寒暑。

5　指從1793年6月到1794年7月由革命領袖羅伯斯比（Maximilien Robespierre, 1758-1794）暴力統治的恐怖時期（la Terreur），期間死亡無數。法王路易十六與其皇后皆成為此時期斷頭台下的冤魂。

書。他對過去的批判、主要沿著兩條彼此獨立、截然不同的軸線進行。他一方面站在革命黨這方批判皇室政權，另一方面他卻善加利用文學的無限可能：他向讀者提出了某種特權不需群眾認可的主宰式人性。跟帝王領主所享有的特權相較，薩德筆下的特權顯得誇張離譜：這些特權就像是浪漫虛構下，全能而不受處罰的邪惡帝王領主所能幹出的卑鄙勾當。天馬行空所想像出之令人嘆為觀止的創意與價值觀，比任何體制更能開創出精采的可能性。對於不受任何限制的慾求，體制最多只能做出微弱的回應。

獄中的孤獨與想像性過度時刻的恐怖真相

從前，人們的一般想法是：對於王公貴族難以捉摸的旺盛情慾，盡量予以滿足，但還是有個限度；薩德的想像力則遠遠地超越了此一限度。薩德作品中的主宰人物已不再是受群眾支持去滿足過度情慾的個人。薩德夢想人物所追求的並非服膺眾人慾望的性滿足。他心中的情慾甚至與他人（幾乎其他所有人）的慾望格格不入；在他心中，他人並非其伙伴，而是其受害者。薩德鼓吹其主角獨一無二。薩德體系中的根本原則是對伙伴的否定。在他眼中，情色如果導致伙伴間的和諧，將違反其暴力衝動與死亡衝動的原則。追根究柢，性的結合是種妥協，是生命與死亡的折衷。同伴之間的融洽則是種限制，唯有打破此一限制，情色方能展現其暴力真相；唯有實現暴力方才反映出人類的主宰者形象。不受任何節制的主宰者攻擊受害者的狂暴模樣，只有貪婪的凶猛獵犬差可比擬。

薩德自己的真實人生讓人懷疑他在作品中，對否定他人的主宰性之強調是否浮誇。但在闡述一套毫無人性弱點的思想時，吹噓有其必要。在其實際人生中，薩德會為他人著想；但在孤寂牢房中他反覆思

索、一心一意想要完成的形象卻迫使他無視他人的存在。對他而言，巴士底獄是片沙漠；文學成為他激情的唯一出口。在作品中，他不斷加碼突破人類最瘋狂夢想中所可能想像的限制。這些提煉自牢房的文學結晶，忠實地刻畫出一位完全無視他人存在的個人。

布朗修[6]曾寫道：薩德的道德觀「建立在絕對孤獨這個重要事實上。薩德曾經說過，而且一再以不同形式重複此一事實：人天生孤獨，人與人之間毫無任何瓜葛。因此，行為唯一的準則是：我偏愛任何令我快樂之事，即使我的偏好會給別人帶來痛苦，亦在所不惜。別人再大的痛苦也比不上我的快樂。即使為了獲取自己小小的愉悅而必須犯下一連串聞所未聞的重罪，又有何關係？因為愉悅令我滿足，它發生在我身上；罪行的受害者卻是他人、與我無關。」[7]

布朗修的分析忠實地反映出薩德的基本思想。這套思想可能流於虛假不真。它忽略了每個真實人生的結構；人一旦切斷與他人的連結關係，此人的一生根本無法想像。人所謂的獨立，指的不過是對他人的相互依賴有所節制。少了相互依賴，人生根本不可能。這一點最是重要。不過薩德的思想也不盡是瘋言瘋語。它雖否定了人生的真實基礎；但人生在世不可避免地有過度、逸軌時刻：這些逸軌時刻足以撼動我們生命所賴的根基。否認了這些時刻，反而使我們無法瞭解自己的本性。

整體而言，薩德的思想可說是這些藐視理性時刻的結果。

6　布朗修（Maurice Blanchot, 1907-2003），法國二十世紀重要作家、哲學家、文學理論家，同時也是巴代伊的終身好友。其思想對後結構主義思想家如德希達（Jacques Derrida, 1930-2004）有重大影響。

7　《羅特列蒙特與薩德》（*Lautréamont et Sade*, Ed. de Minuit, 1949），頁220-221。布朗修的研究不但提供了關於薩德思想的第一份有系統的解析，根據作者自己的說法，此研究藉著改變理解的條件，也有助於讀者瞭解自己。（原注）

　　就定義而言，過度（excès）指的是超出理性之外。理性與工作有關，與體現其律法的勤勉活動有關。但享樂則不屑勞動，因為勞動似乎不利於強烈的享樂生活。如果計算所耗費精力與所得成果的用處，享樂活動即便算得上有用，但本質上仍屬過度浪費。尤其是享樂通常沒有成果，它本身就被當作成果，而且愈是揮霍無度愈受歡迎。薩德作品的意義就在此。他雖未刻意表明上述原則，但字裡行間卻再清楚不過：他主張犯罪帶來更大的享樂，且罪行愈令人髮指，所帶來的享樂愈強烈。我們可以看到：過度的享樂很可能導致對他人的否定；對一個人而言，這就是對自己生命所依賴的原則的過度否定。

　　在這方面，薩德確信自己在知識領域中有了決定性的新發現。如果犯罪能給人類帶來感官的最大享受、最強烈慾望的滿足，還有什麼比否定這項妨害犯罪、阻礙從中享樂的相互連結來得更重要？我可以想像薩德是在孤獨的牢房裡發現此一狂暴真相的。從那時起，薩德開始斷絕任何可能危及此一體系的關聯（包括他自己）。難道他先前不是也和其他人一樣，同樣愛過別人嗎？他不是曾與自己的小姨子一起私奔，以致惹得丈母娘火冒三丈，進而請出國王致命的授權信，令他鋃鐺入獄？後來，他所從事的政治活動不是以老百姓的利益為依歸嗎？當他從獄中（他因反對恐怖時期的措施而入獄）窗口看到斷頭台，難道他不感到恐怖嗎？最後，當他發現他企圖——向他人——揭露他人微不足道之真相的手稿遺失時，他不是也黯然流下「血淚」嗎[8]？也許他告訴自己：如果因為考量他人而癱瘓了自身的行動，性

8　寫於獄中的《索多瑪120天》（*Cent vingt Journées de Sodome*）（譯注：中文繁體譯本2004年由台北商周出版）是薩德描繪主宰者的首部作品。書中的浪蕩者在其淫蕩生活中致力於犯罪的享樂。在1789年7月14日法國大革命爆發前夕，薩德從巴士底獄被強行移送他處監獄。據傳，理由是他企圖鼓惑路人造反，不斷從獄中窗戶向外呼喊：「巴黎市民，獄中有囚犯慘遭割喉！」移監時他無法攜帶任何物品，而《索多瑪120天》的手稿也在巴

吸引力的真相也許就無法全盤展現。他堅持在牢獄無盡的寂靜中所獲得的經驗；在獄中唯有透過想像世界的景象才能讓他與生命再度取得聯繫。

情色與「麻木不仁」的致命混亂

薩德用以顯示其真相的過度手段本身就不容易使人輕易接受。但從他的觀點，我們可以看出，在情色與死亡的嬉戲中，溫柔根本軋不上戲。就如耗費與獲得對立，情色行為與慣常舉動也截然不同。如果我們根據理性行事，我們會努力獲取各式各樣的財產，我們為了累積資源──或知識──而努力，我們會盡力使自己致富並獲取更多。原則上，我們在社會上的地位是依此而定。但是性狂熱時，我們的行為卻完全相反：我們毫無節制地耗費精力；有時在激情暴力中，我們甚至揮霍大量財富而毫無所獲。肉體享樂與毀滅性耗費實在太相近了，以至於我們稱高潮的痙攣狀態為「小死」。因此，對我們而言，情色逸軌的面向永遠代表著某種混亂。裸體就破壞了我們賦予衣服的禮儀。但一旦踏上淫逸失序之途，我們即不再輕易滿足。有時隨著生殖力的過度潮漲，伴隨而來的是毀滅或背叛。除了全裸之外，衣衫半褪的軀體也透露著奇異：身上僅剩的衣服進一步凸顯出軀體的失序，使其看起來更形裸露、更為脫序。殘暴與謀殺是進一步的毀滅行為。同樣地，賣淫、淫言穢語、所有與情色、不名譽牽扯的一切，均有助於將感官淫逸世界變成墮落與毀滅的世界。唯有沒有用的耗費，就像身上劃開一道傷口，我們方能擁有真正的快樂：我們要永遠確保自己的

士底獄被攻陷後遺失。掠奪者從堆散在監獄中庭的雜亂物品中搜刮任何看似值錢之物。1900年左右，此手稿重新出現在一名德國書商之手。薩德自己說過，他曾為了此一影響他人、甚至影響整個人類的損失而「流下血淚」。（原注）

耗費毫無用處，有時甚至具有毀滅性。我們要感覺脫離以累積資源為
原則的世界越遠越好。說「越遠越好」其實還不夠，我們要的是一個
顛倒的世界，我們要一個相反的世界。情色的真相即是背叛。

　　薩德的思想體系是情色的毀滅模式。道德的隔離意味著沒有煞車
的機制：它揭露了耗費的奧義。承認他人價值者必然自我設限。對他
人的敬重使他無法清楚瞭解不向累積道德或物質財富的慾望低頭者的
唯一憧憬。因敬重他人而導致的盲目屢見不鮮：我們經常滿足於對性
真相世界的匆匆入侵，其餘時間則活在對此世界的公開謊言中。與所
有他人相互連結使人無法擁有主宰者的高姿態。人與人相互尊重只會
帶來奴性的循環，我們擁有的只有服從的時刻，最後連基本的尊重也
喪失了；因為一般人的主宰時刻已慘遭剝奪。

　　從相反的角度看來，誠如布朗修所言，「薩德世界的中心透過廣
泛的否定要求絕對主宰。」毫無限制的自由意味著無視其他次要理
想、追求最強烈抱負的可能：某種憤世嫉俗的英雄感，讓我們擺脫通
常免不了的對他人的溫柔關懷。此時的我們迥異於平常的我們，一
如雷雨交加的雄偉迥異於陽光普照的時刻，或烏雲密佈的無聊。事實
上，我們並不具備達成完全主宰狀態所需的過度精力。儘管沉默大眾
往往將真實世界中的帝王想像成荒淫無度，但這些帝王即使在其最恐
怖的時刻，和薩德小說中所描述的脫序行徑相較之下，仍是小巫見大
巫。薩德本人可能既沒有能力，也沒有膽量達到他在小說中所描寫
的境界。布朗修曾特別點出此一主宰一切、薩德稱之為「麻木不仁」
（apathie）的時刻。布朗修說道：「『麻木不仁』是選擇成為主宰者所
具有的否定精神。從某種觀點，這是精力的起因與原則。薩德的邏輯
近似如下：每個人都具有固定的能量；人大部份時間將自己的力量無
謂地耗費在別人、天主、理想這些假象的福祉上。如此浪費自己的潛
能根本不對；而將自己行為建立在懦弱上則是更糟。人如果將精力浪

費在別人身上，表示他相信自己需要依賴他們。這是致命的虛耗：徒然的耗費精力會使自己虛弱，而他卻因自認脆弱而耗費精力。真正的人知道自己孤獨無依，且坦然接受此一事實。他否認身上承襲自一千七百年懦弱遺產[9]、與他人而非與自己有關的因素，例如他劃除同情、感恩、愛情這些情感。劃除這些情感的同時，他也成功地找回理應投注在耗損精力的衝動上的所有力量。更重要的是，從這項毀滅性的工作中，他找到真正的精力。其實，必須真正瞭解的是，所謂「麻木不仁」並非僅指劃除「寄生的」情感，同時也反對任何激情的自然湧現。立刻耽於自己惡行的惡棍，充其量只不過是個迷失的早夭者。即使是天生命定是禽獸料子的縱慾天才，如果只一味地跟著本能感覺走，也注定會以悲劇收場。薩德堅持：激情要轉化為能量，必須先經過壓抑，必須先經過麻痺的中介階段，然後才能發揮其最大潛能。茱麗葉特剛出社會時就屢屢遭到克雷威爾[10]的責備：她老是在激情衝動中犯罪，她只從激情的火把中點燃犯罪的火把，她將快感的淫蕩與沸騰置於一切之上。這些都很容易，但也很危險。犯罪比淫蕩來得重要；冷血犯罪比一時衝動而犯罪來得偉大；但是「感官麻痺時所犯下」、幽暗、祕密的犯罪比什麼都重要。因為這是靈魂的傑作；此一靈魂在毀壞自我的一切後，同時也凝聚了一股巨大力量，並與它所準備的全面毀滅行動合而為一。偉大的浪蕩者之所以偉大，在於只為享樂而活的他們，早已將身上所有享樂的能力摧毀殆盡。這就是為何他們恣意於恐怖、令人髮指的荒誕行徑；否則的話，一些平庸的正常享樂早已足以滿足他們。但是他們早已麻痺自己；他們企圖善用此一麻

9　在此指的是從西元四世紀起開始主導西方世界信仰的基督宗教（包括天主教與基督教）傳統。

10　茱麗葉特（Juliette）與克雷威爾（Clairwill）是薩德同名小說《茱麗葉特》（*Juliette*）中的男女主角。在小說中，克雷威爾在茱麗葉特淫亂的人生旅途中，扮演著亦師亦友的角色。

痺狀態、此一對感官的否定、消滅,並從中獲取最大的快感。於是他
們變得凶殘。殘暴一開始只不過是對自我的否定,到後來就變成毀滅
性的爆發。麻痺足以令整個存在顫動,薩德寫道:「靈魂進入某種麻
木不仁的狀態,然後轉化為快感。這種快感比起懦弱所帶來的快感神
奇千倍[11]。」

死亡與痛苦的勝利

我將這段話全盤引述,因為它照亮了此一關鍵點:存在不僅僅是
單純的在場。有時在場只意味著消沉、是生命消極地對其他邁向虛無
的生命所採取漠然的中立時刻。存在也意味著存在的過度、向上追求
的不可能。過度導向超越的享樂不再侷限於感官;此時感官的快樂不
再重要,取而代之的是左右享樂的思想(心靈機制)主宰整個存在。
如果沒有此一過度的否定,享樂將淪為偷偷摸摸、可鄙的勾當,無法
在比感官敏感十倍的意識中佔有真正、最高的位階。茱麗葉特的淫蕩
伙伴克雷威爾曾說過:「我希望找到一種即使到我死後,仍能永遠餘
波蕩漾的罪行,使我這輩子每一分每一秒,即便是在睡夢中,都是某
種混亂狀態的始作俑者。希望此一混亂狀態能持續擴大,導致普遍
的腐敗,甚至變成全盤動亂,其餘波到我死後仍持續蕩漾[12]。」事實
上,要達到此一不可能的巔峰跟攀登聖母峰一樣令人生畏。攀登聖母
峰時體能承受巨大的張力,但是此一巨大張力只是對想從眾人中脫穎
而出的慾望所做的有限回應。從薩德所引進的否定他人的原則看來,
我們會很訝異地發現,無限否定他人的極致竟然是自我否定。依據其

---

11 《羅特列蒙特與薩德》,頁256-258。(原注)

12 前引書,頁244。(原注)

原則，對他人的否定應是對自己的肯定，但我們很快地發現，如果毫無止境地推到極致，甚至超越了個人的愉悅，所追求的將是毫無彈性的主宰。真正（歷史上）的君王為了權力的緣故，行事或多或少具有彈性。歷史上的君王稱不上真正的主宰，他們所代表的只不過是人類企圖擺脫存在的必要奴役所做的努力。值得一提的是，歷史上的君王逃避了這些必要的指令；藉著其忠心臣民所賦予的權力他盡可能地避開這些必要的指令。君臣之間彼此的忠誠除了建立在臣民的臣服外，也建立在他們參與君王的主宰權的原則之上。不過，薩德作品中的主宰者並不是真正的君王，他們是小說中的虛構人物，其能力不受任何義務所限制。在這些主宰者與賦予他們權力的人之間並不存在任何忠誠的問題。儘管在他人面前自由自在，但他們卻也是自己主宰的受害者。他們沒法像卑鄙享樂所追求的那樣有選擇當奴役的自由，他們沒有如此紆尊降貴的自由！值得注意的是，薩德以卑劣無比的行徑開始，最後卻展現相當嚴謹的自制。他只追求最強烈的快感，但這種快感有其價值觀：拒絕紆尊降貴、拒絕向次要的快感屈服，為了他人、為了讀者著想，薩德描繪出作為一名主宰者所可能達到的最高境界：未達極致絕不中止的踰越衝動。面對此一衝動，薩德並未迴避，且坦然接受其後果；其結果是超出了原先否定他人、成全自我的原則。否定他人到了極致也否定了自己。在這項衝動的暴力中，個人的愉悅已微不足道，重要的是要犯罪且不管受害者是誰：重要的是如何達到犯罪的極致。此一要求早已超越個人的層次；至少這項原先發自個人的衝動已脫離、超越原先主導的個人。薩德也不得不跳脫個人私心，成就某種無關個人的自我中心。我們不必硬將小說中的虛構情節當作是現實世界中的可能情況。但我們看得出薩德不得不違反自己的原則，承認踰越、犯罪的後果必然超越個人的存在。一個以自我為中心的人到頭來竟然心甘情願地葬身於此自我中心所點燃的火坑，還有什麼比

這更令人迷惑？薩德就將此一過程體現在他所創造出的一個完美人物身上。

艾美麗居住在瑞典。有一天她去找波爾相普。……為了希望看到殘暴的行刑，後者向國王告發了參與一椿密謀（他自己所策畫的）的所有人員。此項背叛令這名年輕女子興奮異常。「我愛死了你的殘暴，她告訴他。我要你發誓，有一天我也會栽在你手中。我從十五歲起，滿腦子就只幻想死於浪蕩思想的殘酷激情。我也許還不想明天就死翹翹；我還沒瘋狂到那種地步。但這是我唯一可接受的死亡方式：成為犯罪受害者令我神魂顛倒。」奇怪的念頭當然值得對等的回應：「我愛死了妳的頭。我相信我倆可一起幹些轟轟烈烈的大事……一定夠爛、夠臭，我保證！」因此「對於一個完人、一個完完整整的人而言，根本不可能有所謂的壞事。如果他傷害別人，多大的享樂！要是別人傷害他，多大的愉悅！美德給他帶來快樂，因為懦弱的美德可供他踐踏；邪惡亦然，因為邪惡所導致的混亂，即使以他為代價，也給他帶來滿足。如果他活著，他可從人生的任何事件中體會出樂趣；如果他死了，他可從自己的死亡中獲取更大的快樂。意識到自己的毀滅，他將自己的死亡看作是人生的巔峰，因為生命必然毀滅。因此，否定者否定宇宙間其他一切事物，連自己也不放過。否定的力量可能帶來特權，不過其否定行為是抵擋巨大否定能量的唯一保護[13]。」

非個人的否定，非個人的罪行！
超越死亡，邁向生命的連貫！
薩德的主宰者並未提供我們超越可悲人生的真實。不過，其逸軌

13　前引書，頁236-237。（原注）

行徑至少開展了罪惡的接續！此項接續並未能超越：它超越不了逝去的事物。但是在艾美麗身上，薩德將無限的連貫與無限的毀滅做了連結。

薩德與正常人

快樂是弔詭的

亞寧（Jules Janin）[1] 曾如此評述薩德的作品[2]：「其作品有的只是血淋淋的屍體、從母親手中被強行擄走的孩童、集體性歡後遭割喉的年輕女子、盛滿鮮血與酒的高腳酒杯、聞所未聞的折磨。點燃鍋爐、架好絞架、打破頭顱、活活剝著還冒著熱氣的皮、尖叫、毒誓、褻瀆、剖胸取心充斥字裡行間、到處都是。啊，真是個永不疲倦的惡棍！他在第一本書中[3]描寫的是一名迷途、受傷、飽受打擊、窮途末路的女孩，被一群惡魔從一個地窖帶到另一個地窖，從一個墳場帶到另一個墳場，挨揍、憔悴、被打垮、筋疲力盡、遭折磨致死……。當作者幹盡所有罪行，當他受夠了亂倫與倒行逆施，當他在遭其先姦後殺的屍

1　亞寧（Jules Gabriel Janin, 1804-1874），法國作家與批評家，法蘭西學院院士。

2　《巴黎評論》（*Revue de Paris*），1834。（原注）

3　這裡指的是《茱斯蒂娜》（*Justine*）一書，或更精確的說法是，《新茱斯蒂娜》（*Nouvelle Justine*）。後者是薩德在 1797 年所精心出版、更大膽的版本，此版在 1953 年由 Jean-Jacques Pauvert 出版社重新再版。第一個版本曾在 1930 年在 Maurice Heine 策畫下由 Fourcade 出版社發行，後來又由 Point du Jour 出版社在 1946 年再版，且附上波朗（Jean Paulhan）所寫的序文。1954 年 Jean-Jacques Pauvert 再版時，則以本文的另一版本為其序文。（原注）

身上氣喘吁吁，當他已玷污過每一座教堂，當他在瘋狂中殺害所有孩童，當他的思想言語垃圾已污染了所有道德思想時，他最後終於停了下來，看了看自己，對自己笑了笑，他對自己並不感到害怕。相反地……」

此一演變根本無法道盡薩德的作品，但它至少以適當詞彙刻畫出薩德為自己塑造出的形象：驚恐與感覺的純真是對蓄意挑釁的回應。對於這種態度，我們可以有自己的看法，但我們不能忽視人的本質、條件與侷限。對於一般人對薩德與其作品的評斷將會千篇一律這件事，我們早已了然於胸。將亞寧的嫌惡歸咎於他——或其他有相同看法的人——沒有眼光根本無濟於事。亞寧無法理解薩德乃理所當然：這是一般人的反應，是他們感到無力或受到威脅時的反應。薩德的形象當然無法見容於受需求與害怕所驅使的人們。決定人類一般行為的是同情與焦慮——也許應該加上怯懦，而決定享樂人物的主宰行為的卻是激情；這兩者完全對立。不過，後者的主宰卻完全建立在我們的悲哀之上。這些焦慮者——既矯情又怯弱——的反應乃是不變的必然。或確切地說，享樂本身就是要令人焦慮。其實，如果伴隨快樂而來的焦慮未能揭露出其弔詭面向，如果連親身體驗的當事者都感受不到其令人無法承受的況味，快樂又算什麼？

我應該一開始就強調這些真相：受到薩德挑戰的價值觀都是有憑有據的。薩德所反對的並非笨蛋或是偽君子，而是老實人、正常人。就某一層意義而言，他所反對的正是我們所有人。他挑釁的意圖大於說服。我們如果未能看出他在挑釁時無所不用其極，甚至顛倒是非黑白的話，我們就不瞭解他。如果他不謊話連篇、如果他所攻擊的目標未能屹立不搖、不動如山，他的挑戰將不具意義、將失去價值、且無以為繼。薩德所虛構的這位「主宰者」不僅僅超越所有可能：他的想法對正直人士睡眠的干擾從未超過片刻。

　　為了這些緣故，討論薩德時我們最好從與他自己相反的角度，也就是從常理的角度、從亞寧的角度：我針對的是那些焦慮的人，他們的第一個反應是將薩德視為可能殺害自己女兒的凶手。

崇拜薩德反而沖淡了其思想力道

　　事實上，談論薩德本身無論如何都充滿弔詭。無論我們是否默默或公然被他說服，已然不重要：對罪犯辯辭的讚美難道會比直接歌頌犯罪較不弔詭嗎？如果只是單純地仰慕薩德，此矛盾更加凸顯：崇拜薩德抬舉了其受害者，將她們從感官的恐怖世界轉換到荒誕不經、不真實、光彩炫目的理念境界。

　　有些人一想到顛覆——徹底地顛覆——最根柢固的價值觀時，精神就像著了火般沸騰起來。這些人可以高興地宣稱，薩德侯爵這位史上最具顛覆性的人同時也是對人性幫助最大的人。根據他們的看法，這是再確定不過的事。一想到死亡或痛苦（即使是別人的死亡或痛苦），我們便不寒而慄。悲劇或淫穢之事令我們揪心，但這些令我們驚悚顫慄的對象猶如太陽一般，即使我們將自己脆弱的眼睛避開其炫目的光芒，仍不改其光輝燦爛。

　　薩德的形象至少在令眼睛無法直視這點可以與太陽相較；它令時人著迷神馳的同時也令他們感到恐懼：光想到這個惡魔依然在世，難道還不足以引人憤慨？反而到了現代，替他平反的人從未被認真對待過，沒人將他的思想當一回事[4]。最猛烈的批評視他的作品為自吹自擂

4　薩德受忽略的現象從1990年代起已然改觀。物換星移，隨著時代風氣的丕變開放，1990年法國著名的Gallimard出版社在其備受推崇、在學術界極具權威的「七詩聖文庫」（Bibliothèque de la Pléiade）中收錄了Michel Delon教授主編的《薩德作品集》（全三冊，分1990、1995、1998三年出齊）。此舉深具指標意義，可說奠定了薩德作品在主流價值

或肆無忌憚的淫樂。由於對薩德的歌頌並未悖離當時的主流道德觀，等於有助於後者的進一步強化。這些歌頌似乎暗示著，主流道德觀比想像中來得牢固，任何顛覆此一價值觀的努力勢必徒勞無功。不過，只要能夠保留住薩德思想中與理性生命價值勢不兩立的基本價值，這些都無關緊要。

薩德在連篇鉅著[5]中一再提出令人無法接受的價值觀：他相信生命的目的在於追求快樂，而快樂的程度則與對生命的殘害成正比。換言之，生命在毫無人性地否定自己的原則時強度最高。

如此無稽之論顯然無法被接受，甚至無法普遍地呈現，除非事先已被粉飾去勢、剝奪意涵，剩下虛有其表、無傷大雅的軀殼。真要嚴肅看待，顯然沒有任何社會能夠容忍片刻。的確，那些咒罵薩德是無賴惡棍的人比他現代的仰慕者更符合他的本意：薩德召喚著這些憤慨的抗議，少了這些，愉快的弔詭將只是詩意的囈語。我再強調一次，我只願跟厭惡薩德的人談論薩德，而且是從他們的觀點。

在前一章中，我曾提到薩德如何賦予其過度的想像力一種在他眼中具有主宰性、完全否定他人存在事實的價值觀。

我現在必須尋找這種價值觀對被他所否定的那些人而言，無論如何所可能具有的意義。

中的「正典」地位。自此，經過一個多世紀的折磨煎熬，薩德終於得以從「地獄」獲得重生；其支持者甚至標榜他已一躍而躋身「超凡入聖」之列！然而，事實是否如此？薩德「超凡」殆無疑義，至於能否「入聖」、成為其擁戴者口中的「不朽的薩德」（Divine Sade），學術界尚無共識。

5　薩德有些小說長達近1200頁。

神奇的弔詭不下於邪惡

　　然而，這些被薩德言語所激怒的焦慮者，在面對與激烈人生——與毀滅暴力有關——有著相同意義的原則時，要加以排除並沒那麼容易。神奇的觀念無時無地不令人為之著迷，同時卻又令人喘不過氣。他們從神奇、神聖這些字眼中看到一種神祕、內在的蓬勃生氣，一種基本的瘋癲，一種擄獲對象、如火球般將其焚毀、毫不猶疑將它帶向毀滅的暴力。這股蓬勃生氣被認為具有傳染力；而在從甲過渡到乙時，同時也帶來一股死亡瘴氣：再沒有比這更危險的了，而如果受害者恰巧被當作獻祭中用來敬神的祭品的話，我們必須馬上點出，這種獻祭曖昧不明。宗教一方面努力榮耀神聖對象，並以毀滅的原則創造出權力與所有價值的本質；另一方面卻也費心將此一效應侷限在明確的圈圈內，使它與正常生活或世俗的世界隔絕，不可越界。

　　神奇此一暴力與毀滅面向普遍顯現在獻祭上。這種祭儀甚至經常會過度殘酷：將孩童獻祭給火紅的金屬惡魔，將擠滿活人的巨大柳條圈點燃，祭司將女人活生生剝皮後，將血淋淋的人皮穿戴身上。這些追求恐怖的畫面相當稀罕，它們並非獻祭的必要條件，但這些畫面凸顯出獻祭的意義。耶穌被釘死在十字架上的苦難，才讓基督徒意識到——雖說盲目地——神奇教派的可怕：只有在我們滿足了神基本的消費與毀滅需求後，祂才會守護著我們。

　　在此援引這些事實，其實有其道理。它們比薩德的奇思異想佔優勢：沒有人會認為這些荒謬行徑可以被接受，但所有理性的人都應該承認它們以某種方式反映出人性的需求。回顧人類過去，我們甚至很難否認此一需求的普遍性與至高無上。另一方面，服侍這些殘酷神明的人故意將這些殘酷行徑限定在一定範圍內：他們從不藐視這種需求與受此需求所使喚的規律世界。

　　職是之故，先前我所提及有關薩德的雙重困境，可以從古老的毀滅性獻祭中得到解答。焦慮的人生與激烈的人生——受拘束的行為與不受拘束的行為——在宗教活動中，彼此相互照顧。以有用活動為基礎的世俗世界仍將繼續存在，因為少了這些有用的活動，我們的飲食與消費都將成問題。另一方面，相反的原則也同樣有價值，面對神聖對象我們的恐懼感與其毀滅性效果並不會減弱。在慶典儀式中，焦慮伴隨興奮、旺盛生命與死亡交織。人們因脫軌行徑而害怕；而有用活動的消費仍將是最終目的。然而，這兩種對立、互不妥協的原則永遠不會交叉、混淆。

正常人視神奇的或情色的弔詭為病態

　　然而，這些關於宗教教派的考量還是有其限制。沒錯，這些考量的確是以正常人為對象，而且也可能從正常人的觀點出發。但是，它們卻牽涉到正常人意識之外的因素。對現代人而言，神聖的世界曖昧不明：其存在不容否認，甚至可以為其寫史立傳，但畢竟不是我們可以掌握的真實。此一世界雖以人類行為為基礎，不過導致這些行為的條件已不復可得，而我們也不知其運作模式。這些行為眾所皆知，我們也不能懷疑其在歷史上的真實性或它們似乎具有——如我所說的——普遍、至高無上的意義。不過關於這些意義，當事者顯然並不知情，而我們也無法加以清楚瞭解：對此至今我們仍無決定性的詮釋方式。對因自然的嚴峻與己身的焦慮而算計成性的理性人物而言，他所感興趣的只有這些行為所反映出的明確事實。如果他不明瞭個中的道理，他怎能掌握得住過去宗教恐怖情景的正確意義？他也許無法像對薩德幻想一樣輕易地嗤之以鼻，但他也不可能向對待挨餓、受凍等理性需求一樣予以嚴肅看待。神奇這個字詞所指涉的顯然超出食物、

溫暖等範圍之外。

簡而言之,理性的人尤其具有意識。宗教的教派行為只能從外侵入其意識,他則勉強接納。但即使他被迫承認這些行為在過去所享有的權利,他現在可一點權利也不願給它們,除非它們至少願意去除其恐怖成分。我現在甚至可以說,在某個意義上,薩德的情色比古代的宗教更容易為現代人所接受:今日,沒有人可以否認性行為中想使壞、想殺人的衝動。因此,所謂性虐待(sadique)的本能使正常人能夠說明其某些殘酷行為;而某些宗教活動則被視為偏差行為。藉著對這些本能的精闢描繪,薩德似乎幫助人們慢慢意識到自己——或套用哲學用語——有助於人們提升「自我意識」(conscience de soi):光是性虐待這個詞的普及就足以清楚證明他的貢獻。從這個角度看來,我所謂亞寧的觀點已經有點修正:這永遠會是焦慮、理性的人的觀點;不過它已不像從前那樣,斷然避開薩德名字所具有的含意。《茱斯蒂娜》與《茱麗葉特》這兩部小說[6]中所描寫的本能已經被採納,而現代的亞寧們也予以承認:他們已不再遮住自己的臉、因憤慨而拒絕加以理解;但他們附予薩德作品存在的理由卻是病理的。

因此,對於我們重新評估性虐待,宗教的歷史並無多大助益。相反地,性虐待的定義卻讓我們看出某些宗教活動並不完全是無法解釋

---

6 「善遭惡報,惡得善終」是這兩部小說中重要的主題;而茱斯蒂娜(Justine)與茱麗葉特(Juliette)這對姊妹花則是闡釋此理念的代言者。《茱斯蒂娜》(*Les Infortunes de la vertu*, 1787)描寫天真、秉性善良的茱斯蒂娜一生坎坷、迭遭蹂躪的悲慘遭遇。在故事中,服膺傳統貞德觀念的茱斯蒂娜可說是感性的化身、天主教薰陶下傳統女性的代言人。她在人生旅途中雖一再遭受眾多浪蕩者的羞辱、鞭笞、囚禁、強暴等厄運,但絲毫不改其一心向善之志。無奈好心卻不得好報,她最終的下場卻是遭天打雷劈而斃命(一道閃電從其口闖入後由其陰道竄出)。相對於善良的茱斯蒂娜慘遭「貞德的厄運」,其姊姊茱麗葉特的性格命運則完全相反。在《茱麗葉特》(*Juliette ou les prospérités du vice*, 1797)一書中,女主角對傳統道德嗤之以鼻,立志「以男人之道還治男人之身」,一生無惡不作,但卻左右逢源、屢屢逢凶化吉、享盡榮華富貴,可說「惡得善終」。

的荒誕不經：被冠上薩德名字的性本能足以解釋這些恐怖的宗教祭儀。而所有這些令人感到恐怖的行為就被冠上病理的標籤。

我已說過，我自己並不反對這種觀點。除非具有為無法辯護的辯護的弔詭能力，否則沒有人會否認《茱斯蒂娜》與《茱麗葉特》中主角們的殘酷行徑應該完全加以根除。這些行徑全盤否定了人性賴以奠基的原則。對於想要毀滅我們成果的舉動，我們應該設法抗拒。如果我們的本能迫使我們毀壞自己的建設成果，我們應該譴責這些本能，並堅拒不從。

不過問題依舊存在：我們可能完全逃避這些以否定為目的的本能嗎？此一否定本能會不會像可以治癒的疾病來自外在，而非人性所本有？或來自個人或團體原則上必須也可以加以抑制，簡言之，必須從人類中根除的成分？或相反地，對人性所根據的理性、用處、秩序，人類本身就不斷地予以否定？難道人類的生存注定是對自己生存原則的同時肯定與否定嗎？

邪惡是人類內心深處的真相[7]

性虐待可以被看作是我們身上的贅生物，先前可能有其作用但如今已喪失功能。透過己身的禁慾或他人的懲戒，人們輕易就可以加以割除：而這也是外科醫生割除盲腸，產科醫生切斷胎盤，老百姓對待帝王的方式。但如果相反地，它是人身上至高無上、不可根除的部份，但人們對它的存在卻未意識到呢？簡而言之，它可不可能是人心的一部份？我指的不是會充血的器官，而是情感的悸動、此充血器官

7　這種說法並不新奇，每個人都聽過。法文一般說法中一再出現，也沒人抗議過：「每個人心中都有頭睡著的豬。」（Tout homme a dans son *cœur* un cochon qui sommeille.）（原注）

所象徵的內在原則。

如果是屬於第一種情況，那麼理性掛帥者將理直氣壯；人類會為了自己的福祉，無止境地發明各種器具、駕馭整個大自然、避免戰爭與暴力、而不用去費心注意那截至目前為止只會帶給他不幸的致命傾向。此一傾向只會被視為是壞習性，需要也很容易加以導正。

但如果是第二種情況的話，對此一習性的壓抑將會是對人類存在的致命打擊。

這種說法必須精準地加以說明：因為此一說法沉重到片刻馬虎不得。

首先，此說法主張存在人性中、無法抗拒的過度會將人推向毀滅，而且此舉符合萬物經歷出生、茁壯、雖努力延續生命，但終將不斷且無可避免毀滅的定律。

其次，它賦予了此一過度、此一符合毀滅定律某種神奇──或更精確地說──神聖的意義：我們身上有耗費、毀滅、使我們的財富付諸一炬的慾望；耗費、毀滅、使我們的財富付諸一炬普遍給我們帶來快樂。對我們而言，這些舉動是神奇、是神聖的；唯有它們能決定我們作為主宰者的態度，也就是說不求報酬、無用之用、只對己身有用、永不向外在結果屈服的態度。

第三，此說法意味著，與這些一開始即遭理性排斥的態度保持距離的人性，如果不偶爾做些完全違背理性的舉動，將如年邁者陷入逐漸凋零的狀態（目前趨勢如此，不過也不只是目前情況如此）。

第四，此說法有助於目前的人──包含正常人──建立自我意識並且清楚知道自己想作為主宰的後果，以降低其破壞性：如果適合自己，就可以加以安排，但不要超出自己所需；一旦連自己都無法忍受，更應斷然拒絕。

人生的兩個極端面向

上述說法與薩德的聳動主張有其根本的差異：雖然這種說法不能成為正常人的思想（正常人的習慣想法往往與此相反，他們相信暴力可以根除），但只要後者肯接受，他將發現這種說法與其觀點並非無法妥協。

我只要想像上述原則最明顯的結果，就不難從中發現人生隨時擁有雙重極端面向。其中一個極端是人生基本上是誠實、規律的：工作、照顧小孩、人與人之間彼此友愛、忠誠。另一個相反的極端則是暴力無情地肆虐：在某些情況下，同樣的人可能搶劫、縱火、強暴、折磨、謀殺、樣樣皆來。過度與理性分庭抗禮、彼此對立。

這兩種極端是所謂的文明與野蠻（或未開化）。不過這種一邊是文明人，另一邊是野蠻人，彼此對立的說法是錯誤的。其實，懂得發言的人是文明人，野蠻人則沒有聲音；說話的人總是受過文明的熏陶。說得更明確些，根據定義，語言本來就是文明人的表達方式；暴力則是沒有聲音的。語言這種偏頗有許多後果：不但大多數時間文明指的是「我們」，野蠻則是「他者」，而且文明也與語言結盟，好像暴力是外來的；暴力不但被視為不文明，對人類本身（人類與語言被劃上等號）而言，也是陌生的。再者，觀察顯示，同樣的民族，尤其是同樣的人，經常態度有時文明、有時野蠻。所有的野蠻人都會說話，而且說起話來透露著文明生活所仰靠的忠誠與善心。另一方面，文明人也不乏野蠻的行為：凌遲就是我們這個自認文明巔峰時期的產物。如果我們想將語言從此一困境中拯救出來，我們必須聲明：身為全體人類的行為，暴力原則上仍舊沒有聲音；因此整個人類因為此一疏忽而說謊，甚至語言本身就是建立在此一謊言之上。

暴力沒有聲音；薩德的語言是弔詭的

普通語言拒絕表達暴力，認為其出現不但不宜而且有罪。語言否認暴力，拒絕給予任何存在的理由或藉口。如果真像實際情形一樣，語言果真出現了暴力，那一定是那個地方出了差錯：就像文明落後的人民認為死亡是因為某人違法透過魔法或其他手段所造成的。文明進步社會的暴力與文明落後社會的死亡，並不會像暴風雨或洪水一樣平白發生；它們一定是犯了錯的結果。

但是沉默並不能抹殺語言所無法表明的：暴力跟死亡一樣頑固。如果語言因偏見而隱瞞普遍的毀滅——時間的寧靜作品，吃虧受限的只有語言，不是時間、亦非暴力。

對被視為無用、危險的暴力的理性否定並無法抹殺其存在，一如對死亡的非理性否定無法阻擋死亡一般。但是對暴力的表達，如我所說，卻受到雙重的阻礙：一方面遭到理性的否定；另一方面的阻力則來自暴力本身。暴力對與己身相關的語言一貫只保持沉默輕蔑的態度。

當然，這個問題難以從理論的角度加以思索。我將給個具體例子。我記得讀過一個關於遭放逐者的故事，讀完後令我頗感沮喪。但我幻想一個方向完全相反、由施暴者的角度講述的故事。我想像這個可憐蟲寫著，而我自己讀著：「我一邊口出穢言羞辱他、一邊撲向他。他因雙手被綁在背後而無法反抗，我用拳頭猛搥他臉頰，他不支倒地，我則以腳跟將此事做個了斷。一陣噁心湧上胸口，我將痰吐在一張腫脹的臉上。我不禁哄堂大笑：我剛剛侮辱了死人！」不幸的是，這幾行稍嫌做作的文字並非不真。不過，真正的施暴者不太可能以這種方式寫作。

根據一般規則，以當局之名行使暴力者不會使用暴力的語言；他

會使用權力的語言，而這似乎賦予他藉口、為他辯護、使他高人一等。施暴者傾向沉默，且默許欺瞞作假。另一方面，欺瞞作假替暴力開了一扇門。只要有人渴望看人被折磨，合法施暴者的功能就可輕易地派上用場。施暴者一旦開口跟同儕說話，他所使用的是官方用語。如果他受到激情所宰制，此時他唯一適當的快樂是奸詐的沉默。

薩德小說中人物的態度與我讓他隨意發言的施暴者有所不同。和文學作品（即使是表面謹慎的私密日記）不同的是，薩德小說人物講話的對象並非一般人。當他們開口時，對象是其同儕：薩德作品中的暴戾淫蕩者彼此對話。為了顯現自己所言有理，他們慣於長篇大論。他們最常師法自然；並以只遵循自然法則為傲。不過他們的論點，雖然反映出薩德的思想，但彼此並不一致。有時，他們的蓬勃生氣反而是來自對自然的仇恨。無論如何，他們所揭櫫的是暴力、過度、犯罪、折磨的至高無上價值。因此，他們欠缺了暴力本身所具有的深度沉默。暴力從不宣稱自己存在、從不主張自己存在的權利；暴力永遠只默默地存在。

薩德作品中，這些有關暴力的論述不停地打斷其惡名昭彰的殘酷故事[8]。說真的，這些論述並非真的出自書中暴戾人物之口。如果這些人物真的存在，他們可能會保持沉默。這些是薩德自己的言論，他藉此跟他者溝通（但他從未真正努力使得這些言論前後一致、合乎邏輯）。

因此，薩德的態度與施暴者南轅北轍。寫作時的薩德拒絕欺瞞作假；他將作假歸於在現實生活中只能保持沉默的人物，並藉其口發

8　肉慾宣洩與哲學思辨成為薩德作品中慣有的奇特組合。薩德偏愛在男女雙方羅衫盡褪、精赤條條、箭在弦上、蓄勢待發當兒，穿插冗長（長者可達數十頁）、「惱人的」理性論辯。此舉是薩德調節中和靈思肉慾的獨門祕方？或是對讀者的另類性虐待？讀者自有論斷。

言。然而,他卻利用他們傳達給其他人弔詭的言論。

薩德這種行為根本上有其曖昧之處。薩德發言,但是卻以沉默生命、以完全孤獨、以無可避免的靜寂之名發言。他為之發言的孤獨者根本不會考慮到他人:這是個孤獨的主宰者,永遠不必為自己辯護、也完全不用向他人負責。他永遠不會因害怕別人以牙還牙的報復而有所猶疑。他孤獨一人,從未與他人共同感受彼此的脆弱。要達到這種地步需要極大的能量,而極大的能量正是此處的關鍵。在描述這種道德孤獨的涵意時,布朗修曾提到孤寂者會一步一步地進入全盤否定的地步:先是否定所有他人,最後依照可怕的邏輯連自己也否定了。在最後的自我否定中,即使當他自己也因成為所犯下滔天罪惡的受害者而即將死亡時,這名罪犯還因他那已被奉若神明的犯罪最後戰勝罪犯本身,而雀躍不已。暴力身上帶有此一狂亂的否定,根本不可能訴諸言論。

然而,有人會說薩德的語言並非一般用語。他並非對著所有來者說話,其說話對象是那些在人類中能達到非人性孤獨的少數靈魂。

開口說話的人,即使盲目,已經不再受困於因否定他人而被詛咒的孤獨。從其觀點,暴力跟邏輯、法律、語言原則所代表的跟他人連結截然不同。

最後,我們該如何界定薩德可怕語言中的弔詭?

這種語言否認說話者與所交談對象之間的關係。在真正的孤寂中,什麼都不存在,連表面的忠誠都說不上。在那種情況下,根本沒有忠實語言存在的空間;而薩德的語言則相對忠實。薩德弔詭的孤寂並不像表面那樣:此一孤寂想與人類切割,它獻身於人類的否定,但它為此獻身!薩德過度的生活與無盡的牢獄使得這名孤獨者的欺瞞手法不受任何限制。唯一的例外是,他對人類的否定即使不歸因於人性,至少也得歸因於他自己:到了最後,我看不出兩者的不同。

薩德的語言是受害者的語言

　　這點很令人吃驚：與施暴者虛假的語言截然不同，薩德的語言
是屬於受害者的語言。這種語言是他在巴士底獄中寫作《索多瑪120
天》時所發明的。當時他跟其他人的關係就如受到嚴刑峻法的受害者
與施暴者之間的關係。我先前說過，暴力是沉默無言的。但是如果受
害者自覺遭受不公平的懲罰，他不會甘於沉默。沉默代表默然接受痛
苦。許多力不從心的受刑人對此只能鄙視、懷恨在心。不滿於被囚禁
的薩德侯爵則造反發聲：他說話了，這是暴力單獨辦不到的。造反時
他必須為自己的辯護，或是尋找擁有語言的道德者當戰場發動攻擊。
語言是懲罰的基礎，但也唯有語言可以質疑懲罰的正當性。從薩德在
獄中所寫的信可看出，薩德強烈為自己辯護：時而說自己所犯的「小
過」並不嚴重，時而質疑懲罰他的動機太過薄弱。這項原本應該導正
他的懲罰，反而使得他更加墮落。不過這些抗議只是表面功夫。的
確，薩德立刻直搗問題核心：過去他遭審判，現在反而輪到他當法
官：過去譴責他的人、天主、以及所有對淫樂狂熱的設限全都遭到他
的審判譴責。此舉導致他攻擊宇宙、自然、以及任何反對他以自己激
情為主宰的人。

薩德發言為了在自己眼中為自己在別人面前辯護

　　就這樣地，拒絕欺瞞作假，他因遭嚴厲懲處而陷入此一瘋狂狀
態：他將自己孤寂的聲音獻給暴力。他身陷囹圄，但他在自己面前為
自己辯護。
　　然而，這樣的發言並不會比較符合暴力的特殊需求，一如它不符
合語言的要求一樣。

　　在一方面，此一恐怖異常行徑似乎與他原先的用意不合；他的發言已使自己陷入比被囚禁更為孤獨的狀態。總之，他背叛了此一孤獨。另一方面，代表一般需求的正常人顯然無法瞭解他；他的辯護失去了意義。他那本教授孤獨的鉅著，只能繼續在孤獨中任教：經過一個半世紀之後，他所要教導的訊息才得以傳達[9]；而且若非我們先察覺其荒謬之處，根本無法被真正瞭解其內涵！薩德理念的唯一效果是全體人類的不瞭解與反感。不過，此一不瞭解至少保持了薩德思想的本質。相對地，今日少數人對薩德的崇拜只是出自慾望而非真正的認可，因為此崇拜並未介入淫樂者的孤獨。沒錯，這些仰慕者目前的矛盾是薩德自身矛盾的延伸；不過，這並無助於我們脫離此一困境。意識到此一困境，如果我們不下定決心猜解謎團的話，我們將聽不見來自另一個世界——達不到的孤寂——的聲音。

9　根據薩德權威傳記的作者列利（Gibert Lély, 1904-1985）的研究，1780年代被囚禁在巴士底獄的薩德，時時刻刻活在文稿被沒收的恐懼中。因此為便於藏匿手稿，他從1785年10月22日起，開始以蠅頭小字將猶未完稿的《索多瑪120天》，謄寫在一張張寬約10到12公分、頭尾相連、兩面書寫、全長超過12公尺的紙捲。在革命群眾攻陷巴士底獄前幾天，薩德被獄方強制移監至Charenton精神病患收容所（1814年薩德即病逝於此），倉促之間根本無法帶走自己的手稿。等到巴士底獄遭暴民攻陷，此一文稿已不知去向、無跡可尋！薩德自己生前一直深信：這部深具原創性的作品已毀於法國大革命的大動亂中，並自稱曾為遺失此一心血結晶流下「血淚」！其後整個十九世紀人們只聞《索多瑪120天》之名，而無緣一窺究竟，所有人皆相信此部作品已自人間消失！
事實卻不然。原來，革命之後，這捲手稿在薩德原先的牢房中被Arnoux de Saint Maximin發現，輾轉落入Villeneuve-Trans家族之手傳了三代。二十世紀初這份手稿被賣給德國一名收藏家。1904年柏林著名的心理分析醫師布洛赫（Iwan Bloch, 1872-1922）以Eugène Dühren的筆名首度出版了這份消逝了125年的手稿。可惜的是，這個版本錯誤百出、嚴重扭曲原著，根本不堪使用。其後，在著名的薩德研究拓荒者Maurice Heine（1884-1940）努力考證下，仔細校勘過的《索多瑪120天》首版（一共只印了396套）才於1931-1935年間分三冊與世人見面，距離當初薩德謄寫此稿時，已過了將近一個半世紀之久！

薩德的語言使我們遠離暴力

最後，我們意識到最後一道難題。

薩德所表達的暴力已然變質，甚至無可避免地變得跟原來完全相反：變成了對暴力刻意、理性的反思。

在薩德作品中到處打斷故事的哲學論述，終將使閱讀變得疲憊不堪。閱讀薩德需要耐心、且要逆來順受。我們必須說服自己：如此與眾不同、迥異於其他所有人的語言值得我們耐著性子將它讀完。再者，如此千篇一律的語言也的確令人佩服。面對薩德的作品，我們的感覺有如古代焦慮的旅人面對橫在眼前的垂直峭壁。我們可以掉頭離去，可是……！擺在我們眼前的恐怖景象並不知道我們的存在，不過，它存在的事實，難道對我們不具有某種意義？人們只能透過迂迴的方式接近、欣賞高山峻嶺；薩德的作品亦然。這些高山峻嶺的存在談不上人性。相反地，薩德的作品涉及整體人性；少了人性，其作品將不復存在。人性企圖切除自己身上瘋狂的成分……然而，對瘋狂的排斥只是無可迴避的權宜之計，必須三思。無論如何，薩德的思想不能被化約成瘋狂。它只不過是過度，過度到令人暈眩的地步；不過它卻是我們存在的極度巔峰。迴避了此一巔峰，等於迴避了我們自己。如果我們無法接近此一巔峰，或至少努力攀爬其斜坡，我們將活得像受到驚嚇的幽靈——而令我們驚悚顫抖的赫然是我們自己。

現在我回頭討論那些打斷——且干擾——淫穢犯罪故事的哲學論述。這些論述不斷強調犯罪的淫穢者沒有錯，而且只有他是對的。這些分析論理、這些對古老或野蠻習俗的旁徵博引、這些富攻擊性的哲學弔詭，儘管固執堅持而且偶爾相互矛盾，卻讓我們遠離暴力。因為暴力就是失去理智，暴力所引發的享樂狂熱等同於失去理智。如果我想要從暴力中汲取智慧，我們將不能再期待那些令人極度激動、迷

失其中的衝動。暴力身為情色的靈魂，面對最沉重的問題時，並未能提供真相。透過一連串規律的活動，我們建立起意識：每件事在我們身上各個環節各就各位，清楚明白且有其意義。透過暴力對此環節的擾亂，我們反而回到情色過度、令人無法理解的氾濫中。由此我們體驗到了至高無上、一般認為最值得渴望的經驗；這是我們清楚的意識所無法評估的。人類生活是由兩種永不結合的異質部份所構成。其中一部份明智、以實用、因此次要的目的為其意義；這是屬於意識的部份。另一部份是至高無上的主宰，只有在前一部份錯亂時才會成形；這部份並不明顯，或者應該說令人無法直視，總之它並非我們意識所能掌握。其結果是，問題來自兩方面。一方面意識企圖將其範疇涵蓋暴力（它希望人性中如此重大的部份不再脫離其掌控）。另一方面，暴力也超脫自我，試圖尋找意識（希望有意識的享樂變得更強烈、更果斷、更深刻）。但是，我們使用暴力時，便遠離意識；同樣地，在試圖瞭解暴力衝動的意義時，我們也遠離了暴力所造成喪失理智、至高無上的狂喜。

為了進一步享樂，薩德努力將意識的冷靜有序引進暴力中

波娃（Simone de Beauvoir）[10] 在一篇認真而透徹的論文中曾如此評論薩德：「薩德的特色是意志在努力體現肉體時，仍保有其意志的張力。」[11] 如果在此「肉體」指的是充滿情色價值的影像的話，此話一

---

10 波娃（Simone de Beauvoir, 1908-1986），法國作家、存在主義哲學家、女性主義者、社會學家。最著名的著作為《第二性》（*Le Deuxième sexe*, 1949）。此外，她與存在主義大師沙特（Jean-Paul Sartre, 1905-1980）之間長期、複雜的關係亦為人所津津樂道。

11 波娃將自己的論文冠上有點聳動的題目：〈有必要焚燒薩德嗎？〉（Faut-il brûler Sade?）。這篇文章首先出現在《現代雜誌》（*Les Temps Modernes*），並構成《特權》（*Privilèges*,

點也不假，而且頗具關鍵。顯然，薩德並非唯一運用其意志以達成此目的者。情色與動物的性不同之處在於當人類性慾高漲時，腦中會泛起像物體一樣清晰的可察覺影像：情色是有意識生命的性活動。然而，情色的本質仍非我們意識所能掌握。為了顯示薩德如何處心積慮地具體呈現這些刺激的影像，波娃正確地援引了一段我們所擁有唯一詳細記載薩德淫慾行徑的文字（出自證人在法庭上的證詞）：「在馬賽時，他要人鞭打他。而且他不時衝向壁爐，用刀刻上被鞭打的次數。」[12] 此外，薩德作品中也充斥著測量值：男人的陽具通常被告知幾吋幾分；有時，在集體性狂歡中，男性伴侶也喜愛測量其陽具尺寸。其作品人物的冗長言論可能有我顯示過的弔詭之處；這些都是薩德這位受刑人的自我辯護之詞。這些言論中的暴力缺乏真實感。然而儘管沉重、緩慢，薩德最終還是成功地將暴力與意識予以結合，因而得以像外在物品一樣，討論其譫妄的對象。此一緩慢的迂迴手法使他進一步享樂：可能無法馬上達到高潮，但只是受到暫時的拖延，但是意識受轉移的無懼賦予了快感持久擁有的感覺——一種永恆擁有的幻覺。

透過薩德的變態迂迴，暴力終於進入意識

　　一方面，薩德的書寫揭露出暴力與意識的對立；不過這是其作品的特殊價值，它們企圖將人們幾乎不想面對、尋找遁辭、預先否認的

Gallimard, 1955，16開本，Collection "Les Essais", LXXVI）一書第一部份。不幸的是，文章中有關薩德的生平，偶有宣染誇張之處。譯注：目前已有多本英、法文的薩德傳記出版，讀者可參考 Maurice Lever 在 1991 年所出版的 *Sade*（此書 1993 年由 Arthur Goldhammer 譯成英文，名稱為 *Sade: A Biography*，大陸譯為《薩德大傳》，由中國社會科學出版社於 2002 年出版）。（原注）

12 《特權》，頁42。（原注）

事物帶進人的意識裡。

這些作品將意識所特有的緩慢步調與觀察精神帶進人類對暴力的思考中。

它們以有效研究的嚴謹態度、以合乎邏輯的方式顯示薩德遭到的懲罰根本沒有根據。

這些至少是《茱斯蒂娜》第一版中最初進展的基礎[13]。

就是透過這種方式，我們認識了理性冷靜的暴力。只要有需要，暴力可立刻找到肉體享樂爆發時所不可或缺的絕對非理性。然而因非自願受困於牢房的無力，暴力所能任意差遣的只剩此一清楚觀點與自我，而這些正是我們知識與意識的源頭。

身陷囹圄的薩德有兩種可能。關於對道德的恐怖踐踏，可能無人能出其右。與此同時，他又是他那時代中求知慾最強者之一。

關於《茱斯蒂娜》與《茱麗葉特》這兩部小說，布朗修曾寫道：「我們可以承認：這是古往今來最惹人非議的文學作品……。」

其實，薩德所想引進意識的正是最令意識反感的。在他眼中，最令人反感的是刺激快感最強烈有效的手段。透過這種方式他不但成功地揭露了最奇特的內容，而且從一開始他就將意識所無法忍受的擺在其眼前。他自己只提及不按牌理出牌。我們所遵守的規則一般而言是以保護生命為目的；因此，不按牌理出牌導向毀滅。然而，不按牌理出牌不見得永遠有如此有害的意義。原則上，裸體也是一種不按牌理出牌的方式；但它帶來快感，也不涉及真正的毀滅（請注意遵守規則的裸體不會帶來快感；例如，在診療室或天體營中的寬衣解帶）。薩德的作品通常引進了各式各樣令人非議的不按牌理出牌。其作品有時

13　薩德曾在十年中將有關茱斯蒂娜的故事寫過三個大同小異、但長短迥異的不同版本：《茱斯蒂娜》（*Les Infortunes de la vertu*, 1787），《淑女劫》（*Justine ou les malheures de la vertu*, 1791），《新茱斯蒂娜》（*La Nouvelle Justine*, 1797）。

會刻意強調具情色魅力的簡單不按牌理出牌要素；例如，以不按牌理出牌的方式寬衣解帶。根據他所搬上檯面的那些殘酷人物的說法，最能「炒熱」激情的，莫過於不按牌理出牌。薩德的基本優點在於：發現且清楚展示道德上的不按牌理出牌在肉慾激情中所具有的作用。原則上，此一激情應該會導向性行為。不過任何形式的不按牌理出牌，其效果都比直截了當的手法來得強烈。對薩德而言，放蕩時透過殺人、折磨、毀滅一個家庭或整個國家、甚至小小的偷竊，都可以給他帶來快感。

在薩德之外，其他觀察家早已注意到偷竊所帶來的性刺激。不過在他之前，沒有人將踰越法律與勃起、射精這些反射動作聯想。對於禁忌與踰越之間相反又互補的基本關係，薩德並不知情。但是他卻跨出了第一步。在我們最後總算意識到禁忌與踰越之間的弔詭關係之前，我們無法完全意識到此一普遍機制。薩德在提出他有關不按牌理出牌的學說時，參雜了太多的恐怖，以致並未引起注意。他既想引起意識的反感，同時又想對意識有所啟發，但他無法同時兩者兼顧。直到今天我們才瞭解，如果沒有薩德的殘酷，我們根本無法輕易地對此一隱藏我們最痛苦真相的領域有所瞭解。要從對人類宗教中奇異行為的理解（與我們今日對禁忌與踰越的理解有關）過渡到對奇特性行為的理解並非易事。人性中根深柢固的一致性在最後一刻才會顯現。如果今天一般的正常人能夠深刻地體會到踰越對他的意義，這都要歸功於薩德所鋪的路。現在的正常人都知道，對於那些最令他反感的事物，他應該有所意識：最令我們反感的往往存在我們身上。

亂倫的謎團

李維一史陀在1949年所出版的鉅著《親屬的基本結構》（*Structures Elémentaires de Parenté*）[1]，書名雖然略顯封閉，但其實他努力想要解決的卻是「亂倫」的問題。亂倫的問題確實發生在家庭裡：阻止兩人發生性行為或通婚的禁忌永遠是由其親疏程度，或更明確地說，由兩人的親屬形式所決定。反之，兩人是否有親戚關係則是肇因於人與人之間的性關係：這些人不可通婚，那些人可以；這樣的親屬關係有利於通婚，沒有這層關係的則不可以。

一談起亂倫，首先令我們震驚的是亂倫禁忌的普遍程度。所有人類都知道某種形式的亂倫禁忌，雖說其模式有所差異。在某個地方某些親戚受到此禁忌的影響，例如兄妹的子女；但是在另一個地方這些親戚則被視為是最適合通婚，而兄弟或姊妹的子女彼此則不可以通婚。文明程度最高的民族只禁止父母子女或兄弟姊妹之間的性關係。但大體而言，我們發現在原始民族中，不同的個人被歸類成不同的類別，這些分類決定其性關係應該被禁止或鼓勵。

此外，我們必須思索兩個不同的情況。第一種情況是，在「親屬

1　法國大學出版社。（原注）

的基本結構」的標題下，李維－史陀認為血緣關係的精確模式是決
定婚姻關係是否合法的根本。第二種情況是作者所謂的「複雜結構」
（在該書中並未加以處理），亦即擇偶方式依據「經濟或心理等其他
機制」。其分類方式並未有所變動，但如果還有禁忌的話，選擇新娘
的方式已不再是由習俗所決定。對我們而言，這是塊陌生的領域，不
過李維－史陀認為我們不能單獨研究「禁忌」，禁忌一定要跟使它完
備的「特權」一起討論。這也可能就是為何他的書名避開「亂倫」，
並表明──還是有點模糊──禁忌與特權、反對與鼓勵不可分割的體
系。

對禁忌謎團的接連反應

　　李維－史陀以類似一般區分動物與人類的方式將自然與文化對
立；這導致他指出，亂倫的禁忌（當然也同時包括對血緣外婚姻的要
求）是個「基本步驟，多虧它、透過它、尤其是在它身上人類完成了
從自然過渡到文化」[2]。因此，對亂倫的恐懼是人類的特質；而亂倫衍
生的問題也導因於人類除了獸性，還具有人性。其結果是，在人類決
定反對動物模糊的性自由與其自然、尚未規範的生活時，人的一切也
將被牽扯。從此規範中，可以看出人類企圖透過知識一窺人性自我、
並藉此承擔宇宙可能性的莫大慾望與野心。面對如此長遠的欲求與企
圖心，李維－史陀可能有所猶豫，而且提醒讀者他自己的言論謙遜得
多。但是人類向前邁進的小步驟所涉及的欲求──或衝動──並無法
永遠受到限制。解開亂倫謎團這部份尤具野心：這是企圖揭露截至目
前為止遭到掩飾的真相。何況，如果過去某些步驟讓人類得以成功地

2　《親屬的基本結構》，頁30。（原注）

「由自然過渡到文化」，那麼揭露其意義的最後步驟，怎可能不令人特別感到興趣呢？

　　老實說，我們很快必然會學到必須謙卑：李維一史陀發覺必須向我們點出其前輩們所犯的錯誤！這些錯誤並不令人振奮。

　　目的論者賦予亂倫禁忌優生學的意義：人類必須避開同血緣婚姻的後果。這種觀點有一些相當著名的護衛者；摩根（Lewis H. Morgan）[3]就是其中一位。這種說法晚近才開始散播；李維一史陀認定「在十六世紀之前根本無此一主張」[4]。但這種說法卻仍廣為流傳；今日最深入人心的信念是亂倫容易生出退化的孩童。雖然此一迷信毫無任何科學依據，但卻仍甚囂塵上。

　　對其他人而言，「亂倫禁忌只不過是社會對某種人性完全可以解釋的傾向或感覺的投射或反映。」有人說這是種本能的排斥。李維一史陀輕率地就提出相反看法，而這也是心理分析所揭櫫的：亂倫是一種普遍的強迫症（如夢與神話所顯示的）。若非如此，為何要如此慎重其事地加以禁止？這類解釋有其基本弱點：動物亂倫並未遭到譴責，可見亂倫禁忌是歷史產物，是人類生活進化的結果，並非單純地存在事物的次序中。

　　針對這種評論也出現了些歷史的解釋。

　　麥克倫南（McLennan）與史賓塞（Spencer）[5]從血緣外婚姻中

3　摩根（Lewis H. Morgan, 1818-1888），以研究親屬關係著名的十九世紀美國人類學家與社會理論學者，曾提出美洲原住民來自亞洲的看法。

4　前引書，頁14。（原注）

5　麥克倫南（John Ferguson McLennan, 1827-1881），蘇格蘭人種學者，著有《原始婚姻》（*Primitive Marriage*, 1865）與《古代史研究》（*Studies in Ancient History*, 1876）。史賓塞（Herbert Spencer, 1820-1903）則是英國維多利亞時期傑出的哲學家、政治理論家與社會理論家。「適者生存」（survival of the fittest）一詞即為他所創。

看出從前部落交戰後，習慣以擄獲的女子為妻的習俗[6]。涂爾幹
（Durkheim）則從女人的月經禁忌中看出為何反對女性與同血緣族人
結婚，但卻不反對她們嫁給外族男子。這些解釋雖然邏輯上說得過
去，但他們的缺點在於所建立的關聯過於薄弱且失之武斷……[7]。對於
涂爾幹的社會學理論，我們不妨加上佛洛依德的心理分析理論。佛洛
依德將人類由動物過渡到人類歸因於兒子對父親所謂的弒殺。根據佛
洛依德的說法，這些兄弟因為彼此相忌而維護起父親為了將母親與姊
妹據為己用，而禁止他們染指自己母親與姊妹的禁忌。說真的，佛洛
依德的神話天馬行空；然而，它比社會學的說法更能表現出這些活生
生的繫念妄想。對此，李維一史陀巧妙地寫道[8]：「他所成功描述的不
是文明的起源而是文明的現況：對母親或姊妹的慾望、對父親的謀
殺、兒子的悔恨等這些也許不是歷史上真正發生過的事實。但是它們
以象徵手法傳達出一種古老、持久的夢想。而此一夢想的魅力與它之
所以能夠不知不覺地影響人類的思想，乃是因為它們從未真正實現
過，因為所有文化永遠加以反對。」[9]

婚姻合不合法區別有限

　　以上這些簡單解答，有的出色耀眼有的平淡無奇，都是不夠的。
我們需要的是堅持不懈的耐心，能夠從容處理一些極端複雜的資料；
乍看之下，這根本是項超乎人類能力、讓人「想破頭」的繁重工作。

6　前引書，頁23。（原注）

7　前引書，頁25。（原注）

8　前引書，頁609-610。（原注）

9　在頁609注1中，李維一史陀推薦讀者參考A. L. Kroeber所著之《〈圖騰與禁忌〉之回顧》
　　（*"Totam and Taboo" in Retrospect*）。（原注）

　　亂倫問題真是個巨大的「耐心遊戲」，而且可能是有史以來人們所必須釐清的最複雜迷團之一。這問題沒完沒了，而且令人感到無聊沮喪：在李維—史陀的鉅著中約有三分之二的篇幅，是花在仔細檢驗原始人類在面對如何分配女人這個問題時，所想像出的各種變化組合，希望最後從這些恣意荒謬的混亂情況中釐清女性的定位。

　　不幸的是，我自己在此也不得不淌這趟渾水。為了要看清楚情色，重要的是擺脫阻礙其撥雲見日的陰霾。

　　李維—史陀寫道：「同一世代的家庭成員等分成兩類：一類是（不論親疏遠近）以（表／堂）兄弟姊妹相稱的「平行表／堂兄弟姊妹」（cousins parallèles）；另一類是（不論親疏遠近）不同性別旁系親屬的子女，彼此之間有不同稱呼、可以通婚的「交叉堂／表兄弟姊妹」（cousins croisés）。首先，這只是個簡單而基本的區分，但其中就有許多變化，同時也引發無數的問題。何況，此一基本結構的主題本身是個謎團。人們會問道[10]：「既然親疏相同，為何還要區分同性別與不同性別的旁系親屬所生的堂／表兄弟姊妹？但這兩者之間卻存在著亂倫（平行表／堂兄弟姊妹被視為是兄弟姊妹）與婚姻——不僅是一般的婚姻，而且還是被看好的婚姻（因為交叉堂／表兄弟姊妹意味著潛在的婚姻對象）——的所有差異。此一區分與我們有關亂倫的生物學標準顯然無法相容……。」

　　當然，在這些親屬關係中，每個方向都變得複雜，而通常似乎涉及武斷而無多大意義的選擇。然而，在眾多變化中，進一步的區分賦予了某種關係更重要的位階。不止「交叉堂／表兄弟姊妹」比「平行表／堂兄弟姊妹」佔優勢，而在「交叉堂／表兄弟姊妹」中，母系又比父系更有利。讓我盡可能準確扼要地說明：我叔伯的女兒是我的

10　前引書，頁127-128。（原注）

「平行堂姊妹」，在我們所探討的「基本結構」世界中，我將她看作
近似姊妹而我也以此稱呼她；在這種關係下，我與她既不太可能結婚
也不太可能發生任何性關係。但是我姑姑的女兒與我姨媽的女兒也有
不同，雖然兩者都是「交叉堂／表姊妹」，但前者是父系，後者屬於
母系。在許多原始社會中，我顯然可以與她們結婚。（在此情況下，
我姑姑的女兒也可能是我舅舅的女兒，因為我舅舅的確可能娶了我姑
姑——在允許「交叉堂／表兄弟姊妹」結婚的社會中，這是很普遍
的。如此以來，我的「交叉堂／表姊妹」可說兼具父系與母系。）但
是，「交叉堂／表兄弟姊妹」之間的婚姻也可能被視為是亂倫而遭禁
止。有些社會規定與姑姑的女兒（父系）結婚，卻禁止與舅舅的女兒
（母系）成親；有些社會則剛好相反[11]。但是我的堂／表姊妹與我的關
係並不一樣。我如果想娶我的堂姊／妹可能會遭到阻止，如果對象是
我表姊／妹的話，阻力可能稍小。李維—史陀就說：「觀察與比較父
系與母系單方面婚姻的分佈情況後，我們發現後者遠比前者廣泛得
多。」

　　這些就是作為規定或禁止同血緣婚姻依據的基本型態。

　　像這樣探究得越深入詳細，不用說整個情況越是模糊。不但這些
不同種類血親之間的區分純屬形式，根本沒有意義；這些區分跟父母
姊妹與他人之間的明顯有別，根本無法相提並論。更何況，這些關係
在不同地域通常代表著完全不同的意義！原則上我們要探究的是影響
當事者的禁忌背後的理由，我們自然從他們在個別處境下的道德行
為——他們的關係以及這些關係的本質——著手。但是這種方法無法
令我們信服。而李維—史陀本人也提到此一為人詬病的武斷方法是
如何令社會學家沒得好氣。這些社會學家「在發現除了同性旁系血親

11　前引書，頁544。（原注）

與異性同性血親子女令人不解的區分外，居然還……神祕地區分舅舅
的女兒與姑姑的女兒之後，對交叉堂／表兄弟姊妹之間的通婚很難諒
解……」。

不過作者凸顯出問題的複雜性，真正目的在於以更好的方式解決
此一問題。

問題在於：這些原則上毫無意義的區分在何種層次上還是具有其
重要性？如果在區分不同類別之後產生了不同的後果，這些區分的意
義就會顯現。李維－史陀已在婚姻的古老機制中，展現出分配交換體
系所扮演的角色。在過去，獲得女人就是獲取財富，而且還是神聖的
財富：如何分配由所有女性所構成的財富成了攸關生死的問題，有必
要訂定相關規則。面對此一問題，像當代社會這樣的混亂狀態似乎會
束手無策。如何在握有權力的男性中公平地分配女性，事先談妥權力
的交換循環是唯一可行之道（雖偶爾失靈，但大多數情況下有效）。

血緣外婚姻的規則；女人當禮物、建立男人分享女人規則的必要性

對我們而言，原始社會背後運作的邏輯並不容易接納。我們生活
的世界關係緩和、有著無窮可能的生活型態，原始社會中處於敵對狀
態的有限族群，其生活與生俱來的緊張是我們無法再現的。我們必須
努力去想像這種需要規範以獲取保障的不安感。

我們必須設法想像類似今日處理財富的分配問題。即使在最壞的
情況下，原始社會都極少有所謂「買賣婚姻」的情況；他們那時的交
換並不像今日這樣狹隘地單以利益為考量。

李維－史陀使得婚姻機制在活絡原始社會的全盤交易活動中，得
以佔一席之地。他曾提及默斯在〈論禮物〉（Essai sur le Don）一文的

結論，並寫道[12]：「在這篇目前已成為經典的文章中，默斯首先企圖說明的是：原始社會的交易，互換禮物的意義甚於商品交易；其次，互換禮物在當時社會中所扮演的角色比現在重要得多；最後，此一原始交換形式本質上並不僅是經濟行為，同時也是他巧妙稱之為『完全社會事實』。換句話說，互換禮物同時具有社會與宗教、魔法與經濟、實用與情感、司法與倫理上等意義。」

慷慨是這類總帶有儀式色彩的交換之主要原則：有些財產注定不能作為私下或實用性的消費。大體上，這些都是奢侈的財產；即使到了今天基本上還是作為儀式性生活的用途。它們被保留起來作為禮物、招待、慶典之用；例如，香檳即為其中一例。人們只會在某些依照慣例會提供香檳的場合飲用香檳。當然，所喝掉的所有香檳都是商品；一瓶瓶的香檳都是向酒商購買的。然而，喝香檳時，花錢購買者只喝了其中一小部份。這至少是慶典用財產的消耗原則；其出現表示場合特殊，非比一般，而且為了回應深刻的期待，此產品「必須」或「應該」如流水般源源不絕、毫無節制。

李維一史陀的論點靈感來自以下的考量：娶自己女兒的父親或娶自己姊妹的兄弟就像是個藏有滿酒窖香檳、但卻從不邀請朋友共享、只「獨自享用」的人。身為父親必須將女兒，身為兄弟必須將姊妹這筆財富帶進整個儀式性交換的循環體系：他必須將她當作禮物贈與他人。不過，就像遊戲規則般，此一循環在特定社會中有其依循的整套

<hr/>

12 前引書，頁66。默斯的〈論禮物〉一文首先出現在1923-24年的《社會學年鑑》（*Anneé Sociologique*），最近收輯成冊以《社會學與人類學》（*Sociologie et Anthropologie*）之名重新出版（Presses universitaires de France, 1950），書中收錄了這位已辭世的偉大社會學家的文章。在《遭詛咒的部份》一書中，我曾詳細地介紹這篇論文，即使未將它當作是經濟的新觀念基礎，至少將它當作是介紹新觀點的原則。（譯註：此文已在一九五四年由Ian Cunnison翻譯成英文The Gift，由倫敦的Cohen and West出版。）（原注）

規則。

　　李維—史陀說明了此一部份跳脫狹隘利益考量的交換體系所依循的規則[13]：「（雙方）當場以等值財產交換禮物。或者受禮者也可稍後補上一個通常更有價值的禮物；此舉也讓他有權期待著對方回贈另一個更豪奢的禮物。」在此特別值得注意的是，這些動作的公開目的並非在於「從中獲取經濟利益或好處」。有時，為了顯示闊氣，有人甚至會摧毀所收到的禮物。單純、簡單的毀壞顯然帶來極大的聲望。奢侈品的真正意義在於它給所有者、接收者、贈與者所帶來的榮耀；再者，其生產本身是對有用工作的破壞（這與累積利潤以創造更多利潤的資本主義背道而馳）：作為儀式性交換的物品已退出生產性的消費。

　　如果我們要透過交換討論婚姻，必須強調的是它與充滿利益算計的商業態度完全不同。買賣婚姻本身也是此過程的一部份：「它只不過是默斯所分析的基本體系中的一種模式而已[14]，」李維—史陀寫道。這些婚姻形式當然離我們所認為人道、男女雙方都有選擇自由的婚姻還有很長的距離。不過它們也未將女人貶低到商業與算計的地步。女人被擺到與慶典同一位階。畢竟，婚姻中女性被當作禮物贈與他人和我們習俗中的香檳具有類似的意義。在婚姻中，李維—史陀說，女人「最初代表的並非社會價值的象徵，而是自然的刺激」[15]。「馬林諾夫斯基（Malinowski）[16]指出，在超布連群島[17]，即使在婚後，

13　前引書，頁66。（原注）

14　前引書，頁81。（原注）

15　前引書，頁82。（原注）

16　馬林諾夫斯基（Bronislaw Kasper Malinowski, 1884-1942），波蘭人類學家，被公認是二十世紀最重要的人類學家之一，他對美拉尼西亞（Melanesia）與「回報」（reciprocity）的研究有重大的貢獻。

17　超布連群島（îles Trobriand）是位於南太平洋的小珊瑚島群；1915-18年馬林諾夫斯基曾在此做過研究。

男人還是會對女人有所償還（mapula），這是為了答謝女人提供給他的免費性服務所做的補償……」[18]

因此，女性本質上似乎注定成為強烈意義下的溝通（communication）——亦即溢流（effusion）——手段；她們應該是擁有她們的父母展現慷慨的禮物。其父母應該將她們送出，前提是在其所處世界中此一慷慨舉動構成整個普遍慷慨循環中的一環。如果我將女兒送給別人，別人的女兒也應該給我兒子（或我姪子）。總之，在以慷慨為基礎的有限團體中，存在著某種事先約定、有機的溝通，如同舞蹈或交響樂中的多方互動。在亂倫禁忌中遭否定的其實是另一種肯定的結果。對將姊妹嫁給別人的兄弟而言，與其說是否定近親相姦，倒不如說是更肯定姊妹嫁給別的男人或他自己娶了其他女人背後的更大價值。以慷慨為基礎的交換比立即的享受有著更強烈的溝通；無論如何，溝通層面更為寬廣。更確切地說，歡慶所帶來的是對外衝動、拒絕自我封閉；因此其至高價值是吝嗇者的算計——雖然合乎邏輯——所望塵莫及。性關係本身是種溝通與衝動、天生具有慶典的本質；也因為性交本質上是種溝通，因此一開始就引發出走的衝動。

感官的暴力衝動一旦完成，緊接的是後退與放棄；沒有後退的動作就無法跳得這麼遠。但是後退本身也需要一套規則以編排舞步，並確保再度躍起。

禮物交換中某些親屬關係的真正好處

的確，李維—史陀並未強調這層意義；他所強調的反而是女性價值中雖可妥協但卻明顯相反、相當不一樣的面向，亦即女性的物質用

18　前引書，頁81。（原注）

處。我相信此一面向即使不在經常最重視物質的系統運作中，至少在最初啟動此系統的激情遊戲中，僅佔有次要的地位。但是如果我們不加以考慮，我們不但無法看到完成交換的意義，連李維—史陀的理論本身也會出現問題，整個系統的實用後果更無法完整展現。

截至目前為止，這套理論只不過是個精采的假設。此假設相當誘人。不同禁忌的馬賽克拼圖所具有的意義仍有待探索，同樣需要進一步釐清的是區分出不同形式親屬所代表的意義，因為這些區分似乎並不具意義。李維—史陀事實上企圖區分出不同親屬對交換所造成的結果，並希望藉此為其理論奠下鞏固的基礎。為此目的，他決定依賴交換最具體的面向。

與我首先說過的女性價值的誘人面向（李維—史陀本人雖未強調但也提過），相反的是，擁有女人為丈夫帶來、可以用服務計算的物質利益。

此一物質利益不容否認。事實上如果不注意此點，我不相信我們能夠真正瞭解交換女人的衝動。稍後我將試圖解決這兩個觀點明顯相互牴觸之處。我所建議的觀點與李維—史陀的詮釋並非彼此不相容；不過首先我必須強調他自己所強調的面向。「如人們經常注意到的[19]」，他說，「在大多數原始社會（以及今日少數農村階級）中，婚姻有其……經濟重要性。在我們社會中，單身漢與已婚男子經濟狀態的差異幾乎僅在於前者必須較常添購新裝而已[20]。但是在經濟需求的滿足完全仰賴婚姻關係與男女分工的社群中，情況則全然改觀。不但男女有著不同的專業技能，因此日常工作所需器具之製造仰賴彼此，

19　前引書，頁48。（原注）

20　這點顯然言過其實。現在情況依個案而截然不同。同樣地，我們也可質疑原始社會中的單身漢命運是否也全然一致。我個人相信，李維—史陀的理論主要建立在「慷慨」上，雖說「利益」有其不容置疑的重要分量。（原注）

他們彼此還致力於不同種類糧食的生產。如果他們想要有完整的飲
食，尤其是規律飲食的話，他們必須依賴此一夫婦所組成的真正「合
作產品」。年輕男子需要結婚一直是社會認可的行為。交換女人的制
度如果出了差錯，整個社會就會陷於真正的混亂。這就是為什麼一方
面整個運作不能投機取巧，必須遵守能確保互惠的規則；另一方面，
無論交換制度如何完善，終究無法面面俱到，偏差無可避免，因此需
要經常調整。」

　　原則上，此一基本情勢永遠不變，而它也界定了整個系統到處確
保的功能。

　　當然，「否定的面向只是禁忌粗野的一面」[21]；重要的是到處界定
出啟動互惠與循環機制的整體義務。「被禁止通婚的一群會立刻想到
另一群……與之通婚不只可能、甚至不可避免。不可與自己女兒或姊
妹上床的禁忌迫使人將她們嫁給另一個男人，同時也讓自己有權利要
求擁有這個男人的女兒或姊妹。如此一來，禁忌的所有負面規定有其
相對應的正面效果。」[22]從此，「每當我放棄跟一個女人上床……另一
個男人就有機會與她燕好。在此同時，某個男人也放棄與某女人燕好
的權利，因此我也就有機會跟她上床。」[23]

　　佛萊哲（Frazer）[24]是第一個指出「交叉堂／表兄弟姊妹之間的通
婚，只不過是為了族內通婚而進行的交換姊妹制度簡單、直接、自然
演變的結果」的學者[25]。遺憾的是，他無法根據此一觀點提出通盤的

21　前引書，頁64。（原注）

22　前引書。（原注）

23　前引書，頁65。（原注）

24　佛萊哲（James George Frazer, 1854-1941），著名的蘇格蘭社會人類學家。他最著名的著作
　　《金枝》（ The Golden Bough, 1890）對早期的神話與比較宗教研究有著重大的影響。佛萊哲
　　主張人類信仰的發展經歷三個階段：原始魔法、宗教、科學。

25　前引書，頁176。（原注）

解釋；而這些觀點雖令人滿意，但社會學家卻也未能進一步探究。從「平行堂／表兄弟姊妹」之間的通婚中，群體既無獲利也無損失；但是「交叉堂／表兄弟姊妹」之間的通婚導致不同群體之間的交換：因為在目前的情況下，女孩與其（交叉）堂／表兄弟不會屬於同一群體。以此方式「一個回報互惠的架構成立了。根據此一架構，獲利的群體必須有所回報，而付出的群體則相對可以要求得到回饋」。[26]「平行堂／表兄弟姊妹來自處境相同的家庭，處於靜態的平衡；交叉堂／表兄弟姊妹則來自處境對立的家庭，也就是說屬於動態的失衡。」

因此「交叉堂／表兄弟姊妹」與「平行堂／表兄弟姊妹」兩者之間令人費解的差異，被解釋成有利交換與停滯不變之間的不同。然而，此一簡單對立只牽涉到兩個群體，而其交換可說是有限的。如果牽涉到的不只兩個群體，我們面對的將是普遍的交換。

在普遍的交換中，甲男娶乙女，乙男娶丙女，丙男則娶甲女（此一體系可依此類推）。在這些不同的條件下，就像「交叉堂／表兄弟姊妹」處於有利位置般，由於結構的關係，與母系表兄弟姊妹通婚開啟了無數連結的可能。李維─史陀說道：「任一族群只要宣佈允許與舅舅的女兒通婚，即可發動一個跟生理與生物法則一樣和諧、無可避免的巨大互惠循環。然而，與姑姑的女兒結婚卻無法延伸母系交易的網路，而且無法有效地擴張交換所帶來的結盟與權力。」

李維─史陀理論中經濟面向的次要意義

對於李維─史陀學說中的曖昧，我們無法感到驚訝。一方面，交換或贈送女人涉及贈與者的利益；不過，他贈送的條件是以同樣方式

26　前引書，頁178。（原注）

得到回報。另一方面，此一贈與也是以慷慨為根據。這符合名為誇富宴（potlatch）[27]的「禮物—交換」機制所具有的雙面性：誇富宴既是算計的極致同時又超越算計。很遺憾的是，對於女性的誇富宴與情色本質之間的關係，李維—史陀甚少著墨。

情色的形成意味著著迷與恐懼、肯定與否定的交換更迭。的確，婚姻似乎與情色經常處於對立狀態，不過，這種看法所根據的可能只是次要的面向。禁忌與否的規則才是真正決定活動的條件。婚姻似乎是性關係本質上依循這些規則的時代所遺留下來的制度。除了建立物質上的家庭外，如果沒有其他目的，當初還會有這套決定性行為是否違反禁忌的嚴厲規章嗎？所有跡象顯示，人類的親密嬉戲似乎被涵蓋在這些規範中。若非如此，我們如何解釋拒絕與近親性交這種違反自然的舉動？這是種非比尋常、令人無法想像的舉動：光從其對失敗的恐懼，就可想像這是場極度激烈的內在革命。此一舉動可能是導致女性誇富宴，也就是異族通婚以及弔詭地將自己所覬覦的對象贈送給別人這些行為原先的起因。如果最初禁忌的產生不是為了抑制生殖活動這種難以壓抑的驅力，為何禁忌具有如此大的強制性——而且處處皆然？相反地，禁忌的對象難道不是因為成了禁忌反而轉變成令人垂涎的目標？至少，一開始不就是如此？有關性的禁忌外表上剛好強調其對象的性價值。或者我們應該說，性的禁忌賦予其對象情色的價值？這也正是人與動物的分野：對自由的限制反而賦予令人無法抗拒的獸性驅力新的價值。亂倫與性對人類揮之不去的價值之間的關聯並不容易看出，但此一價值的確存在，而且確定與普遍的性禁忌有關。

在我看來，此一回報互惠的舉動根本就是情色的本質。我也同意

---

27 「誇富宴」（potlatch）是太平洋西北部北美印第安人所舉行的慶典儀式。在慶典中，主人會按照客人的階級餽贈相稱的禮物。在彼此競爭的部落中，此致贈儀式也成了激烈的競爭。有時主人為了展現其財勢，會當場毀壞頗具價值的禮物。

李維一史陀的看法，這也是與亂倫禁忌有關的交換規則背後的原則。情色與這些交換規則之間的關聯往往很難掌握，因為後者是以婚姻為對象，而如前所言，婚姻與情色往往彼此對立。以傳宗接代為考量的經濟伙伴關係已成為婚姻的決定性面向。婚姻的規則如果真正付諸實施的話，應早已經掌控整個性生活；但是，實際上最後似乎只規範了財富的分配。女性則只具有生育與工作的意義。

但是此一相反的演變早已注定。情色生活只能暫時被規範。這些規則最終的目的在於將情色排斥在規則之外。情色一旦與婚姻分道揚鑣，婚姻的主要意義在於物質層面，這也就是為何李維一史陀強調其重要性：原先分享作為慾望對象的女人的規則確保了女人作為勞動力的分配。

李維一史陀的學說只描述了從動物轉變成人的單一面向；此一轉變應加以全盤考量

李維一史陀的學說似乎回答了——以出乎意料的準確度——遠古社會亂倫禁忌的怪異面向所引發的主要問題。

然而，我所提及的曖昧，即使不妨礙其長遠影響力，至少使其立即意義打了折扣。本質上，其學說所思考的是涵蓋生活全面的「整體社會事實」中的交換活動。儘管如此，全書從頭到尾集中在經濟層面的解釋，似乎經濟應該單獨討論。原則上，我對此毫無異議。但以經濟活動為基礎只是亂倫的規則，而不是歷史演變的各種決定性因素。我希望作者即使未能解釋相反的面向，至少他自己能點出應有的保留。剩下我們要做的就是從一定距離觀察整體如何重組。李維一史陀自己也感覺到整體觀察的必要性：他在全書最後幾頁提到此一必要性，但也僅點到為止。他對單一層面的分析近乎完美；但他所提供的

整體圖像仍停留在草圖階段。造成此一現象的原因可能出自於對主宰知識界（也許名正言順）的哲學之厭惡恐懼[28]。然而，我發覺侷限於孤立、抽象的客觀科學很難著手處理從自然到文化的轉變。從我們稱呼「自然」而不稱「動物界」、稱呼「文化」而非「人類」中，就可感受到對此侷限的渴望。這樣的說法是從一個抽象觀念轉到另一個抽象觀念，而忽略了生命整體歷經變化的時刻。在我看來，光是透過一種狀態或是一一列舉的一連串狀態，很難對生命整體有所掌握。討論人的轉變離不開整個生命的演變，離不開當人性與獸性起了衝突、生命整體遭到撕裂的時刻。換句話說，我們只能從歷史掌握生命：從一個狀態到另一個狀態的轉變中，而非從一連串的孤立狀態中，去瞭解生命。當李維─史陀討論「自然」與「文化」時，他只是將兩個抽象觀念放在一起比較；然而從動物轉變到人類時所牽涉到的不單是形式上的狀態，而且還包括了兩者彼此對立的衝動。

人類的特質

　　工作的出現、可以從歷史角度理解（也許主觀）的禁忌、長期的嫌惡與無法克服的噁心凸顯出人類與動物的不同；儘管年代已經久遠，但仍掩飾不了此一明顯的事實。我在此提出一個原則上不會引起爭議的事實：人類不只是單純接受自然所賦予、而且是會否定自然的動物。因此，他改變外在的自然世界；從自然界中他獲取工具、製造器皿，從中成立了一個新的、人類的世界。同樣地，人類也會否定

28　李維─史陀自己對此似乎並不感到恐怖。但我懷疑他是否真正體會到從科學方法轉變到哲學的所有後果。科學探討的往往是特殊、人為的單一對象，而哲學（雖然哲學這個詞往往用於廣義地指對某特定議題的較不狹隘、大膽探索）處理的是整體、不涉及單一對象的議題。（原注）

自己；他教育自己、拒絕縱容自己的獸性需求自由奔放；對於類似需求，動物會毫不保留地予以滿足。此外，我們也必須進一步承認，人類對外在自然所賦予世界的否定與對自己內在獸性的壓抑有關。對此，我們無法決定孰優孰劣或是探究到底教育（以宗教禁忌的形式出現）是工作的結果，或者工作是道德改變的後果？但是只要有人類存在的一天，一定一方面有工作，一方面則透過禁忌否定人性中的獸性。

　　本質上，人類否定自己的獸性需求；大部份的人類禁忌與這些需求有關。這些禁忌的普及性令人訝異且似乎理所當然，以致從未引起質疑。沒錯，人種學的確討論過月經禁忌，這點稍後我們會看到；不過嚴格說來只有聖經賦予猥褻的普遍禁忌特殊的形式（即裸體禁忌）：聖經提到了亞當與夏娃明白自己赤身裸體。但是沒人提及對排泄物的恐懼；本質上，這是人類所特有的事實。關於我們身體排泄物的規定，成人世界從未特別加以費神，甚至連禁忌名單都榜上無名。因此，從動物過渡到人類的過程中，存在著某一極端負面的模式，甚至無人願意加以討論。雖然人類的宗教反應包括了許多荒謬無比的禁忌，但是它卻不在其中。關於此點，我們對它的否認全面而絕對，認為不應注意到它，而它也不值得注意。

　　為了單純起見，在此我並不想討論人類特質的第三個面向：對死亡的認知；我只提醒大家這個由動物過渡到人類、沒有爭議的觀念原則上出自黑格爾。然而，黑格爾除了強調第一與第三特性外，對第二項特性卻避而不談[29]；他自己則恪遵（卻不加以討論）我們都遵守的長期禁忌。此舉並不如乍看之下那樣令人困擾，因為這些對獸性的初步否定後來以更複雜的方式出現。但是如果目前討論的主題是亂倫的

29　人類特質的三個面向分別是：開始工作、有了禁忌與對死亡的意識。

話，略過關於猥褻的普通禁忌也可說是合理。

亂倫的不同規範與性禁忌對象多變的特色

我們怎麼可能不以此為起點為亂倫下定義呢？我們不能說「這個」淫穢。淫穢是一種關係。淫穢不像「火」或「血」一樣單獨存在；例如，它只能因為「妨害風化」而存在。某件事之所以淫穢是因為某人有此看法或說法；淫穢並非確切的物，而是此物與某人思想之間的關係。就此意義而言，我們可以定義某些情況淫穢因為其特定面向淫穢或至少看起來淫穢。但是這些情況並不穩定、且總有些不確定的成分；或者說，其穩定性失之武斷。同樣地，為了生活而妥協的情況也時有所聞。亂倫就是其中的一種情況；它只武斷地存在人類的精神中。

這樣的再現方式不但必要而且不可避免。如果我們無法引證亂倫的普遍性，我們也將無法顯示猥褻禁忌的普及性。亂倫是人類與否定肉慾獸性之間基本關聯的首要證明。

人類永遠無法摒除性慾；有的只是表面上的壓抑或個人的力有未逮。即使是聖人至少也受過誘惑。對此，我們除了保留某些性禁區外，也束手無策。因此，人類保留了特定的地點、場合、與對象為禁區：在這些地點、場合、在這些人面前任何性的面向都被視為猥褻。這些性面向跟地點、場合、對象一樣有所變化，而且其界定方式永遠失之武斷。因此，雖然裸體本身並不猥褻，然而幾乎在任何社會，裸體皆被視為猥褻，但是程度卻有所不同。舊約聖經〈創世紀〉篇提到裸體時，將羞恥感的誕生與從動物過渡到人類做了連結。換句話說，此羞恥感就是猥褻的感覺。但是二十世紀初令人感到羞恥的畫面，今天已不復如此，至少沒那麼嚴重。今日，女泳客在海灘上袒胸露體也

許在西班牙仍會引人側目，但在法國則不然。不過，即使在在法國城市裡，穿著泳裝逛街則仍會引起某些人的不悅。同樣的，低胸衣服在大白天有失禮節，但在夜晚則是合宜的穿著。而在醫院診療室裡，再怎麼裸露也不算猥褻。

在同樣的情況下，以人為對象的保守思維也會改變。根據這些保守想法，居住在一起的人，原則上只有具有婚姻關係的父親與母親才可以有性關係。不過，就如同關於性面向、地點、場合的禁忌，這些針對人的限制相當不確定而且變化多端。首先「居住在一起」這種說法就一點都不明確。它跟先前的裸體一樣，有著太多的武斷成分與妥協。我們必須特別強調的是方便的影響力；這點在李維—史陀的分析中已說得相當清楚。為了確保互換的循環，可以通婚的親戚與不可通婚親戚之間的武斷區分也會有所改變。一旦這些有組織的循環不再有用，亂倫的範圍也會隨之縮小。一旦失去其用處，人們終將不會把過於武斷的禁忌放在眼裡。相對地，禁忌一旦固定，其勁道會加強：人們更能感受到其內在價值。此外，只要方便，禁忌限制可以一再加以延伸。中世紀的離婚手續便是一例；在當時，與習俗一點關係都沒有的理論亂倫，常被用來作為王公貴族合法解除婚約的藉口。無論如何，整個關鍵總在於企圖以完美人性的原則與混亂的獸性相對立：這種做法有點類似維多利亞時代作勢相信肉體與獸慾根本不存在的英國女性。徹底社會化的人性完全排斥感官的脫序；它否定了本身的自然法則、拒絕接受其事實。它只願意接受一個整理得乾乾淨淨、有條不紊的家，生活在其中的可敬人物純真而不可侵犯、溫柔卻遙不可及。此一象徵不但指出了使母親在兒子心中、女兒在爸爸眼裡神聖不可侵犯的分際；更廣泛地說，它豎立了無性化人性的意象或聖殿，其價值不容暴力冒犯或激情玷污。

從亂倫禁忌及隨之而來的女人禮物中發現人的本質

　　讓我們回到這些說法與李維—史陀的理論一點也不牴觸的事實
上。對肉體獸性的極度（盡可能）否定這個觀念必然會出現在李維—
史陀所探討的兩條途徑的交會點上，或更精確地說，在婚姻本身的起
點上。

　　就某種意義而言，婚姻是利益與純潔、肉慾與肉慾禁忌、慷慨與
貪婪的結合。不過最初的舉動將婚姻擺盪到另一個極端；婚姻是個禮
物。關於這點，李維—史陀已交代得很明白。他詳盡地分析這些舉
動，讓我們看清禮物的本質：禮物本身是種拋棄，是對即刻、毫無
保留的獸性享樂的禁忌。婚姻與其說是夫妻的結合，倒不如說是女
人「捐獻者」的奉獻。這個男人（父親或兄弟）原本可以自由享用這
個女人（女兒或姊妹），但他卻將她送給別人。此項禮物也許是性行
為的替代品；無論如何，禮物的洋溢頗有類似性行為本身的意義：兩
者都是資源的耗費。但是這種禮物來自拋棄，而允許這樣耗費的拋棄
所根據的又是禁忌。即使禮物跟性行為一樣能令人感到放鬆，但絕非
獸性的放縱解脫：而人性的本質即出自此一超越。對近親的拋棄——
禁止自己享用保留給自己的財產——這就是人性的態度，與動物的貪
婪截然不同。如前所述，如此的拋棄方式相互凸顯出被拋棄物的誘人
價值。這有助於人類世界的誕生；在此世界中，敬重、困難與保留
都比暴力更佔上風。它使令人垂涎的對象更具價值，也使得情色更
臻完美。如果失去了對禁忌價值的相對敬重，情色將不復存在。（同
樣地，如果對情色的耽溺既不可能又不誘人，就不可能有十足的敬
重。）

　　敬重可能只是暴力的迂迴。一方面，敬重在暴力止步的範疇中維
持秩序；另一方面則讓遭禁的暴力得以不合時宜地爆發。禁忌並未改

變性行為的暴力；它在遭馴服的人身上為不得其門而入的獸性開啟了一道門：對規律的踰越。

在踰越（或自由的情色）時刻與完全禁慾這兩個極端之間存在著廣大的中間地帶。一般而言，性行為並未被視為罪惡，而只有外地男子可以迎娶本地女子的習俗也早已過時。最常見的情況是，適度的情色可以被接受；即使在譴責性的地區，也只是表面上嚴厲；只要不公開，踰越的行徑也會被容忍。不過，只有極端的行徑才具有重大意義。基本重點是：沒有任何情色生存空間的情況依舊存在，雖然為數不多；另一方面，踰越時刻也同樣存在，這時的情色就具有顛覆的價值。

如果我們沒考慮到情況不斷在改變的話，上述這兩種極端對立的情形根本無法想像。因此，婚姻與歡慶騷動有關的禮物部份（禮物與慶典有關，而贈與則永遠是種奢侈、洋溢與過度的表現）凸顯出踰越的面向。不過此一面向顯然已經模糊不清。婚姻是性行為與敬重之間的妥協；且敬重的意味愈來愈濃厚。結婚那片刻、那段過渡時刻，依舊保有其原則上所具有的踰越特質。但是在母親與姊妹的世界中，婚姻生活令人窒息，且相當程度地中和了繁殖行為的過度。在這過程中，禁忌所建立、同時也是母親與姊妹特色的純潔部份逐漸傳給已為人母的妻子。就這樣地，婚姻狀態使得人類得以在對反對滿足獸性需求的禁忌表示敬重的前提下，繼續過著人性的生活。

神祕主義與好色[1]

從現代基督徒的寬容態度到「對性的恐懼」

任何對代表生命最終可能性的神祕經驗所引發問題或多或少有興趣的人，都知道《加爾默羅研究》（*Etudes Carmélitaines*）這份由「赤足加爾默羅會」[2]修道士布魯諾神父（P. Bruno de Sainte-Marie）所主編的精采評論。此評論偶爾會出版一些「特刊」；最近就有專輯探討「神祕主義與禁慾」之間關係的燙手問題[3]。

加爾默羅會修道士所出版的向來是眼界寬闊、胸襟開放、內容紮實作品的典範。此專輯絕非教會宗派的宣傳品，而是不同意見的學者

1　Sensualité在本文中有時譯為好色，有時則譯為肉慾，視上下文而定。

2　「赤足加爾默羅會」其拉丁文為 Order Camelitorum Discalceatorum，簡稱為O. C. D；英文則為 Order of Discalced Camelites。相傳於十二世紀創立於以色列的加爾默羅山（Mount Camel）而得名。該會榮耀聖母瑪麗亞，且注重祈禱默想。十六世紀修會的改革者主張更嚴謹的生活，時人以「赤足」、「非赤足」加以區分。「赤足」是指經由聖女大德蘭與聖十字若望所改革的修會。「赤足」是指只穿涼鞋，不穿襪子，足部沒有完全包裹起來，以此象徵比較嚴謹刻苦的生活。此修會在華人地區亦被稱為「聖衣會」。

3　《神祕主義與禁慾：第七屆雅方國際研討會論文集》（*Mystique et Continence. Travaux du VIIe Congrès international d'Avon*），Desclèe de Brouwer, 1952，8開本，410頁（《加爾默羅研究》第31年）。（原注）

專家在一場「國際研討會」上所發表論文的彙編。猶太教徒、正統天主教徒、基督教徒均受邀與會發表看法；尤其特別的是，連部份對宗教實踐比較陌生的宗教史家與精神分析學者也佔了相當大的比重。

　　當然，此作品的主題原本就需要如此開放的觀點：完全出自已宣誓禁慾的作者、基調千篇一律、全然天主教觀點的論文集可能會讓一般讀者感到不舒服。這類論文集應該以修道士與傳教士為讀者對象，他們的立場已根深柢固、不會改變。相反地，加爾默羅會修道士所出版的這部彙編，特色就在於他們決心正視每個問題，且毫無畏懼地對最棘手的議題追根究柢。表面看來，佛洛依德的學說與天主教的立場南轅北轍：看到今日的教會人士能夠邀請精神分析學者討論基督宗教的禁慾，的確相當難能可貴。

　　對於此一明顯忠誠於問題的態度，我深有同感；再者，我的同感更甚於訝異。事實上，對於性的真相，基督宗教的態度絕不膚淺。不過，我仍應針對這本《加爾默羅研究》彙編中所透露出的立場表達出我的疑慮。面對這些題材，我懷疑冷靜是最佳的處理方式。本質上，教會人士似乎企圖彰顯對性的恐懼並非基督宗教實行禁慾的動機。在此彙編開頭的調查文章中，主編布魯諾神父就寫道：「雖然禁慾具有巨大的解放力道，但它難道不是出於對性的恐懼？……」[4] 對此問題，菲力普神父（P. Philippe de la Trinité）在第一篇論文中提出他的答案：「對於布魯諾神父所提，禁慾是否源自對性的恐懼這個問題，天主教神學家應該回答『不是』。」[5] 後來他又寫道：「禁慾不是出自對性的恐懼——這是確定的。」[6] 教會人士如此斬釘截鐵的否認態度是否正確，我不予討論。無論如何，我覺得有待商榷的是：在此一缺乏恐

4　前引書，頁10。（原注）

5　前引書，頁19（字體變更為作者所加）。（原注）

6　前引書，頁26。（原注）

懼的態度中，基督宗教對性所持的固有看法。在此，我想檢視的問題
（乍看之下可能與這些論文的主題無關）是：恐懼是否正是支撐「性」
的要素？還有，「神祕經驗」與「性」的關係，是否與跟兩者皆息息
相關的恐怖黑暗深淵有關？

性的神聖本質與神祕生活宣稱所具有的性特徵

　　在一本極為有趣的研究中[7]，有鑑於神祕主義言語中常將神奇之愛
與性愛相提並論，貝那爾特神父（P. Louis Beirnaert）強調「以性交
象徵最高層次結合的適當性」。他僅提醒——但未堅持——我們談論
性時的可怕原則：「是充滿科技心態的我們將性交當作純生物事實看
待的……」。在他眼中，如果性結合具有表達「超越的天主與凡人結
合」的優點，那是因為性交「在人類經驗中，早已具有適合象徵神聖
事件的固有特質」。「宗教現象學告訴我們，人類性行為從一開始就
具有神聖意涵」。在貝那爾特神父眼中，「神聖意涵」這個用語與性
繁殖行為的「純生物事實」彼此對立。直到晚近，神聖世界才具有今
日宗教人士心目中崇高的單方面意義。在古典時期的古代，它的意義
仍模糊。對基督徒而言，神聖的似乎必然純淨；不純淨的則屬於世
俗。但對於在基督宗教出現之前的異教徒而言，神聖的也可能污穢不
堪[8]。只要我們稍加細究，我們可以馬上說撒旦在基督宗教中仍相當接
近神奇；而對神聖而言，罪惡也並不完全陌生。罪惡最初是宗教禁
忌；而在基督宗教之前的宗教禁忌正是神聖。現代人面對神聖事物時
無法擺脫的顫抖畏懼態度與面對禁忌所引發的恐懼感永遠不可分。以

7　《結合象徵的意義》（*La signification du symbolisme conjugal*），頁380-389。（原注）

8　前引書，頁136。（原注）

目前的情況，我相信邊下「我們的神祕主義者的結合象徵沒有任何性的意義。反而是性交已有其超越的意義」這種結論與事實不符。超越的意義？這意味著：否認其恐怖——與污濁現實有關的恐怖。

容我說清楚。對於波拿巴（Marie Bonaparte）與樂巴（James Leuba）[9]從性的角度詮釋神祕主義者生活的做法，我無法苟同。沒錯，神祕主義者的情感流露在某些方面可被比作好色衝動，但像樂巴那樣主張神祕主義者默想時所提及的喜悅狀態指涉的一定是性器官的活動，則是太過簡化的推論[10]。波拿巴所依據的則是聖泰瑞莎（Sainte Thérèse）[11]的一段描述文字：「我在他身上看到一支長長的金鎗，尖端似乎冒著火。他似乎以此戮戮我心臟好幾次，直入我的內臟！當他抽出時，我以為自己內臟也被隨之掏出；則我因對天主的大愛而慾火焚身。其痛楚劇烈到令我不斷呻吟；然而，此一無比劇痛為我帶來如此甜蜜，我永遠也不想與之脫離……。此痛楚並非出自肉體，而是來自靈魂，雖說身體佔了一部份——而且是一大部份。靈魂與天主之間愛的撫摸是如此甜蜜，如果有人覺得我在說謊的話，我祈求天主，好心也賜予她相同的經驗。」波拿巴的結論是：「這就是聖泰瑞莎著名的神

9　瑪麗・波拿巴（Marie Bonaparte, 1882-1962）是拿破崙的曾姪孫女，法國作家與心理分析師。她深受性冷感所苦，曾測量243名女子陰蒂與陰道之間的距離，並以其長短斷定達到高潮之難易度。與佛洛依德關係密切，且對心理分析在法國大行其道貢獻頗大。樂巴（James Leuba, 1867-1946）是美國心理學家，以生理學術語解釋神祕主義與其他宗教經驗，對宗教心理學頗有貢獻。

10　貝那爾特神父在書中（頁380）曾提到樂巴的著作《宗教神祕主義者的心理學》（*La psychologie des Mystiques religieux*）（頁202）。關於瑪麗・波拿巴發表在《法國心理分析評論》（*Revue Française de Psychanalyse*, 1948, No. 2）的理論，帕薛米涅醫生（Dr. Parcheminey）在頁238中也做了一番描述。（原注）

11　聖泰瑞莎（Sainte Thérèse d' Ávila, 1515-1582），又譯為聖德蘭・亞維拉（大德蘭），是著名的西班牙神祕主義者、加爾默羅會修女。被視為與聖十字若望（Jean de la Croix）創立了赤足加爾默羅會。此段幻想激發了貝尼尼（Gian Lorenzo Bernini, 1598-1680）創作其最著名的雕刻作品《聖泰瑞莎的狂喜》（*The Ecstasy of St. Teresa*）的靈感。

祕恩寵經驗；我想將它與一名女性友人先前向我透露的經驗做一比較。
我這位朋友早先曾對信仰失去信心，但是在十五歲時她經歷了一場強
烈的神祕經驗，使她有意宣誓成為修女。她記得有一天當她跪在祭壇
面前時，她感受到一股超自然的神祕喜悅，讓她覺得天主自己降臨她
身上。只有到了後來她跟一名男子有了性經驗後，她才恍然那次天主
臨幸的感覺根本就是強烈的肉體高潮。守貞的泰瑞莎根本沒有機會做
此類似的比較；不過，這似乎可以解釋她的神祕恩寵經驗。」帕薛米
涅醫生（Dr. parcheminey）進一步明確指出：「這類的看法導致這樣的
理論：所有神祕經驗只不過是性的位移，因此是種神經官能症。」說
真的，要反駁波拿巴對聖泰瑞莎的神祕恩寵經驗所做的比較有困難：
顯然我們無法斷言那不是強烈的肉體高潮。不過那不太可能。其實，
波拿巴所忽略的是，對於精神喜悅跟肉體激動之間的可能關聯，進行
默想的神祕主義者早就已有最強烈的警惕。貝那爾特神父就指出「與
樂巴的主張相反，神祕主義者對於伴隨著其經驗而來的感官衝動完全
了然於胸。聖文德（St. Bonaventure）[12] 曾提及那些『在精神感召下，
為肉慾橫流所玷污者（in spiritulibus affectionibus carnalis fluxus liquore
maculantur）。』聖泰瑞莎與聖十字若望（Jean de la Croix）[13] 也都曾明
確地予以處理……不過他們都認為這與自己的經驗沒有直接關聯；當
這些激動出現時，他們並不依戀，也不感到驚恐害怕……。何況，當
代心理學已經指出，許多以所有可能形式發洩的強烈情緒，其原因都
可追溯到性器官的衝動。因此這強烈情緒可以跟聖十字若望所熟悉的
『滿溢』（redundantia）觀念做一比較。最後要注意的是，這類衝動只

12　聖文德（St. Bonaventure, 1221-1274）又譯聖文都辣，義大利人。由於其著作與宣道都具
　　有引人愛慕天主的熱力，因此被稱為「愛火聖師」（Doctor Saraphicus）。

13　聖十字若望（Jean de la Croix, 1542-1591）是西班牙神祕主義者，宗教改革的主要人物。
　　與聖泰瑞莎創立了赤足加爾默羅會。

發生在神祕生活的初步階段而已，到了較高階段以後即不再出現，尤
其更不會出現在精神婚約中。簡而言之，狂喜過程中的感官衝動絕不
意味著此一經驗的性特徵。」此一說明可能無法回答所有可能的問
題；不過它的確適切地區分出某些範疇，這些範疇的基本特色往往為
對宗教經驗不熟悉、也沒有體驗過神祕生活的精神分析者所忽略[14]。

　　在情色與神祕主義這兩種流露體系中，存在著令人驚訝的相似性
與等值性，彼此甚至可以互換。不過，只有在實際經歷過這兩種激動
後才能真正清楚感受到其中的關聯。沒錯，在觀察病人時，精神科醫
生往往刻意避開自己的經驗，因而也就無法由衷地體會病人的病症。
總之，如果他們在還不瞭解之前就論斷神祕經驗，他們就會跟面對病
人時一樣而重蹈覆轍。其結果必然是：只要超出他們經驗之外的行
為，事先就被視為不正常；只要他們自認有權從外面邊下判斷的就會
被他們判定為病態。此外，他們也認為總是呈現出曖昧迷恍狀態的神
祕經驗既是最容易確認，同時又與肉慾高漲時最是相似。這也導致他
們膚淺地將神祕主義與病態的亢奮相提並論。但是就如極度的痛苦發
不出聲，神祕主義這一人類內心深處所能感受到的極致內在經驗也是
如此：「聾人聽聞的」時刻並非進階的經驗。實際上，能避免精神科
醫生妄下結論的心理狀態並不屬於他們的經驗範疇，因為我們只能理
解自己親身經歷過的經驗。原則上，偉大神祕主義者對自身經驗的描
述應該可以降低我們的無知；但這些描述的平易樸實本身卻讓人感到
困惑不安──這些描述中看不到近似精神病患者的徵兆或聽不見受到
神祕恩寵的神祕主義者之嚎叫。這些訊息不但令精神科醫生難以掌握
詮釋；猶有甚者，它們通常引不起精神科醫生的興趣。因此，如果我
們想明確地看清楚情色與神祕經驗之間的關係，我們必須重新回到內

14　不過他們自己卻認為，想當心理醫師需要具有某些神經官能症的特質。（原注）

在觀點；而此彙編中，也幾乎唯有宗教人士以此為其出發點。

「為自我而死」的道德觀與它跟普通道德觀的差異

　　研究神祕主義的宗教人士並非個個都親身體驗過他們所談論的經驗；不過就如同彙編中一名作者所言，神祕主義（當然是天主教會所唯一認可的那種）「是所有基督徒生命中的一部份」。「基督徒的生活與神祕主義的生活是兩個等值的表達方式。」「我們在最高層次狀態所察覺的成分也存在於我們所謂較低層次的狀態中。」[15]沒錯，這些宗教人士似乎無法明確地說明清楚。如先前我所指出的，宗教人士一開始就對性與神聖的觀念混淆不清。不過，此一源自在我看來是錯誤觀點的歧途並不嚴重，而且無論如何值得繼續探索，因為至少它將我們帶向光明。

　　對我而言，帖松神父（P. Tesson）的觀點雖不完全令人滿意，但頗具深度；而我也相信大家很快就會瞭解為何我從他開始討論。帖松神父堅稱：道德在神祕狀態中扮演著決定性的角色：「道德生活的價值使我們得以衡量一個人的宗教與神祕價值。」「道德評判且引導神祕生活。」[16]值得注意的是，帖松神父雖然視道德為神祕生活至高無上的原則，但他不但未抨擊肉慾，反而強調好色符合天主的規畫。根據他的說法，「有兩股力量吸引我們心向天主。好色是其一，『已深植人性』。另一股是神祕主義，『來自基督』」。「這兩股力量偶爾會產生磨擦，但這只會造成彼此之間更深一步的和諧。」

15　帖松（Tesson）神父，〈性、道德、神祕主義〉（Sexualité, Morale et Mystique），頁359-380。菲力普神父在被收錄該論文集首篇文章的〈神祕之愛，完美的貞操〉（Amour Mystique, Chasteté Parfaite）（頁17-36）中亦持相同看法。（原注）

16　帖松神父，〈性、道德、神祕主義〉，頁376。（原注）

　　帖松神父自己在詮釋天主教會教義時曾指出：只有在婚姻中才被允許、「為繁衍的性行為既非被允許的罪，也不是因為人類的脆弱而勉強被容忍的平庸行徑」。婚約中的性行為是「終生（甚至更久）廝守的男女，彼此相互表答愛意的一部份」。「耶穌希望基督徒之間的婚禮是件聖事，因此以特殊的恩寵慶祝婚姻生活」。因此只要是發生在「恩寵的情況下」，這些「值得稱許」的行為不會遭到反對。因為此愛情「有所取捨」且具排他性，使得此一結合「更具人性」。再者，「沒有任何事物可以阻止包含我們所討論的性行為的夫妻生活成為深刻神祕生活、甚至聖潔生活的一部份」。

　　這些看法雖然有趣且頗具意義，但我們必須一開始就指出，它們並不夠周延。它們無法阻止肉慾與神祕主義之間的世俗衝突。此彙編中某些作者可能已注意此衝突中較尖銳的面向，並希冀減低其影響。

　　我想順便說一下，作者自己也察覺到對性生活的開放趨勢（此彙編本身就是個見證）所可能造成的混淆。他留意道：「最近出版的作品太過強調性交是夫妻之間最偉大的愛情。事實上，如果說一般的性愛是種具有強烈情感與生命共鳴的情愛表現方式，其他的方式更能顯示出情愛的精神與意志層面，且有必要予以更加強調。」他提醒我們注意跟選擇婚姻生活者也有關的福音法：「人必須透過死亡獲得永生」。

　　此外，這原則上也與帖松神父所提出「評判且引導神祕生活」的道德觀有關。的確，此一道德觀基本上不反對性，且不源自生命所必需（這些因素彼此牽連），似乎與「人必須透過死亡獲得永生」的基本前提有關。它以積極的方式植基於永生的價值，而非消極地受限於只為了維護此生的規範。雖然遵守規範不可或缺，但永生不能僅僅建立在對這些規範的遵守之上。只有愛才是其真理與力量。愛甚至連這些規範所試圖防範的罪惡都能包容。唯一足以傷害此生命的病反而是「陳規、表面一絲不苟、嚴守教法的偽善」令人癱瘓的重擔。儘管

如此，道德仍與「天主教會……無論如何不因時效而解除」的律法有關。但是一旦有人違反律法，神學家不應太急於加以審判。「心理學的最新著作」讓我們注意到「內在生命旺盛、渴望親近、順從天主，但卻遭遇阻礙、內心失衡者的心理狀態」。「精神分析顯示，表面上經常偽裝成有意志行為的無意識動機，在這方面有著很大的影響力」；因此，「對道德心理學認真地予以重新修訂」不可或缺。「明顯違法失職雖然嚴重，但其後果可能並非最嚴重，因為大家很清楚問題出在哪裡。對精神生活傷害最大的是自甘平庸或自負且沾沾自喜；而且這兩種態度並不相互排斥。」「既然人在意識深處不一定要為其無意識的背德行徑負責，我們應據以推論，這類違反道德的事──無論是未察覺或雖明明知道但仍不自主地犯了錯──肯定會在追求完美與神祕主義者、甚至在聖人身上出現。」這種道德觀所強調的不是確保「主要規範」所給我們的社會與個人生活，而是人為追求永生、為自我而死的神祕熱情。它所要譴責的是妨礙此一熱情、表現在自滿、驕傲、與平庸上的對自我的深度依戀。因此，我們可以翻轉帖松神父「道德評判且引導神祕生活」的主張，而提出「神祕經驗評判且引導道德生活」的看法。如此一來，道德顯然不能侷限於生命的維持；道德要求生命茁壯、開花、結果。

　　我原本想明確指出：相反地道德要求……。因為福音法已經說明：「人必須透過死亡獲得永生。」

當下、「飛向死亡」與宗教生命中的死亡

　　生命與死亡之間的連結有許多面向。此一連結在性經驗與神祕主義中也同樣感受得到。帖松神父跟此一彙編大體一樣，強調性與生活之間的和諧。但是無論怎麼看，人類的性總是受到某些限制，超出此

限制之外的性則被列為禁忌。在各地最後總有某些性衝動涉及淫穢不潔。這些已不再是「天主所願」、有益的性，而是遭詛咒、死亡的性。有益的性近似動物的性，它與人類所特有、只在最初才與生殖有關的情色彼此對立。原則上不孕的情色代表的是邪惡與魔鬼。

這正是性與神祕主義之間最後——且最有意義——的關係。在信徒與修道士的一生中經常會出現失衡的狀況，而導致這些失衡的誘惑往往以情色而非繁殖為目標。這是我們從與「聖安東尼的誘惑」（tentation de saint Antoine）[17]有關的意象中所得到的真相。在誘惑中令這位修道士魂牽夢繫的也正是他所畏懼的。他對永生的憧憬被轉化成渴望為自我而死；從此他的觀點永遠改變，每個成分不斷轉變成與原先相反的事物。他所渴望的死亡搖身一變而成永生。他堅決反對代表生命的生殖秩序，卻為具有死亡意義的面向所誘惑。在他眼中，性誘惑所代表的詛咒或死亡與透過自我死亡追尋永生中的死亡並無二致。因此，誘惑具有死亡的雙重價值。我們怎會想像不出修道士的舉動引導他攀登「廟堂之頂」，從那高處，任何睜大眼睛、沒有畏懼陰影的人都可看出所有對立可能性之間的關係？

現在我試圖描繪在那「廟堂之頂」上可能出現的景象。

首先，我將陳述此一弔詭：剛才提出的問題不是早已存在自然界中？自然早已將生與死結合在生殖中。最極端的例子是某些生物會在交配時死亡。談論大自然的意圖難免荒謬；但是生命資源無可避免的浪費並非總是如此簡單。生命在無以倫比地揮霍同時，似乎也有著與此瘋狂浪費相反的目的。生命大舉耗費能源的目的旨在增加資源。不

---

17 聖安東尼在埃及沙漠中所面對的超自然誘惑是西方文學藝術中常出現的主題。波希（Hieronymus Bosch, c.1450-1516）、達利（Salvador Dali, 1904-1989）等畫壇大師都有相關的畫作。法國作家福樓拜（Gustave Flaubert, 1821-1880）更是視其1874年出版的作品《聖安東尼的誘惑》而非更著名的《包法利夫人》為其代表作。

管是植物或動物，花朵的或鳥類交尾期之炫麗可能不像外表感覺到那樣光鮮。外表上它似乎就是目的。在我們智力所粗略聯想的功能範圍內，花朵或動物的炫麗外表可能沒有多大用處。它就像是場巨人的騙局。就像是假傳宗接代之名，到處拈花惹草、毫無節制。無論手段再怎麼盲目，生命總需要藉口狂歡，以便自由發洩它身上的勢能，就好像洪水的氾濫也都需要托詞一般。

　　這些說法無法令人滿意，而且使人們陷入思考總是過於輕率的窘境。一切變得單純無比，連叔本華（Schopenhauer）的主張：性衝動只有一個意義——自然旨意因此而行，如此簡化的說法也被接受。根本不曾有人留意到過「自然」以荒謬方式運作的事實。

　　我在此不可能大量檢視迫使我採取此一反諷態度背後的因素。我只會指出，生命如何在大舉耗損的同時也相反地以增長為取向。

　　然而，毀滅終將是最後的贏家。生命的大量繁衍終究徒勞無功；所繁衍的生命終將被獻給死神。盲目地增加生命，徒增死神大肆收割的機會。我想強調的是：儘管我們有增長的相反需求，浪費的現象只會日愈強烈。

　　讓我們回到我認為重要的一點：交配造成生物死亡的極端例子。在此經驗中，生命維持了自我成長的原則卻犧牲了自己。這是為自我而死的完美範例。我仍舊不願將自己侷限於動物服從結果的看法。在此例子中，個別生物的舉動遠超過只對整個物種有意義的結果。只有這種結果能確保此生物的代代相傳，但無視於未來、對此刻令人眩目、某一層意義上與太陽有關的執著也不能被排除，就像我們即使只為了找出此刻臣服於未來的因素，也不能將此刻排除一樣。除非囿於成見，否則沒人會看不出此生物是為自我而死[18]。在我看來，人類在

18　參較前面「人必須透過死亡獲得永生」的說法。

將其死亡歸納成是為了整體物種著想時，太過粗糙地簡化了雄性動物在「飛向死亡」時的行為。

讓我再回到人類的情色上；對遭受誘惑的修道士而言，情色的意義就如同死亡對飛向死亡的雄蜂意義一樣，如果雄蜂跟修道士一樣，在面對等待它的死亡時可以自由決定的話。修道士肉體上不能死亡，但卻可以喪失他所渴望的永生。依照帖松神父的說法，這就是不斷導致「吸引我們嚮往天主的兩種吸引力」——「已深植人性」的性與「來自基督」的神祕主義——之間衝突的「偶然分歧」之一。在我看來，如果我們不從這兩者之間同時最相似卻又南轅北轍之處著手，就無法清楚地釐清兩者的關係。兩者之間的「深固和諧」也許還存在，但難道我們要為此降低兩者間相似外表下，同時存在的矛盾？

依據帖松神父的用語，追求永生（vie divine）者必須先行死亡（meure）。但是沒有人想到缺乏生命的死亡。死亡可以是無懼於死亡的積極行為。面對危險時，動物本身會有靜止不動或逃逸的反射本能；這些反射行為所見證的是人類各式各樣的基本關懷。活在當下，不再臣服於求生本能；這就是為自我而死，或至少是與死亡平等共存。事實上，每個人一輩子都在執著於自我；人不斷從事有助於延續個人生命的行為。只要他願意讓現在淪為未來的奴隸，他會變得自滿、自傲、平庸，因自私而遠離帖松神父所謂的神奇的生命或，說得模糊一點，神聖的生命。關於此神奇生命，帖松神父似乎曾給過這種說法：「人必須透過死亡獲得永生。」的確，在「平庸」與「傲慢」之外，我們不斷瞥見一個令人焦慮的真相。也就是說存在的浩瀚。此浩瀚無邊是凡事以行為、因果解釋的平庸才智所無法理解的。以算計眼光衡量存在的有限生命，侷限於自己的平庸自傲，只能像個井底之蛙、迷失於整體存在之浩瀚，因無法理解而感到畏懼。然而，對被它所吸引者而言，此一浩瀚意味著死亡：面對著此一與自我——與自私

觀點的不可靠——對立、若即若離的浩瀚深淵,自我無不感到一陣暈眩、顫慄。就如受到死亡威脅的動物,其靜止不動與逃逸的反射動作因過度混淆,令牠像受刑者那樣焦慮地僵立現場。令動物呆若木雞或抱頭死竄的危險來自外在;此一危險真實而明確。但是焦慮中的動物面對死亡時,左右其反應的是對無法定義對象的慾望。像這樣受到死亡威脅的生命讓我們想起那些受到性交病態誘惑的修道士,或是在動物界中,不是死於敵人之手,而是喪命於雌蜂致命吸引力的雄蜂。這些例子至少都顯露出,死亡受到挑戰那一剎那所泛發出的閃光。

修道士的誘惑與令人貪戀不捨的快樂

有個重點值得不斷強調:修道士對性禁忌的過分自我要求與執著當然導致誘惑的不正常發展,且使得其情色意義不但未受改變,反而顯得更加突出。雖然將面對誘惑的修道士類比成雄蜂的飛向死亡有點弔詭,兩者的下場卻同樣都是死亡。我甚至可以將受誘惑的修道士稱作頭腦清楚的雄蜂,因為他知道緊接著其慾望的滿足到來的是死亡。通常我們都會忽略此一相似處,因為人類性交原則上不會導致真正的死亡;而且只有誓言守貞的修道士才會將性交看作是道德上的死亡。然而,唯有在導致某種墮落、而對此墮落的恐懼讓人想起單純肉體的死亡時,情色才真正獲得實現,其潛力才得到完全發揮。

雄蜂與修道士之不同更能明確點出其相似的意義,且讓我們注意到其特有的感官激情。此一特質使兩者與神祕主義性質近似(效果更勝於其共有的詞彙)。

我前面已提過修道士的清楚意識與雄蜂的盲目形成強烈對比,不過此一對照可被看作是人類與動物之間的差異。現在我想提出的議題超越此問題,且是此問題的限定形式。我指的是修道士面對誘惑時所

特有的抵抗，這與雄蜂或一般人的反應都不同。（沒錯，我們經常看到女性的抵抗。女性的抗拒儘管有意義，但是對自己為何抵抗，女性經常並不完全清楚。她只是像一般雌性動物本能地進行抵抗：只有受到誘惑的修道士賦予抵抗全盤的意義。）

修道士的掙扎出自其維護精神生活的意志；一旦墮落，其精神生活將受到致命的打擊：肉體之罪將使靈魂邀向立即自由的飛行戛然而止。我們已經看到，對帖松神父與整個教會而言，「人必須透過死亡獲得永生」。這句話用字有些模稜兩可：打擊永生的死亡似乎與帶來永生的死亡彼此對立。但是此一對立面向並非絕對：無論如何，我們必須維持生命，避免它受到破壞威脅。即使是靈魂的生命，維持生命（在精神真相名義下的真實、物質生命）的原則並未明顯改變。原則上，遭受罪惡所破壞的生命有其基本價值：良善。受到永生破壞的生命也許是邪惡。但是死亡所毀滅的永遠是想繼續存活的真實。如果我為自我而死，我鄙視的是以持續與增長為目標的生命；同樣地，經由罪惡我破壞了自己的精神生命。每次，誘人的（令人驚豔、使人陶醉的）總是戰勝對持續的關懷、打敗追求更大權力的決心。抵抗的原因會改變，有時出自個人自私的利益，有時則為了整個修道團體。但是，對未來（不論是否骯髒）的考量總會拒絕眼前的誘惑。

如前所述，帖松神父曾公開提到「吸引我們心向天主的兩股吸引力」——「已深植人性」的性與「來自耶穌」的神祕主義。天主（對我而言）意味著提升我們超越在時光中保存——或增長——既有財富的那道閃光。修道士會說我遺漏了最基本的要素，亦即面對誘惑時，值得我們喜愛的與值得我們厭惡的彼此對立衝突。但這並非事實，至少僅是表面如此。相反地，我必須強調此一基本原則：

在誘惑中，具有性吸引力的對象只有一個。阻止受誘惑修道士的神祕因素已喪失其「實際力量」。修道士還能抵抗誘惑在於他自忠

於自己，寧願保有神祕生活的平衡，而不願落入誘惑所導致的失控狀態。誘惑的特質在於遭受誘惑者已無法感受得到（而只能理解）神祕形式下的神奇。在那時刻，他所能感受到的神奇只有感官方面，或是所謂的惡魔。此一惡魔─神奇或神奇─惡魔提供（人們透過重大神祕經驗所發現的）天主自己所能提供的，而且更加深入，因為修道士寧可真正死去也不願因誘惑而墮落。我瞭解向誘惑屈服為污穢的我所帶來的滿足，但修道士否定佔此便宜的我。也許他預知此一屬於教會與僧團的我的墮落有一天終將曝光，為此他拋棄了原初的本我。此第二個我渴望沉浸在天主懷中；但受到誘惑時，他的精神卻不再感受得到天主；天主已不再具有原先令人暈眩的效果。相反地，出現的是第二個自我的好處，其可以理解的價值。天主仍舊是個因素，但只以可理解的形式存在。此時的贏家是算計過的利益，而非炙熱的慾望。

因此受到誘惑時，修道士所抗拒的是墮落的眩暈。的確，拒絕誘惑的修道士處境就如同雄蜂一般；牠知道自己飛向蜂后的下場會是如何。

但由於修道士的恐懼與隨之而來的抗拒，誘惑他的對象具有與吸引雄蜂飛向死亡之光的蜂后不同的意義：遭到拒斥的對象既可憎又令人垂涎。其性吸引力光芒四射，其美貌仍令修道士為之沉迷陶醉。但此沉迷陶醉同時也是種顫慄：籠罩美貌四周的死亡光環使其美貌顯得可憎。

誘惑這種曖昧的面向可從天主教會將長期的誘惑稱之為「令人貪戀不捨的快樂」（délectation morose）[19]中明顯看出。

在令人貪戀不捨的快樂中，誘惑者的美貌與其性吸引力已然消失

19　délectation morose字面上的意思是「陰鬱的歡愉」，天主教神學用以指本應排斥而竟陷入其中的邪念。

不見；只有相關的記憶殘存在我前面所說的死亡光環中。從此，此誘
惑對象已不再具體，而是靈魂狀態周遭的氛圍，且已分辨不出它帶來
的是恐懼或是魅力。吸引人的是死亡的感覺；肉慾對象則令人畏懼且
超脫意識之外。當然，令人貪戀不捨的快樂與雄蜂飛向死亡之間的相
似點不及後者與誘惑的關係那麼密切。令人貪戀不捨的快樂雖然力道
不強，甚至帶點滑稽的成分，然而我們依舊可以感受得到：從某方面
而言，此快樂可以說是「飛向死亡」的癱瘓版；儘管可能變得痛苦，
但此一驅力仍舊存在，只是像動物驅力一樣盲目。事實上，這是渴望
靈魂獲得救贖與渴望沉溺於擁抱的致命幸福兩者之間的妥協方式。不
過，此次所追求的慾望對象缺乏自然魅力；這是對死亡──或至少是
「詛咒」──無法理解、無意識的渴望。

有罪的好色與死亡

　　關於「令人貪戀不捨的快樂」的分析為人類好色這個到目前為止
難以理解的主題，注入一道曙光。如果我們想瞭解它與人類唯一純粹
的經驗──神祕經驗──之間的連結，這是我們必須切入的角度。我
相信探討人類肉慾時，如果像加爾默羅彙編中的作者那樣，只探討肉
慾的最高形式──將好色當作是天主的意圖，而非玷污此意圖的諸多
迷失──將反而無法讓我們看清神祕主義。侷限於好色的合法面向將
掩蓋了出現在雄蜂飛向死亡或修道士受誘惑中好色的致命面向。此致
命面向的意義可依稀從「令人貪戀不捨的快樂」中看出。

　　沒錯，侷限於婚姻中的生殖活動（天主的意圖）或更廣泛的、被
視為是自然或正常的性行為，一方面與違反自然的逸軌行徑對立，另
一方面則與所有被認為有罪的經驗截然不同。後者也因為充滿罪惡而
具有更辛辣的滋味：禁果的誘惑。

　　在絕大多數情況下，對一個純淨靈魂而言，合法的性慾應該絕對
純淨。這是可能的，不過此一局部真相掩蓋了一個根本的真相。

　　儘管一般人談起性多會感到一絲羞愧，但是將性行為視為必要的
功能，既合理也符合教會的態度。情人的親熱值得歡呼喝采，與我提
到的羞愧完全相反。親熱是生命的綻放與最快樂的形式。雄蜂與蜂后
的親熱是其生命高潮同時也譜出其生命輓歌，但此例在此並不合宜。
然而，從一開始性的某些面向就令人懷疑。性高潮俗稱為「小死」。
原則上，女性的反應可被比作雌性動物企圖逃避愛情的宿命：雖然與
遭受誘惑修道士的反應有所不同，這些反應顯露出性接觸時普遍出現
的害怕與恐懼。這些面向在理論上也得到佐證。性交時所需要耗損的
能量，到處都是相當龐大的[20]。

　　人類對性嬉戲心存恐懼的原因無須遠求。死亡是個例外、極端的
例子；與雄蜂之死相較之下，正常的精力耗損事實上只不過是個小
死。不過，無論清晰或模糊，此一「小死」本身就足以令人恐懼。相
對地，它也成為慾望的對象（至少人類是如此）。無人能否認失足、
顛覆的感覺是令人興奮的基本要素。我們的愛情，跟死亡一樣，只不
過是種很快流失、迅速淪為悲劇、至死方休的行為。事實是，在死亡
與令人陶醉翻覆的「小死」之間，幾乎感受不到任何距離。

　　然而，每個人內心深處對失控翻覆的渴望與死亡的慾望還是有所
差異，因為此一渴望曖昧不明：它可能渴望死亡，但同時也有活著的
慾望，永遠追求生命種種可能與不可能的侷限，而且愈來愈激烈。這
是種臨死求生、生時想死的慾望；這種對極端狀態的渴望也許只有聖

20　我這裡所指的並非「性能量」的消耗。我同意史瓦茲（Osward Schwartz）主張「性能量」
　　根本毫無根據的看法（《性心理學》（*Psychologie sexuelle*, Gallimard, 1951, p. 9）。然而史瓦
　　茲似乎忽略了性行為中總會牽涉到某種非事先決定、在不同方面可自由支配的能量。
　　（原注）

泰瑞莎的「我死為求生」（Je meurs de ne pas mourir.）方足以形容！但是，正確說來，死為求生的死並非死亡，而是生命的極端狀態。我死為求生的條件是活下去：這是活著時經驗死亡，但仍活著。聖泰瑞莎失控，但她並未因想真正失控的慾望而真正死亡。她失去控制，但此一失控卻使她活得更為猛烈，可以說猛烈到死亡的地步。但這種死亡雖然使她筋疲力盡，卻未令她為之喪命。

好色、溫情與愛情

因此，對昏厥失常的渴望不只是人類好色、同時也是神祕經驗的顯著面向。我們再度回到神祕主義與有罪情色之間的相似處，但我們已遠離純樸美妙或合法的性。相反地，我們已重新找到好色中基本上曖昧不明、近似修道士的誘惑或「令人貪戀不捨的快樂」的面向。在這些例子中，慾望對象到底是生命或死亡的白熱化，事實上很難加以區分。生命的白熱化具有死亡的意義；而死亡則意味著生命的白熱化。在談論修道士的誘惑時，我並未能完全凸顯出此一曖昧的價值。然而，性所帶來的騷亂與毀滅卻是誘惑的基本要素。誘惑是失常、在失去控制之前揮霍所有的慾望。以此為出發點，稍後我將探究性經驗與神祕主義的協調。但首先我必須說明各式各樣、往往明顯彼此對立的性活動，如何在懷念那失衡失控的一剎那中，彼此取得協調。

我先前提到的曖昧，一開始呈現的即使不是毀滅的原則（耗損的能量可以恢復，而令我們失去控制的倉促、氣喘是短暫的），至少是失衡的原則。此失衡顯然並不持久，一般而言穿插在平衡中；這些平衡的型態確保失衡重複出現，並補償好色生活所造成的傷害。但是，這些涵蓋著性失衡、健全穩固的平衡型態隱藏著深刻的意義。

此穩固型態對性的安排最具意義的價值之一在於費心將親熱的脫

序安置在涵蓋人類全體生命的次序中。此次序建立在男、女溫情以及聯繫彼此與子女的親情上。對我們而言，最重要的莫過於將性行為安放在社會架構的基礎之上。文明的次序不是建立在深層的性（也就是說，性的脫序）之上；文明次序藉著收編整合，企圖駕馭、限制此一脫序行徑。此一企圖注定終將失敗，因為情色只有在墮落淪為禽獸行徑時，才會放棄其至高無上的價值。對此一內部足以包容情色的平衡型態而言，其最終唯一的出路便是新的失衡，或最終消失之前的逐漸老化。

最能展現此一平衡與失衡之必要更迭的，便是一個人對另一個人的溫情與激情。激情會演變成溫情；溫情是愛情的持久形式。不過我們在追求對方的心靈時，仍會感受到追求對方肉體時所感受到的相同失序、對失常的渴望、與對死亡的回味。本質上，愛情將一個人對另一個人的愛好提升到相當緊張的程度，以至於最後無法得到對方——或喪失對方的愛——都會跟受到死亡威脅一樣令人難受。因此，愛情是以面對慾望對象時、渴望活在焦慮中為基礎；此對象具有重大價值，以致當事者會因害怕失去對方而心碎。好色的狂熱並非死亡的慾望。同樣地，愛情也非渴望喪失，而是渴望活在可能失去對方的恐懼中，就如所愛的人懷抱著即將昏厥的情人：唯有在此代價下，我們才能在所愛者的眼前感受到那份狂喜的暴力。

這些藐視關心生命之保存的超越舉動，其荒謬之處在於幾乎立刻轉變為渴望組織——如果可能的話——可以使愛情的失衡免於失衡的持久（至少希望是持久）方式！如果情人未因失去所愛的人而起來反抗阻礙自由的習俗並不可笑；他不為了男女共同生活的物質組織——最終建立一個家庭——而犧牲善變的愛情亦不可笑。使家庭可笑的亦非缺乏愛情（缺乏愛情，不論你怎麼想，什麼都不是）。可笑的是將愛情與家庭組織混為一談，讓至高無上的激情淪為庸俗的買賣。（當

然,除非無能為力,作勢拒絕共同生活也同樣可笑。)

　　由於愛情與肉慾情色已經有所不同,同時卻又是好色用以使慾望的脫序成為一椿好事的藉口,這些對立更令人困惑。同樣的曖昧出現在各個層面中。一方面,性伴侶之間的愛情(這是已融入社會秩序的婚姻之變形;兩者經常一致)將肉慾轉化成溫情,溫情則減輕夜間性歡的暴力;在這些夜間性歡中,虐待的撕裂情況比想像中普遍:溫情則可以從中取得平衡。另一方面,讓我們無法控制的基本暴力老是擾亂溫情關係——讓我們從中感到死亡的接近(即使受到溫情的感化中和,死亡仍是所有好色的象徵)。這是這些暴力狂喜的條件;沒有了這些暴力狂喜,性交將無法出借其詞彙以描繪神祕主義者的狂喜。

黑道、性的憤世嫉俗、猥褻

　　這種將對失常的模糊慾望擴展到包含表面上不被認可的脫序行徑,符合人類生活的主要趨勢。我們老是企圖複製一些以不穩定、不可行的形式肯定、接納、限制我們失衡的可行穩固模式。沒錯,在激情的簡單脫序中,此一趨勢並非故意:脫序被視為邪惡,而我們的精神與之抗衡。但是在我目前想討論的憤世嫉俗、放肆的墮落生活中,失衡卻被當作原則。不由自主地、一頭栽進我們所渴望的顛覆慾望完全可以被接受:從此,能力不見了,生活在永遠脫序狀態的人只知道虛弱失衡的片刻。賣淫者和依靠她們過活的皮條客自成一個階級;他們通常會屈服並在自暴自棄中苦中作樂。他們不見得一定淪落到社會最底層;此外,為了保護共同利益他們必須成立基本、有限的組織,以對抗他們所反對且企圖破壞的社會整體平衡與秩序。無論如何,他們對保有憤世、自私的生活並非毫不動心,因此他們也不可能全盤否定到底。不過,「不順從」的生存法則使他們能夠毫不費力地滿足所

需：基本的欺瞞耍詐使他們悠哉地耽溺於墮落的舒適生涯。他們毫無節制地屈服於毀滅性好色的根本混亂，毫無節制地將人類生活推向墮落與死亡。就這樣地，不再焦慮的心靈因遭巨大嘲諷所隨意侵佔而萎靡不振。他只要偷、必要時殺，就可以慵懶地不費力過活；無論如何，只要犧牲別人即可過活。

　　本質上，這些都是令人反感的貶低標準、庸俗與挫敗。黑道的生活不值得羨慕。它已喪失了生命的活力彈性；少了此活力彈性，人性將萎靡不振。它只懂得利用以貧乏想像力為基礎的全盤懈怠，且限制了對未來的理解。在徹底耽溺於對墮落的喜好後，墮落已成為其生活常態，毫無風味與趣味可言。

　　對過著這種生活的人而言，這種好色的墮落幾乎不具任何意義。不過它卻有著長遠的迴響。它不只對完全懈怠的人具有意義：缺乏克制對當事人雖無關痛癢，但是對仍具有道德自制力的目擊者而言，卻有著無比強烈的滋味。賣淫者言語舉止之猥褻對每天生活其中的人而言可能平淡無奇，但對於仍舊清純者而言卻可能低俗到駭人聽聞。低俗的賣淫與猥褻共同構成了某種鮮明、有意義的情色。此一扭曲使得性生活的圖像更加沉重，但對其意義並未造成重大的改變。原則上，肉慾是嘲弄與詐欺的領域；本質上，它渴望失控但卻不想造成千古恨……；因此需要欺騙的手段，對此我們既是其盲目的作者同時也是受害者。為了要過著好色的生活，我們必須騙自己永遠天真地裝腔作勢；其中最具嘲諷的，要屬賣淫者的猥褻所扮演的天真做作。因此，此一猥褻世界內在的冷漠與其外在魅力之間的落差，遠不如乍看之下那麼不穩定。這其中有點失衡，不過只是感官的失衡：裝腔作勢的苦澀或涉及賣淫的墮落感，給渴望失控的人添加了一絲歡愉的成分。

神祕經驗與情色的一致

　　猥褻在性行為關鍵圖像中的重要性，在宗教神祕主義與情色之間劃出一道鴻溝。此一重要性也造成了神奇之愛與肉體之愛之間的嚴重對立。將猥褻的迷失與最聖潔的光輝的最後對照比較必然引起憤慨，這種情況自從精神病學開始從科學角度、笨拙地試圖解釋神祕經驗者的狀態起，就已經存在。原則上這些學者對神祕經驗一無所知，而那些為了捍衛教會出面抗議其研究結果的人，則往往基於憤怒，無法在錯誤與簡化之外，看出這些學者所提出、遭到這些錯誤與簡化所扭曲的根本真相。雙方均粗魯地混淆整個議題。然而我們也必須承認，這本加爾默羅彙編開放的精神令人喝采：無論如何，天主教會這邊承認兩者之間對照比較的可能性；而另一方面精神病學者則不否認所遭遇到的困難。

　　光是這樣還不夠：不過在重新探究此一問題之前，我必須將立場說明清楚。

　　我相信（我再重複一次）：光是像加爾默羅修道士與其他宗教人士這樣在論文中延續傳統、承認神祕主義與情色之間可能有所關聯是不夠的。我們必須避開兩個陷阱：我們不應像精神病學者一樣，為了便於比較，有意無意地低估神祕主義的經驗；另一方面，我們也不應像宗教人士一樣，為了將性領域提升至純潔高尚的經驗層次，刻意賦予精神意義。我有意一點一點地明確指出不同形式性行為（從最容易掌握的到拒絕被社會規範所收編者）的意義，而對於那些努力節制（或淨化）的混合形式則只能附帶提及。拒絕被收編的性行為所引發的問題尤其有必要特別加以闡明：造成好色問題令人反感的是最初與賣淫有關的猥褻。當務之急是顯示猥褻的精神內涵本身如何反映出整個範疇的基本架構。猥褻令人倒胃口，難怪膽小者只看到其令人不舒

服的表象。但是我們很容易察覺，此一不怎麼高貴的面向與其製造者的社會階層有關：對摒棄他們的社會，他們同樣也嗤之以鼻。此一令人厭惡的性只不過以弔詭的方式，凸顯出本質上會令人失常的行為之意義。我們暫時不論那些因出身低微被迫賣淫者，對淫穢的喜好與個人出身高低無關：多少大公無私、高貴的男人（與女人）只將它視為完全失控的祕密途徑！

　　所有這些導致的最後結論是，一旦掌握住性在不同形式中的不變主題，性與神祕經驗的關係即昭然若揭。為達到此一目的，我們只要從猥褻與純樸美妙愛情、「令人貪戀不捨的快樂」與雄、雌蜂的交配這些看似相反的誘人經驗中找出其一致性。不同宗教（印度教、佛教、回教、基督宗教以及其他不屬於任何宗教的）神祕主義者所競相描述的恍惚、狂喜、神感狀態都具有同樣意義：對生命不執著、對生活所需不在乎、在此情況下體驗焦慮直至生命力翻轉、最後導向平常受壓抑生命的立即奔放，此一生命在無限歡愉的綻放中突然獲得解放。此經驗與好色經驗的不同僅在於神祕經驗將這些衝動侷限在內在意識中，而無真正、有意志的肉體嬉戲（至少此類嬉戲被降至最低限度，即使強調吐納的印度教亦然）。在這些乍看之下與情色風馬牛不相及的領域中，最重要的是思想與其所做的決定——即使是負面的，因為此刻思想本身志在消弭於無形。如果說神祕經驗情感流露的方式是表現在對某特定對象的愛（在歐洲是耶穌基督，在印度則是迦梨［Kali］[21]，到處都有崇拜的神），至少這些對象都是存活在其思想中的人物（像耶穌這樣得到天啟的人物在世時，是否曾是真正神祕冥想的對象值得懷疑）。

　　無論如何，神祕主義與情色的相似性顯而易見：雖然神祕主義試

21　參見本書研究1第2節譯注9。

圖超越對某一特定對象的愛，卻也時常透過此方式而得道：對禁慾的
苦修者而言，這一方面較為方便，一方面也可當作跳板。再者，我
們很難忽略這些神祕主義者所經歷的歷練（至少在初期階段）。我們
已經說過，神祕道上的追求者往往，容我借用聖文德的話，「為肉慾
橫流所玷污」。貝那爾特神父也曾引用聖文德的話告訴我們：「（神祕
主義者）認為這是他們所不應有的經驗。」[22] 我不認為他們這種想法有
錯；不過，這些事件顯示，好色體系與神祕主義體系根本上沒有不
同。諸位如果仔細聆聽我的論述，就會發現在這兩個範疇中，不論是
意圖或關鍵意象都很近似。我們思想中的神祕衝動很可能不自主地跟
情色圖像引發同樣的反射動作。果真如此，反之亦然：事實上，印度
教的密宗即企圖借助性刺激引發神祕經驗。他們挑選有著高貴心靈的
年輕美女當修行伙伴，從肉體親熱提升至精神狂喜，但總是避開了最
後的高潮痙攣。根據知曉內情者的判斷，他們這些經驗的真實性與方
式的直截了斷不容置疑。背離原先旨意的可能性永遠存在，不過可能
少之又少。否認這種方式可以達到純粹出神狀態並不公平。

　　好色與神祕主義既然遵循著類似的原則，兩者之間的溝通永遠可
能[23]。

禁慾與不受制約時刻的條件

　　然而，這樣的溝通卻不見得是好事。對修道士而言，痙攣並不符
合其原先的意圖。如果目標是到達擺脫所有條件糾纏的遠方精神境

22　前引書，頁386。（原注）

23　這種說法則不見得適用於人類其他潛能。研究哲學或數學，甚至詩歌創作都與性的刺激
　　無關。必要時，打鬥、作奸犯科、偷竊、闖空門等可能帶來性刺激。性刺激與狂喜總是
　　與踰越的行徑有關。（原注）

界，從好色到精神的系統性過渡是否合宜值得懷疑。但是可以確定的
是，此一嘗試在人類探索的高峰中具有決定性的意義。它不需顧及
依賴複雜物質條件的特定場合；對情色生活而言，這些物質條件是痛
苦的累贅（在修道士眾多禁慾理由中，這是最難反駁之點）。另一方
面，神祕主義者的經驗出現（或至少可以出現）在人類求知慾望所能
及的終極場域。在此境界中無法忽略的事實是：由於其本質是追求死
亡，神祕經驗出現在終場時、也就是在張力最強的時刻。

　　為了評估神祕經驗的好處，我想強調一項事實：神祕經驗可以完
全擺脫任何物質條件。如此一來，它滿足了人們普遍想要擺脫任何外
加因素的需求。其目標是達到所謂主宰（souverain）的境界。至少從
表面看來，情色經驗必須倚靠外在的事件，而神祕經驗則可以從中擺
脫。

　　在神祕領域中，我們達到了完全主宰的地步，尤其是到了神學所
描述的神感（théopathiques）境界。此種可以不拘泥於基督宗教形式
的狀態，不但與情色經驗有別，與其他次要的神祕經驗也有所不同：
最大的差別在於它對於突然發生之事完全不在乎。在神感狀態中人不
再有慾望；生命變得被動消極，對外界事物逆來順受，絲毫不為所
動。在這靜寂之美的狀態中，宇宙萬物皆透明，希望與恐懼亦成空。
此時凝視沉思的對象變得等於空（基督徒會說等於上帝），甚或與凝
視沉思者化為一體。在此境界中，萬物不再有別，距離不再存在，主
體消失在無涯宇宙中、超脫歲月之外。他沉迷在永恆的當下，既無過
去，也沒未來，只有當下，而當下對它而言即是永恆。

　　由此觀來，好色之於神祕經驗猶如笨拙的排練之於完美的演出：
這顯示在精神通往主宰的途中，我們應該忘卻終究是錯誤的歧途。

　　然而，在我看來，此為追求神祕狀態而忘卻肉慾的原則是不可靠
的。我只想提醒諸位，回教神祕主義中的蘇非派（soufis）可以讓婚

姻與沉思冥想完全吻合。令人遺憾的是，加爾默羅彙編中對此隻字未
提。整體而言，彙編中的宗教人士承認有此可能，但他們也意識到原
則與實際經驗的描述之間的差異（就基督徒而言，兩者之間落差相當
大）。不過，我要提出的批評與這兩種經驗最終的有趣吻合並沒有關
係。就我而言，反對排斥情色與禁慾對達到最佳境界是否有用無關。
我只問：經過算計過後的決定，尤其是禁慾，能否與神祕生活最後可
能達到的不在乎狀態相容？我的意思並非我們無法透過算計過的決定
達到此一狀態。但是，我所確定的是：如果真有人能達到此一境界，
那是無視於其算計，無視於其決心。

我們已經看到他：經歷誘惑時，對此誘惑的抗拒目的在於對生命
的維護與相關機制的延續。但是自我的天分與對（奴隸式）勞動的排
斥，為了超越目前處境，難道不需要比努力達到「不在乎狀態」的僧
侶或修道士更真實的「不在乎」？

這並不能改變情色有條件、受制約的特質！

這是可能的。

但是別人看到陷阱的地方，我看到的卻是運氣的主宰性。

運氣，無可置疑的最後仲裁者，沒有它我們永遠無法成為主宰
者。

遲早我總必須任由命運擺佈或掌控自己，一如誓言禁慾的修道
士。意志力的介入，遠離死亡、罪惡、精神煎熬的決心使得不在乎、
放棄等自由嬉戲成為無稽。少了此自由嬉戲，此刻當下只能臣服於對
未來的顧慮。

掛念未來與當下的自由自在可能可以妥協。但面對誘惑時，兩者
之間的矛盾最是明顯。情色的偏差行徑有時嚴重到令人難以忍受。另
一方面，我也必須強調的是受誘惑修道士的算計；他們要求禁慾生活
（根據他們的告白）必須十分節省、窮困且慘澹地嚴守紀律。

　　這些都只是原則……

　　然而，即使規律的修道院生活可能達到最遠方的經驗，在我努力試圖理解神祕主義的逃避時，我仍舊無法忘懷：面對誘惑時的克制是其中關鍵。為了體驗存在的極限可能，我們寧可選擇隨機情愛的逸軌脫序：不管表面如何，單純的當下屬於當場著迷、向焦慮開展的人。

| 研究六 |

聖潔、情色與孤獨

　　今天我想跟諸位談談聖潔、情色與孤獨[1]。在給諸位做一個前後一致的報告前，我想先談談我的用意令人訝異的地方。「情色」這個字眼令人有曖昧的期待。我想一開始就說明清楚為何要將情色與聖潔、孤獨相提並論。

　　我的出發點是，情色本質上是孤獨的原則。至少情色難以談論。基於一些不光是約定俗成的原因，情色是由祕密所界定。情色無法公開。我可以舉出一些相反的例子；不過，情色經驗總是以某種方式超脫日常生活。在我們的整體經驗中，它本質上脫離情感的正常交流。情色與禁忌的課題有關。絕對的禁忌並不存在；禁忌總會被踰越。但是禁忌仍扮演足夠的作用，以致大體上我可以這麼說：如果我們的存在必須以語言（論述）的形式展現的話，可能是人類最強烈情感的情色，對我們而言似乎並不存在。今日，禁忌已不如以往嚴厲，否則今天我將無法在此開講。不過我依然相信，因為這個講堂屬於論述的世界，對我們而言，情色依舊是個外在陌生的課題。我會提到它，不過是將它當作是超越我們目前生活的經驗。只有在一個情況下，我們方

1　這篇是1955年春天在「哲學學院」（Collège philosophique）所發表的演說。（原注）

能體會情色：離開我們目前所處的世界、以孤獨為掩護。為了達到此一超越，我們尤其必須放棄哲學家的態度。哲學家能夠向我們談論他體會的一切。原則上，情色經驗卻令我們寂靜無言。

　　與情色鄰近的聖潔經驗，情況則有所不同。聖潔經驗所體會的情感可以行諸文字，甚至可以成為證道辭。雖說如此，情色經驗可以說是聖潔經驗的近鄰。

　　我不想說情色與聖潔本性相同。再者，這問題已超出我的範圍。我只是想說，這兩種經驗彼此都極度強烈。當我談到聖潔時，我指的是由存在我們內心、能令我們完全傾倒的神聖實體所決定的生活。我現在很高興一面看著聖潔情感，一面望著情色情感，這兩股情感都極為強烈。其中一股情感使我們更接近他人，另一股情感則將我們與他人隔離、讓我們陷入孤獨。

　　這就是我要展現在諸位面前的初步論點。我將不會像一般從哲學論點出發。一開始我想指出的是，真正哲學經驗並不包括這兩種情感。原則上，我承認哲學經驗是種與眾不同的獨特經驗。簡而言之，那是種專家的經驗。情感會干擾打亂哲學經驗。長久以來，其中一個面向更是令我感到驚訝：真正的哲學家必須終身奉獻給哲學。在哲學探索中，我們很容易就發覺到所有知性活動的共同弱點：在某領域的超人一等是以對其他領域的相對無知為代價。這種情況日益嚴重；想對人類知識有全盤瞭解一天比一天困難，因為整體知識每天無止盡地累積。哲學是對此一知識的統合，而非只是事實的拼湊記憶，這個原則至今仍未改變[2]。不過此一原則愈來愈難維持：因為哲學愈來愈像一門專業學科，跟其他學門並無二致。今天我所要談的並非哲學不可能獨立於政治經驗之外：必要時，這是哲學的現代走向。在這點上，哲

2　哲學（Philosophie）來自希臘文 philos（愛）與 sophos（智慧），原為「愛智」之意。

學的確是敞開大門接納經驗。但即使我們承認此一原則，哲學仍舊普遍被視為象牙塔裡的學問。我的意思是，我們很難在研究哲學的同時又要體驗生活。我想說的是，人性是不同經驗的組合，而哲學只不過是其中的一種經驗。哲學愈來愈難統合所有知識；在專家特有的狹隘心靈中，哲學甚至不再以統合不同經驗為目標。然而，如果連對人類最強烈的情感狀態[3]都一無所知，人類又如何能對自己或整個存在有任何反省？顯然地，這意味著原本定義上應是全面的、普遍的事物之專業化。哲學顯然只能是辯證意義下，各種可能的「合」或什麼都不是。

　　我再重複一次：哲學是辯證意義下，各種可能的「合」或什麼都不是。

　　在我看來，這也是哲學對黑格爾（Hegel）[4]的意義。至少在他發展其辯證體系的初步階段，情色經驗對整個系統的制訂公開扮演一定的角色；而且，私底下其影響力可能更為深遠：情色只能辯證地加以思索；反之亦然，辯證者如果不想淪為形式主義，必須正視自己的性經驗。無論實際情形如何（我承認，人對於不是很清楚的這一點，難免會猶疑），黑格爾自己的辯證法似乎至少部份來自其神學知識與他對艾克哈特大師（Eckhart）與伯麥（Jacob Boehme）[5]思想的理解。不過，我在此提及黑格爾，倒不是為了強調其哲學價值。相反地，儘管我自己對此有所保留，我有意將黑格爾與專業分工的哲學掛勾。何

3　意指情色肉慾。

4　黑格爾（Georg Wilhelm Friedrich Hegel, 1770-1831），十九世紀德國重要的哲學家，以其辯證法（正、反、合）聞名於世。

5　艾克哈特大師（Eckhart von Hochheim O.P., c.1260-c.1328）是德國神學家、哲學家、神祕主義者。通常被尊稱為「艾克哈特大師」（Meister Eckhart）。伯麥（Jacob Boehme, 1575-1624）是德國神學家與神祕主義者。

況，容我提醒各位：他本人曾強硬地反對當時主張不需特別訓練、任何人隨時都可以研究哲學的浪漫哲學潮流。我並非說他如此拒斥即興式哲學有錯：想在哲學領域中有即興作品可能不太可能。但是黑格爾那套深奧難懂的哲學體系，雖說是哲學的極致，卻具有此項專業訓練的價值：它綜合各種理念的同時，卻也將這些理念與經驗切割。這可能正是他的野心：在黑格爾的思想中，直接的（immédiat）就是不好的；而我所謂的經驗在他眼中一定是直接的。我並不想涉入哲學論辯，不過我想在此強調的事實是：黑格爾哲學給人的感覺就是專業。這種感覺我想連他自己都避免不了。為了預先回應可能的反對聲音，他強調哲學論述是時間性的產物，必須依序發展。這點大家都可以認同；不過，如此一來哲學的每個時刻卻都成了附屬於其他時刻的專門時刻。如此一來，我們雖然離開了專業，但卻進入了專家的睡眠中，而且這次是永久性地。

我並不是說我們每個人，或任何人，都可以甦醒過來。此一各種可能的組合，就像辯證法中的合，可能只是一種幻想。我覺得自己可以接受失敗，但想將失敗當作成功，反而讓我不舒服。尤其，我還看不出有必要將一件專精的工作強加自己身上，因而限制了擺在我眼前的可能。我所說的是我們每個人在不同時刻所面對的不同抉擇。就在我說話的此刻，我可以選擇繼續在各位面前講述今天的主題或是回應可能突發的奇想。我好不容易說服自己目前所說的符合突發奇想的方向，才得以順利脫身；我雖然沒完全順從突發的奇想，但我承認與專精相反的突發奇想更具價值。專精是效率的條件，而追求效率是自覺有所欠缺者的作為。這是自己承認能力不足，對必要條件的卑微順從。

沒錯，有了目標卻未能努力加以實現是令人遺憾的缺陷。但是對此目標不感興趣，且拒絕踏上通往此目標之途也需要一股力量。在此十字路口，聖潔跟情色相同，都是可能的選項。與專精的努力相比，

聖潔一開始是屬於突發奇想這一邊。聖潔所追求的並不是效率。慾望是其唯一的動力；就這點而言，它與情色中的人類似。如果哲學的本質如我所主張的，首先是辯證意義下各種可能的「合」，那麼重點是看慾望是否比對計畫的專精、是否比能確保效率的專精，更能符合哲學這項特質。換句話說，我們能否透過以專精為目標的簡單計算過程，達到辯證的「合」？或者，我們能否透過對突發奇想──慾望的別名──的主導興趣，達到各種可能的「合」？

　　在進一步討論之前，我想先提一下情色的基本重點，雖然談論情色時，會遭遇根本的難題。

　　首先，情色與動物的性行為不同之處，在於人類性行為受到禁忌的限制，而對這些禁忌的踰越就構成情色的範疇。情色的慾望就是戰勝這些禁忌的慾望。它意味著人類與自己衝突。原則上，限制人類性行為的禁忌有其特殊對象：例如，關於亂倫與經血；但我們也可以思索一些較普遍的禁忌，例如原始時代（從動物過渡到人類的階段）肯定沒有而今日也受到質疑的裸體禁忌。的確，裸體禁忌在今天既盛行同時又受到質疑。我們每個人都知曉裸體禁忌相對荒謬、缺乏正當性、且有其歷史條件。另一方面，我們也知道裸體禁忌與對此禁忌的踰越是情色──我的意思是成為情色的性（人類特有的性、有語言能力生物的性）──的普遍題材。對一些被視為病態的複雜行徑與惡習而言，此一題材有其意義。惡習可被視為是種以多少帶有怪癖的方式，帶給自己踰越感覺的藝術。

　　也許我應該提醒諸位禁忌與踰越理論的奇特起源。關於這點，默斯在課堂上講課時曾有提及。默斯理論的貢獻在法國社會學派中，可能是最不受懷疑的，可惜在其出版的作品中對此並未有進一步的探究[6]。

6　參較第 5 章第 1 節。

默斯討厭將自己的想法公式化或以出版的方式予以定型。我可以想像甚至連最精采的成果都可能令他感到難堪。關於踰越理論的雛形的確出現在他的作品中，但只匆匆帶過，並未細究。例如，在他的〈論獻祭〉（Essai sur le Sacrifice）中，他曾以兩個句子提到希臘人把「屠牛祭」[7]視為是獻祭者的罪行，但並未進一步推廣。我個人無緣聆聽他講課；不過關於踰越的觀念，默斯的學生蓋羅爾在《人與神聖》這本小書中曾對默斯的學說加以闡明[8]。幸運的是，蓋羅爾不僅僅是個編者而已，他不但陳述事實的方式吸引人，論點也頗具己見與力道。我在此將他論點的梗概呈現如下：對人種學所研究的種族而言，人的時間可分為世俗時間與神聖時間。世俗時間是日常的時間，指的是工作與敬重禁忌的時間；神聖的時間則是歡慶的時間，也就是本質上踰越禁忌的時間。就情色而言，歡慶的時間通常也是性狂歡的時間。而就宗教而言，這就是獻祭的時間，也是踰越殺人禁忌的時間。

　　我在一本探討拉斯科洞窟壁畫的書中，曾正式闡明此一學說，並加上一些我個人的詮釋[9]。這些壁畫是由最早的人類所繪，當時藝術剛誕生，也就是人類正式從動物進化為人的時期[10]。當時我必須將禁忌與工作連結。工作出現的時間比藝術早得多。從出土的石器中我們可看出工作的遺跡，而我們也可知道這些石器的相對年代。我當時斷定

7　「屠牛祭」（sacrifice des Bouphonia）是古希臘時期每年7月初在雅典及其他城市舉行的祭儀。較為特殊的是，在作為犧牲的牛被宰殺之後，獻祭者被指控是「謀殺」牛隻的凶手而遭到審判。獻祭者將責任推給在場的觀眾，後者則推給其他人，依此類推。最後，必須負責任的是被用來宰殺牛的斧頭。此斧頭因而被判由懸崖丟入海中。

8　參見第3章第1節譯注2。

9　參較第3章第6節。

10　《拉斯科洞窟或繪畫的誕生》（*Lascaux ou la Naissance de l'Art. "Les Grands Siècles de la Peinture" Geneva: Skira*, 1955）。我說最早的人類，意思只是說拉斯科洞窟的人應該與最早人類無明顯的不同。拉斯科洞窟的繪畫出現的時間顯然比「藝術誕生」的約略日期來得晚。（原注）

工作從一開始就意味著工作世界將性生活、殺人與廣泛的死亡排除在外[11]。性生活與另一方面的殺人、戰爭、死亡都帶給工作世界嚴重的干擾，甚至造成天翻地覆。毫無疑問，人們開始一起工作時，這些時刻必須予以根本剷除。與工作時間相比，生命滋生與滅亡的時間必須被排除在外。與上演、展現生、死的強烈情感時刻相比，工作時間屬於中性時刻、是種抵銷。

　　我想表達的，我想此時應已昭然若揭。

　　我不是說非專業的哲學是可能的。但作為一種專業，哲學是種工作。也就是說，它排除、甚至根本不屑去注意我先前所提的強烈情感時刻。因此，它也就不是我認為最重要的辯證意義下各種可能的「合」。它並非所有可能的綜合、所有經驗的綜合；它只是某些知識取向的明確經驗的綜合。它只是知識的綜合。它排除跟出生、跟生命的創造、跟死亡有關的強烈情感時刻，就好像排除外物、骯髒、亂源一樣心安理得。這種哲學只能表達平庸的人性，而對於性與死亡這種令人痙攣悸動的極端人性卻陌生得很。我並不是第一位對哲學這種令人失望的結果感到訝異的人。在我看來，從尼采（Nietzsche）到海德格（Heidegger）（跳過齊克果［Kierkegarrd］[12] 整個現代哲學的特色即在於對哲學這種冰冷面向的反彈。在我看來，哲學自然病得相當嚴重。它無法與現場某些人認為我所代表的波西米亞式脫序思想妥協。就這點而言，它是相當站得住腳的。哲學需要極端努力、訓練有素的努力；但是引進了協調過的努力與訓練後，哲學已失去其應有的

11　參閱第2章。

12　尼采（Friedrich Wilhelm Nietzsche, 1844-1900）是德國哲學家，宣稱代表西方傳統道德、價值、真理的「上帝」已死。海德格（Martin Heidegger, 1889-1976）以《存有與時間》（*Sein und Zeit*）一書聞名的德國哲學家，因生前與納粹的關係而惹人非議。齊克果（Søren Kierkegarrd, 1813-1855）是丹麥哲學家、神學家、心理學家。

深度，至少不再是我所謂「辯證意義下，各種可能的合」。我最後想
呈現的是哲學進退維谷的困境：未經嚴格訓練，哲學成不了氣候；但
是另一方面訓練有素的哲學則無法包容極端、永遠與生命極致有關、
我在別處稱之為「可能的極致」（extrêmes du possible）的經驗。如果
真要追根究柢的話，連死亡的哲學都無法直接面對死亡。但是我並不
想說如果全身投入、浸淫在其最終的暈眩中，哲學仍有可能。除非，
處於巔峰時刻，哲學否定哲學、哲學嘲諷哲學。如果哲學真的嘲諷哲
學，這意味著接受訓練的同時又拋棄訓練；此時所有可能的合會整個
受到牽連。這個合並非只是簡單的加法，而是辯證意義中的合，因為
它達到了此一合的觀點：人類的努力顯得力不從心，而人也毫無遺憾
地坦然接受自己的無能。若從未接受過訓練，根本不可能達到此一地
步；但此一訓練也永遠無法追根究柢。此一真相是實驗的。在所有的
情況下，人的思想、人的腦已淪為滿溢的容器，就好像一只不斷被塞
東西的皮箱最後根本不再是皮箱，因為根本關不了被塞進的東西。尤
其，極端的情況會將無法平靜思考的成分帶進此一所有可能的合。

　　我將努力精確地描述此一滿溢的經驗。

　　我們處於必須做出選擇的情境。首先，我們必須做出量的選擇。
如果我們將它們想像成同質的，這些可能就太多了。例如，在我們有
限的生命中，我們必須放棄閱讀某些作品；而這些作品也許就剛好包
括了解決我們問題的答案。屆時我們必須告訴自己我們達不到這些書
中所提供的可能。

　　如果是關於極端經驗的話，那麼我們所做的則是質的選擇。事實
上，這種經驗會將我們分解，它會將平靜思考排除在外，因為其原則
是讓我們「身不由己」。我們很難想像一個不斷，或至少經常身不由
己的哲學家的生活。我們再度回到將人類時間分為工作時間與神聖時
間的基本人類經驗。我們可能瀕臨瘋狂（這是情色、死亡［威脅］、

或聖潔可能的情況）的事實不斷地使思考工作受到停滯的威脅。

　　實際上，我們並不會陷入絕境，不過問題的核心在哪？我們最常忘記哲學遊戲跟其他遊戲一樣，是一種競賽。問題在於盡可能跑得最遠。令人羞愧的真相是，我們都企圖締造紀錄。在這種情況下，優勝獎會依據不同的觀點頒給不同項目的參賽者。從專業哲學的角度看來，此獎項自然屬於努力工作、最循規蹈矩者。相反地，如果將此獎項頒給天真地以偷懶、自命不凡發言人自居的否定者，我承認我將會深不以為然。在參與這場競賽之後，我自己已感受到深處工作與踰越兩者之間進退維谷的窘境。問題在於我們顯然無法同時滿足又要工作與又想踰越的要求。我不作強求。對我而言，面對此一問題唯一的反應就是壓迫感與無力感。顯然，擺在我們眼前的是不可能。我們不見得非認命不可，但是我們必須體會到拒絕認命無濟於事。我只承認感受到一種誘惑。至少從與偷懶吻合的踰越中，我可以感受到表面上居於弱勢者的好處。不過，我無法否認這是自欺欺人；畢竟，此項競賽是公開的，而我已加入戰局。對我而言，加入戰局的原因無可避免地是為了質疑認定優勝的原則；不過這並無法有任何改變。參賽者永遠必須盡可能跑遠；我這不在乎的態度根本起不了任何作用。即使我完全拒絕參賽，我也無法全盤拒絕，而這就夠了。無論如何，我都會被捲入戰局。何況，我今天還對著你們演講；這意味著我自己不甘寂寞。

　　在此演說一開始我就先行指出，情色具有孤獨的意義；這點與聖潔相反，聖潔的價值招攬著所有人。我完全無法考慮在座某些人認為情色事先具有聖潔所沒有的價值的看法。無論如何加以幻想或為其無能合理化，情色原則上只對單獨個人與伴侶具有意義。論述跟工作一樣排斥情色。何況，論述很可能與工作有關。這場演講是項工作，在準備此演講之時我就必須克服工作所帶來的恐懼感。情色根本上具有

死亡的意義。任何能抓住情色價值的人很快地能感受到，情色的價值就是死亡的價值。這也許是種價值，但卻遭到孤獨所窒息。

　　為了使問題有始有終，我現在想談談基督思想對於我所提問題所具有的意義。這並不是說，談到聖潔，我非得刻意討論基督宗教的聖潔不可。但是不論我的用意為何，在我聽眾的思想中，聖潔原則上與基督宗教的聖潔並無二致，我所以提及此點也不是為了迴避問題。回到剛剛我想討論的議題，我必須先行強調的是在基督思想中，我所謂的踰越被稱作罪。罪是種錯誤，根本不應該發生。首先我們想想十字架上的死亡，這是種獻祭；在此獻祭中，天主自己成了受害者。雖然此一獻祭為我們贖了罪，雖然為此教會歌頌著弔詭的快樂的罪行（Felix culpa），為我們贖罪的行為同時卻也是不應該發生的行為。對基督宗教而言，禁忌是絕對的，而任何形式的踰越都會明確遭到譴責。然而當面對此項想像中最應遭受譴責、最嚴重的踰越時，其譴責卻被撤銷。從情色到聖潔的轉變具有許多意義。這是從遭受詛咒與拒斥過渡到吉祥與受到祝福。一方面，情色是種孤獨的錯誤，從中我們只有在脫離其他所有人的情況下，或陶醉的幻相中才能獲得救贖；因為歸根究柢，情色中將我們帶至強烈情感巔峰的同時，也給我們帶來孤獨的詛咒。另一方面，聖潔則帶離我們脫離孤獨，但條件是我們接受快樂的罪行的弔詭；此快樂的罪行的極致甚至為我們帶來救贖。在這種情況下，唯有逃避問題能使我們回到同胞身邊。此一逃避可被稱為禁慾（renoncement），因為在基督宗教中，我們無法在踰越的同時享受其果實，只有他人在孤獨的詛咒中得以享受此快感！基督徒想要獲得同胞的認同，必須不再從解脫中獲取快感；然而，此解脫就是踰越，就是對文明所依賴的禁忌之違背。

　　沒錯，如果我們依循著基督宗教所指示的途徑，我們不但可以脫離孤寂，還可以達到某種平衡。此一平衡可以避開我從中出發、導致

極致經驗無法與訓練、工作妥協的最初失衡。基督宗教的聖潔至少為我們開啟了通往此一最終將我們推向死亡的終極痙攣經驗。聖潔與對死亡禁忌的踰越並不完全吻合。踰越此一禁忌最主要的是戰爭。但聖潔仍具有死亡的高度：有如戰場上的英勇戰士，聖者活得像即將死亡一般。不過這裡難道沒有令人震驚的扭曲？他活得像即將死亡一般，但目的是為了獲得永生！聖潔永遠是項計畫，這也許並非其本質。聖泰瑞莎曾說過，即使地獄會將她吞噬，她也只能堅持下去。無論如何，追求永生的企圖跟聖潔有關，一如跟其相反有關。就好像在聖潔中，唯有妥協能使聖者與群眾或與所有其他人達成一致，也就是說與哲學、與一般常識達到一致。

最奇特的是，果斷的踰越已經與其他取得協議，條件是彼此心照不宣。此項協議可在所有的原始宗教中看到。基督宗教則創造出唯一允許討論的踰越途徑。我們在此只需知道，基督宗教之外的討論往往對所有看似踰越與所有看似禁忌的，一概加以否定。在關於性方面，裸體的脫序行為就是對性禁忌的否定，同時也是對禁忌所必產生的踰越之否定。我們甚至可以說，論述是對人、獸之分的否定。

對我而言，透過此一演說，我已向無言致上某種——相當笨拙的——敬意。同時這也——可能——是對情色的敬意。但是，在此我想邀請我的聽眾採取最疑慮的態度。我所用的大體上是死的語言。這種語言，我相信，是哲學的語言。在我眼中，我甚至大膽地說，哲學就是語言的死亡。這也是種獻祭。我先前所提過各種可能的合是對語言中以中性、不在乎的範疇取代洋溢噴灑的生、死經驗的隱匿。我已請你們不要相信語言。同時，我也必須要求你們不要輕信我所說的。我不想在此以玩笑收場，但我想說的是一種等於零的語言，一種等於空的語言，一種回歸寂靜的語言。我談的並非是虛無，那在我看來有時只是為了給演說加上專門章節的藉口。我要說的是對語言所加諸這

世界的隱匿。我知道此一隱匿，形式雖然嚴厲，卻無法真正執行。何
況，重點是我們不需要新形式的義務。但是，我必須提醒諸位，提防
對於我所說的不幸濫用。就此點而言，任何無法帶領我們超脫此一世
界（如同某種聖潔——經由教會或反教會——超脫此一世界般）的都
是對我企圖的背叛。我先前提過，帶領我們步上工作之途的訓練，也
使我們遠離了極致經驗。這點沒問題，至少一般而言是如此。但是，
此極致經驗本身也有其紀律。無論如何，此紀律與所有對情色的冗長
辯護相反。我說過，情色是無言的、情色是孤獨的。但是，對那些光
是其存在就意味著對無言的純粹否定、意味著饒舌、意味著忘卻可能
寂靜的人而言，情況並非如此。

《愛德華妲夫人》[1] 序言

死亡是最可怕的事，而維持死亡的工作則需要最大的力量。

——黑格爾

　　《愛德華妲夫人》的作者本人吸引我們注意到他作品的嚴肅性[2]。如此強調是好的，因為人們通常視以性生活為主題的作品為輕浮之作。我並非盼望——或企圖——改變這種情形。但我希望此序言的讀者能暫時反思一下傳統上對快感（性方面的快感最是強烈）與痛苦（沒錯，死亡可以平息痛苦，但在這之前它會先加深痛苦）的態度。所有條件都引導我們將人（或人性）塑造成遠離極端快感與極端痛苦的形象：最常見的禁忌有性禁忌與死亡禁忌。這兩者構成一神聖領域，並從屬於宗教。當涉及死亡情境的禁忌被罩上肅穆的光環，而涉及出生情境——所有生殖活動——的性禁忌卻被視作輕佻時，最艱

1　此小說是巴代伊在 1941 年以皮耶・翁傑利克（Pierre Angélique）的筆名出版，不過當時出版日期標的卻是 1937 年。這種故意竄改出版日期、地點，甚至作者名稱的情形在情色文學發展史上屢見不鮮。參見譯者所翻譯之《西洋情色文學史》。

2　皮耶・翁傑利克（Pierre Angélique），《愛德華妲夫人》（*Madame Edwarda*），第三版，J-J. Pauvert, 1956。（原注）

難的時刻開始了。問題並不在於抗議大多數人的傾向：因為命運要人
笑自己的生殖器官。此笑凸顯出快感與痛苦的對立（痛苦與死亡值得
尊敬，而快感則是可笑的、應嗤之以鼻），同時也標明了兩者之間基
本的同源關係。笑不再是恭敬之舉，而是恐懼的信號。生活[3]是人類
面對看來不嚴肅、令人厭惡的面向時，所採取的折衷態度。因此，嚴
肅、悲劇性地思考情色代表著徹底的顛覆。

　　首先我要明確指出老套看法的徒勞無益。根據此一看法，性禁忌
是種偏見，而現在正是消除此偏見的時候。伴隨強烈快感而來的羞愧
感與廉恥心本身被視為是無知的證明。甚至可以這樣說，我們終於應
該拋棄所有偏見，回到自由吞食、對污穢毫不在意的獸性時代。就好
像整個人性不是出自與感性、智力有關、由恐懼與誘惑交織的衝動。
然而，雖然不想與由猥褻所引發的嘲笑作對，我們卻可回到此笑聲所
引進的──部份──觀點上。

　　的確，使令人丟臉的譴責合理的正是笑。因為此笑的緣故，禁忌
的原則和對端莊無可避免的要求搖身一變成了封閉的虛偽，對問題的
一無所知。伴隨著拒絕嚴肅地──我想說的是悲劇性地──對待情色
真相而來的是與玩笑有關的極度放縱。

　　這本小書的序言提供機會讓我發出悲愴的呼喚。這本小書將情色
直截了當地再現出來，並在意識中撕裂出一道傷口。對於人類精神不
敢面對自己、轉身以背相向，因己身的固執而扭曲自己的真相，我並
不覺得訝異。總之，如果人類需要謊言，隨他去吧！也許有點自尊的
人被淹沒在浩瀚人海中。但是最終。我永遠不會忘記，人總想要張開
眼睛正視所發生、存在的一切，這意願很強烈、也很美妙。而如果我

3　英譯在此譯為 laughter，而從上下文看來，「笑」（le rire）似乎也較為說得通。不過，譯
　　者所根據的版本還是 "La vie est l'attitude..."，特此說明。

對極端的快感與極度的痛楚一無所知的話，我對所發生的一切將無從得知。

讓我們說清楚。皮耶・翁傑利克費心要說的是：我們一無所知；我們身陷黑夜的深淵。但是至少我們可以看清到底是什麼在欺瞞我們，阻止我們瞭解自己的困境，或說得精確些，阻止我們瞭解歡樂與痛苦是同一件事，與死亡都是同一回事。

此一大笑所要阻止我們面對、肆無忌憚的玩笑所引起的是使我們極樂與極苦的同一性：存在與死亡的一致性、懂得抵達光明前景與無知地置身於黑暗的同一性。對於此一真相，也許我們最終可以一笑置之；不過，這次是完整的笑，並不因鄙視那些令我們厭惡、噁心且深陷其中的事物而停歇。

為了要達到我們迷失其中的快感狂喜盡頭，我們總得訂定一個立即的界線：此界線就是恐懼。不僅別人的痛苦或我本身的痛苦可以讓我感受到恐懼，將我帶到接近瘋狂的歡樂狀態；我也可以從任何憎惡的形式中找到與慾望的相似性。恐懼有時與誘惑混淆；假如恐懼無法抑制、摧毀誘惑，恐懼便會強化誘惑。危險會癱瘓慾望；但適度的危險卻可刺激慾望。我們只能在死亡或毀滅我們的前景下達到狂喜，哪怕只是遙遠的前景。

人與動物的區別在於某些感受會傷害到他，而且是在其內心最深處解決他。這些感受因人而異、因生活方式而有別。但是，會引起我們死亡恐懼的血、嘔吐物的味道，有時會讓我們體驗到比痛苦更殘酷的噁心狀態。我們無法忍受這種會令人極度暈眩的感覺。有些人寧死也不敢去觸摸蛇，即使說此蛇不具攻擊性。在某個範疇內，死亡所意味的不只是單純的消失不見，而是當我們不計任何代價，不讓生命消失時，生命卻無視於我們的意志消失得無影無蹤那種令人無法忍受的舉動。而使此一極樂時刻、此一無以名狀、但美妙絕倫的狂喜時刻與

眾不同的，正是此不計任何代價，此無視於我們的意志。如果沒有東
西能超越我們、在無視於我們意志的情況下超越我們，如果沒有不計
任何代價不應出現在我們面前的東西，我們將無法達到發狂的狀態。
對於此一狀態，我們一方面盡全力希望達到，但同時又死命地予以抗
拒。

　　沒有這種逸軌的超越，快感將微不足道；這種快感並非性狂喜所
獨有，不同宗教的神祕主義者，尤其是基督宗教的神祕主義者，都經
歷過同樣的經驗。生命在難以承受的超越中被賦予了我們，此難以承
受的程度不下於死亡。由於死亡時，被賦予給我們的也同時被奪走；
我們必須從死亡的感覺中尋找，在我們感覺到自己正在死去、令人難
以承受的時刻中尋找。因為那時我們的生命只能透過恐懼與快感飽滿
吻合的過度而存在。

　　甚至連我們的思想（反應）都只能在過度中完成。如果我們只能
看見超越視覺可能性的東西，只能看見了不忍卒睹的東西，就像在狂
喜中達到令人無法承受的快感，如果我們只能想到超越思維可能性的
東西，除了過度的再現之外，真相意味著什麼？[4]

　　在一聲尖叫中，這番悲愴的思考自我毀滅、沉沒在對自己也無法
忍受中。在這之後，我們重新找到了天主。這就是這本瘋狂小書的意

4　請原諒我在此想補充：存在與過度的定義無法有哲學的基礎；因為過度超越了此一基
　　礎：過度首先意味著在所有限制之外。存在也可能在限制之內：這些限制允許我們講話
　　（我也在講話，但講話的同時，我並沒忘記語言不但將超脫我的掌控，而且正在超脫我
　　的掌控）。這些按規矩排列的句子是可能的（它們大體上是如此，因為過度是例外、過
　　度是神奇、奇蹟……；過度意味著吸引力——所有超出自身的吸引力，如果不是恐懼的
　　話）；不過其不可能已事先被設定了。因此，我從不被牽連、從不屈服，而保有我自己的
　　主宰性；唯有死亡能將我與此主宰性切割，並證明我不可能侷限於沒有過度的存在。我
　　並不排斥知識，沒有知識我將無法寫作。不過這隻寫作的手即將死亡，而且透過此即將
　　到來的死亡，逃避了寫作時的種種限制（這些限制被寫作的手接受，但垂死的手則加以
　　拒絕）。（原注）

義與駭人聽聞之處：這個故事涉及天主自己的所有特徵；然而，這個天主卻是個歡場女子，與其他妓女完全沒有兩樣。但是，神祕主義無法說出口的（說出口的那時刻，它失常了），情色將它說了出來：天主如果不是對天主所有意義的全面超越，天主就什麼都不是。這些意義包括粗俗的存在、恐懼、不潔，甚至虛無⋯⋯。我們無法安然地給語言加上「天主」這個超越字詞的詞；一旦我們這樣做，這個自我超越的詞就會大舉摧毀其限制。面對任何事物，它毫無退縮之意。它無所不在，它出人意表：它本身就是駭人聽聞。任何對它稍微有所懷疑的人馬上保持緘默。也許在尋找出路時，他知道自己作繭自縛，因此在自己身上尋找足以摧毀自己，使自己像天主、像虛無一樣的東西[5]。

這本最不妥當的書將我們導向無法描述的道路。然而，從中我們仍可以有所發現。

例如，意外地發現幸福⋯⋯

在展望死亡的同時，我們發現的卻是歡樂（被戴上與其相反的面具——悲傷）。

我絕無意認為肉體享樂是這世界的本質。人類並不侷限於享樂的器官。但是此不可明言的器官卻教導他一項祕密[6]。因為快樂仰賴思想中有害的觀點，我們可能欺瞞作假，試圖獲取快樂，同時盡可能遠離恐懼。激起慾望或挑起最後痙攣的意象通常曖昧且非光明正大：即使

5　這就是受笑所啟蒙、答應不加諸任何限制給那些不知限制為何物者的人所提出的第一種神學。埋首哲學書籍者，記下此一值得紀念的日子！如果不以令哲學家無法想像的方式，那個讓他們沉默的人如何表達？（原注）

6　此外，我還可以指出，過度是性繁殖的原則。事實上，天意希望人們可以從祂的作品，讀出其祕密！我們可以拒絕人類任何事嗎？當他發覺自己腳下懸空的那天，他就被告知那是天意。但是他從褻瀆中生出小孩；這可憐蟲也是從褻瀆中、從向其限制吐唾沫中，獲得快樂。在褻瀆神明中，他是天主。事實是，創造錯綜複雜，在被超越的同時，只能被化約成另一確定超越的精神衝動。（原注）

我們看到的是恐懼、看到的是死亡，也總是隱隱約約。即使在薩德的觀點中，死亡也被轉嫁到他人身上，而這些他人首先展現的是生命的美妙。情色的範疇無可避免地注定要搞怪耍詐。刺激愛神行動的對象往往以偽裝面目現身。因此，關於情色，有理的是那些禁慾者。禁慾者將美女說成魔鬼的陷阱：的確，也只有美女可以忍受對脫序、暴力、沒有尊嚴的需求，而此一需求正是情愛的根源。在此，我無法就譫妄的細節加以討論，這些譫妄的形式日益繁殖。而純粹愛情也讓我們隱約理解到其中最具暴力、將生命盲目的過度帶至死亡界線的譫妄。禁慾者的譴責雖然可能是失之粗暴、膽怯、殘酷，但卻與顫慄的心緒一致。沒有了此顫慄的心緒，我們將遠離黑夜的真相。我們沒有理由賦予性愛崇高的地位；只有整個生命才能享有此一榮耀。但是如果我們不在黑夜降臨之際帶來光明，我們如何瞭解自己，如何知道自己是生命在恐懼中的投射？如果存在迷失了，如果它沉沒在它應不計任何代價逃避、令人噁心的空洞中……？

當然，再沒有比這更可怕的了。教堂大門上的地獄景象在我們看來應該多麼可笑！地獄是天主自己無意中向我們透露出的脆弱觀念。但是在無止盡失落的階梯中，我們重新找到存在的勝利。存在只可能在隨著想毀滅它的衝動起舞時才會失敗。存在邀請自己跳著可怕的舞蹈，昏厥是此舞蹈的節奏；知道其可怕本質，我們應照實接受。如果我們的心臟不足以負荷，那將是最痛苦的事。存在始終存在這樣的痛苦時刻：沒有了它，我們如何加以克服？但是，存在毫無保留地向死亡、向痛苦、向歡樂開展。敞開、垂死、痛苦、歡樂的存在已然出現在黯淡的光線中：這是神奇的光線。而此存在的扭曲嘴唇所發出的──徒勞？──叫聲則是巨大的哈利路亞，在無盡的寂靜中消失。

結語

　　如果我的讀者們只對情色的個別問題感興趣，或只想從專門的角度審視情色，本書對他們沒用。

　　我並未說情色最重要。工作的問題更為迫切。不過工作是我們有辦法解決的問題；情色卻是問題中的問題。身為情色的動物，人對自己而言就是個問題。情色是我們身上有問題的部份。

　　專家們對情色問題永遠束手無策。

　　在所有問題中，情色最神祕、最普遍、也最遙遠。

　　對那些無法逃避自己、生命洋溢的人而言，情色既是最個人的問題同時也是最普遍的問題。

　　情色時刻也是最激烈的時刻（也許神祕經驗除外）。因此，它位居人類精神的巔峰。

　　如果情色位居巔峰，我在書末提出的問題也應受到同樣的重視。

　　不過我提出的是個哲學性的問題。

　　我相信最高層次的哲學探索與情色巔峰是一致的。

　　在某一層意義上，此結論中的概述與本書界定的內容似乎有點出入。在此結論中，我從情色跳到哲學；我這樣做是正確的；情色不應

像大多數人所想那樣被簡化成與生活其他面向切割。另一方面，哲學本身也不應閉門造車。現在應該是我們掌握整體思想、人生在世所有資訊的時候。

如果整體的想法沒透過語言的解說，顯然我們將無法掌握瞭解所有這些整體感。

但是語言在解說時，只能依照時間順序一字一句進行。我們永遠無法在單一、至高的片刻中掌握全盤的觀點；因為語言將這整體性分解成不同片段，再因邏輯解釋重組成一前後連貫的說詞，彼此接續而不造成混淆。

就這樣地，語言在將所有跟我們息息相關的經驗重整的同時也加以分散。從語言中，我們將永遠無法擷取真正所需，因為它已躲藏在彼此相依的字句中，而無法拼湊出完整的圖像。我們的注意力依舊專注在此一藏匿在字句中的完整圖像，但卻只能看得到片段的字句在眼前閃爍。

面對此一困境，絕大多數的人根本毫不在乎。

關於存在本身問題，沒有必要回答，甚至連問都不必問。

但是人們不回答、甚至連問都不問，問題還是未解決。

要是有人問我：我們是什麼？無論如何我會如此回答：「我們是對所有可能的開放；我們是任何物質滿足無法減輕、文字遊戲無法欺瞞的盼望！我們在尋找巔峰。對此追尋，如果願意的話，每個人都可不予以理會。但是，人類整體憧憬著此一巔峰。唯有此一巔峰能給人類定義、賦予他存在的理由與意義。」

此一巔峰、此一至高無上的時刻與哲學所追求的有所不同。

哲學無法從自身走出，哲學無法擺脫語言。哲學太過依賴語言，以致無法到達無言的境界，因而也必然無法達到至高無上的時刻。至少，只要哲學宣稱已找到所探索的答案，它就不得其門而入。

我們應該這樣正視問題的困難。

探索的意義只能來自哲學的闡釋；對於最高層次的探索，其答案則是情色的最高境界——情色的靜寂。

哲學時間延伸了工作與禁忌的時間。關於這點，我不再贅述。但是哲學的進展（不懂得中止其行動）與踰越背道而馳。如果哲學從以工作與禁忌（彼此和諧互補）為基礎轉而立基於踰越的話，哲學將不再是哲學，而是對己身的嘲弄。

與工作相比，踰越是種遊戲。

在遊戲的世界中，哲學會解體。

如果把踰越當作哲學的基礎（這是我思想的步驟），無聲的沉思將取代語言。這是存在巔峰中存在的沉思。語言一點也沒有消失。沒有論述的指引，可以抵達巔峰嗎？但是在關鍵時刻，描述性的語言不再具有意義；此時踰越行動本身取代了有關踰越的敘述，而至高無上的時刻也在這些接續之後出現：在此深度寂靜時刻——在這死亡時分——經驗的激烈揭露出存在的一致；而這些經驗中，真相跟生命及其對象脫鉤。

在本書的〈前言〉中，我努力——透過語言——將此至高無上的時刻以可以理解的方式呈現出來，我當時將它描述為生命連貫的感受。

誠如我所言，那篇〈前言〉是篇演講稿。當時在演講現場的瓦爾先生（Jean Wahl）事後曾對此有所質疑（我當時將此連貫感受歸因於性愛伴侶）。

瓦爾先生說：「其中的一位伴侶一定意識到此一連貫。巴代伊告訴我們、巴代伊寫道，他有意識，而一旦他有了意識，連貫就會中斷。我不知道關於這點，巴代伊會如何回應，不過我認為這是個真正

的問題⋯⋯。連貫的意識就已經不再是連貫了。但這麼一來,我們再也不能說了。」

瓦爾先生完全瞭解我所說的。

我當場就回答他說,他說得一點也沒錯。不過,有時候在交界處,連貫與意識相當接近。

的確,至高無上的時刻是寂靜的。而在寂靜中,意識退場。

我方才寫道:「在此深度寂靜時刻——在這死亡時分⋯⋯」

如果沒有了語言,我們會怎麼樣?語言造就了目前的我們。只有語言才能在交界處向我們揭露至高無上的時刻;屆時它已不再有用。說話者最後承認自己已無能為力。

語言並不獨立於禁忌與踰越的遊戲之外。因此,如果哲學想對全盤問題追根究柢、一探究竟的話,就應該一開始就針對禁忌與踰越做一歷史性的分析。透過對源頭的批判,已轉化為對哲學的踰越的哲學方可達到存在的巔峰。唯有透過踰越,才能揭露出存在巔峰的全盤樣貌。在踰越中,透過工作所建立、以意識發展為基礎的思想,知道自己不能向工作屈服,最後終於得以超越工作。

索引

情色論

2012年5月初版　　　　　　　　　　　　　　　定價：新臺幣380元
2024年7月二版
有著作權・翻印必究
Printed in Taiwan.

著　　者	Georges Bataille	
譯 注 者	賴　守　正	
叢書主編	胡　金　倫	
特約編輯	杜　瑋　峻	
封面設計	小　　子	

出　版　者	聯經出版事業股份有限公司	副總編輯	陳　逸　華	
地　　　址	新北市汐止區大同路一段369號1樓	總 編 輯	涂　豐　恩	
叢書主編電話	(02)86925588轉5305	總 經 理	陳　芝　宇	
台北聯經書房	台北市新生南路三段94號	社　　長	羅　國　俊	
電　　　話	(02)23620308	發 行 人	林　載　爵	
郵政劃撥帳戶第0100559-3號				
郵 撥 電 話	(02)23620308			
印　刷　者	世和印製企業有限公司			
總　經　銷	聯合發行股份有限公司			
發　行　所	新北市新店區寶橋路235巷6弄6號			
電　　　話	(02)29178022			

行政院新聞局出版事業登記證局版臺業字第0130號

L´ÉROTISME
© 1957 by Les Editions de Minuit.

國家圖書館出版品預行編目資料

情色論/ Georges Bataille著．賴守正譯注．二版．新北市．
聯經．2024.07．328面．14.8×21公分
譯自：L'érotisme
ISBN　978-957-08-7450-1（平裝）
[2024年7月二版]

1.CST：性學　2.CST：禁忌　3.CST：情色文學
4.CST：文化研究

544.7　　　　　　　　　　　　　　　113010084